開拓鉄道に乗せたメッセージ

――鉄道院副総裁　長谷川謹介の生涯

中濱武彦

長谷川謹介　油彩（長谷川謹介家５代目、長谷川昌也氏所蔵）

小石川指ヶ谷町の新居にて　右から姉妹の愛犬チャッシー、長谷川謹介、一人とんで、三女静子、妻蝶子 (明治 26 年 [1893] ころに撮影)（本文 98 頁）

気鋭の青年技師 長谷川謹介
明治 17 年 [1884] の欧州諸国視察の時。謹介 29 歳、新技術の習得に情熱を傾けた（本文 59 頁）

高雄〜台南開通式に井上勝子爵と共に　前列右より長谷川技師長、井上子爵（中国服）、児玉総督、今井台南県知事、後列右から二人目が新元技師（明治 33 年 [1900]11 月 28 日撮影）（本文 201 頁）

台湾縦貫鉄道の山間部敷設現場を巡視　中央線路上が長谷川技師長、その左が菅野忠五郎技師（明治 33 年 [1900] ころ）（本文 132 頁）

台湾縦貫鉄道建築資材運搬列車　右端のコートを着て山高帽姿が長谷川技師長（明治 33 年 [1900] ころ）（本文 173 頁）

台湾縦貫鉄道最長の第九トンネル（本文 192 頁）

内社川鉄橋（本文 187 頁）

名古屋駅にて　右から鉄道院中部鉄道管理局 古川阪次郎局長、三人目が同東部鉄道管理局 長谷川謹介局長（明治 41 年 [1908]11 月撮影）（本文 291 頁）

西部鉄道管理局長室の長谷川局長　56 歳（明治 44 年 [1911] ころに撮影）（本文 302 頁）

はじめに

現在、日本の鉄道業界は各地に新幹線を開通、在来線の延長、地下鉄網の整備・拡充、斬新なデザインの新型車両の導入、新運行システムへの変更など活況を呈している。

アメリカでは「パーク&ライド」(park and ride) の構築が急ピッチで進められている。これは、自宅から最寄駅まで自家用車、バス、自転車等を利用し、そこからは鉄道によって目的地へ向かうというものである。

高速道路と鉄道を機能的に結ぶことによって、渋滞の緩和、利便性の向上を図るという直接的な効果に加え、地球環境の改善、公共投資による雇用の創出、高速道路網の整備、交通事故対策等多くの意図が含まれている。

その必要性は、現代社会の各国主要都市、途上国が抱える共通の課題となっており、特に東南アジア諸国では喫緊の課題となっている。

インドの新幹線をはじめとして、フィリピン、インドネシア、ベトナム、タイ、マレーシア、シンガポール等が新設、延伸を計画している。

中南米諸国のインフラ整備に、鉄道で貢献しようという計画も浮上している。

鉄道先進国であるロンドンの地下鉄リニューアル工事も、わが国の技術力で進行中だ。

こうした「鉄道」への需要は、日本の鉄道技術（運行速度、軽量車両、燃費、駅舎の空調設備等のハード技術、安全・正確・快適・メンテナンス等の運行ソフト技術）に熱い眼差しが注がれている。

ところで、わが国の鉄道は「後発列車」に過ぎなかった。

初めて新橋～横浜に鉄道を敷設したのは、エドモンド・モレル技師長が率いるイギリス人技術陣であり、開通後は運転手から車掌まで全てがイギリス人だった。そのために、莫大な人件費が鉄道の普及・経営の重荷となっていたのである。

初の鉄道工事には後に「鉄道の父」と呼ばれる井上勝《まさる》鉄道頭が陣頭指揮に当たったが、国産でまかなわれたものは、木製の橋梁と枕木のみだった。

国産の機関車製造には、今しばらくの時間が必要だが、一日も早い日本人の手による鉄道網の構築こそが井上の命題だったのである。

その井上が眼を付けた男がいた。

長谷川謹介《はせがわきんすけ》である。

大阪英語学校卒という異色畑から引き抜き、鉄道技術者に育て上げていく。

井上が子爵に叙せられ、国政レベルへと軸足を移し活躍できたのは、若い技術者たちの成長と活躍の結果であり、なかでも長谷川は彼の愛弟子と言えよう。

長谷川は、明治政府から西欧各国へ派遣され、鉄道の先進技術を修得し帰国する。

そして、新技術を駆使し、当時はともに日本一の長さを誇った柳ヶ瀬《やながせ》トンネルを掘削《くっさく》し、天龍川《てんりゅうがわ》に鉄橋を築いて行く。

しかし、学んできた理論と実際の乖離は大きかった。

明治初頭の日本には、いまだ正確な地図さえなく、起伏に富んだ山河の多い独特な台地に、雨天が続く梅雨や台風などの厳しい自然条件等に対応するために、長谷川は創意工夫の限りを尽くし、日本各地に二筋の軌道を延ばしていくのだった。

さらに東北本線、常磐線を敷設した彼は、技師長として台湾へと渡る。

そこで九年余の苦闘の末に、台湾縦貫鉄道を敷設し「台湾鉄道の母」と称えられている。

この間、中国本土にも渡り、南部（旧広東省）に広軌道の鉄道をも敷設しているのである。

彼の想いは、一日でも早く鉄道を開通させて、「物資と情報」の交流による「地域の開発・産業と雇用の創出」という「開拓鉄道」（pioneer railway）建設の理念があった。

その熱い想いは、アジア全域に及んでいたのである。

「一歩でも前に」は、彼のモットーであり、それは時には「先進主義」「速成主義」と呼ばれもした。

しかし、彼の信念に揺るぎはなかった。

かぎられた予算のなかで、早期に鉄道を開通させるが、後日、必ずや後輩の鉄道技師たちが、改良・改善を加えてくれるとの信頼の気持ちが心底にあったのである。

長谷川は、つねに強い意志で難局に立ち向かう、創意工夫、斬新なアイディアの持主だったが、それを支えたのは部下の優秀な青年技師たちの存在であり、諸課題の克服の原動力となった。

若い彼らは鉄道技術の修得と技能レベル向上のために、真摯な志を抱いて台湾へと渡り、長谷川によって欧米研修に派遣され、日本鉄道界の中核に育て上げられていった。

台湾では多くの民衆が、鉄道工夫として支えてくれたのだった。

長谷川謹介は、鉄道技師の最高位の技監へ、さらには鉄道院副総裁、工学博士にまで登りつめるが、彼のまなざしはつねに現場で働く若者たちのうえに、温かく注がれていたのである。

彼とその仲間たちが、鉄道敷設に懸けた情熱は、並大抵のものではなかった。乏しい予算のなかで、不眠不休で山野や大河に挑み、大地を切り拓いていったのである。

その精神は「鉄道技師の魂」となり、その「種子」は後輩たちに連綿と引き継がれ、現代にみごとに開花し、世界に誇れる「日本の鉄道技術」の礎となっているのである。

彼のモットーである「一歩でも前に」には、とかく、内向きになりがちな現代の青年たちに、明治新時代を逞しく生きた若者の心意気を感じ、みずからが率先して「一歩前に踏み出す」契機になればとの願いも込められている。

また、とかく採算性のみを重視し、建築基準法違反、保守点検作業の怠慢等、恒久的な安全性を軽視する人災事例が目につく現代社会に、一石を投ずるものでもある。

現地・現場に何を残すか、明治日本を担った彼等に、学ぶべき事柄が多々あるのではなかろうか。

世界最高レベルに達した鉄道関連事業者にとどまらず、多くの日本企業の海外事業展開のあり方、組織運営に携わる関係者の心構えや責任感について、先達からのメッセージが数多く残されていたのである。

今日、求められているのは、技術に伴った心遣いの有りようではなかろうか。開拓鉄道（pioneer railway）の建設は「人の道」構築そのものだったのである。

目次

装幀／富山房企畫 滝口裕子

第一章　鉄道は男子一生の仕事なり

1　賢兄愚弟

黒船来航の二年後に生まれる

長谷川謹介は安政《あんせい》二年八月十日（一八五五年九月二十日）長門国厚狭《あさ》郡千崎《ちざき》村（現・山口県山陽小野田市千崎）の郷士、長谷川為伸・ふで子の二男として生まれた。

長寿を願う親心は、一族中もっとも長命だった第十一代為直《ためなお》（八十八歳）にあやかり、八十八《やそはち》と命名したが、のちに恐れ多いと敬蔵《けいぞう》、さらに謹介《きんすけ》とあらためている。

アメリカ合衆国、東インド艦隊司令長官ペリー提督が四隻の黒船を率いて江戸幕府に「開国」を迫り、太平の眠りに浸っていた幕藩体制が、夜も眠れぬ大混乱に陥った「黒船騒動」から二年後の誕生だった。

ペリーは、のちの大統領フランクリン・デラノ・ルーズベルトの祖父にあたる捕鯨王のワレン・デラノにみずからを売りこんださいに、次のように述べている。

「日本人は誇り高き民族である。彼らを納得させるには説得では駄目だ。眼に見えるかたちで実力差を悟らせる必要がある。それには、私に蒸気船を託し東洋へと派遣することだ」

二隻の蒸気船と黒く塗装させた二隻の木造帆船、たった「四隻の黒船」が幕府と民衆に与えた衝撃度は、ペリーの予測をはるかに超えるものとなったのである。

幕府、諸藩は進むべき方向を模索し、民衆は文明の差に愕然とし、右往左往している真ただ中へ、謹介は産声を上げたと言えるだろう。

謹介が三歳のときに、幕府は「日米修好通商条約」を締結し、その後は矢継ぎ早に世界の列強へと門戸を開いていった。

他方、内政面では「蛮社《ばんしゃ》の獄」「安政の大獄」と続き、高野長英《ちょうえい》や吉田松陰《しょういん》など多くの開明派の人物が、高潔な志も虚しく刑場の露と消えるなど、時代は激しく奔流し、世相は物情騒然、かつ混沌としはじめた。

押し寄せる外圧、国内の締めつけに翻弄されつつも、大きな志を抱いた日本の青年たちは積極的に海外へと雄飛し、貪欲に新知識を吸収して帰国する「文明開化」の黎明期を迎えてもいたのだった。

時代が人を創るとも、時代が人を呼ぶとも言われている。若者たちにあったのは、すばらしい行動力だった。外国事情も資金も語学力もなく、住む家さえ定まらぬなかで、使命感のみで、祖国の「近代への夜明けの道」を模索し、出立していった。外に向かって飛びだす勇気があったのである。飛びだせない年寄りは、資金援助で彼らを支えた。

こうした世相が、謹介の成長期に多大な影響を与えている。

鎮西《ちんぜい》八郎の末裔

生誕地の厚狭郡千崎村は、のちに東・西高泊、高畑、後潟、有帆、高千穂村等が合併し、現在の山陽小野田市にまでいたるが、山口県の空の玄関口である「山口宇部空港」の西隣に位置し、周防灘に面した温暖で風光明媚な恵まれた土地柄である。

生家は、源為朝《ためとも》につながると伝えられ、歴代の墳墓が郷里に現存している。

遠祖の源為朝は生来暴れん坊で知られ、十三歳のときに父、源為義に勘当されて九州へと放逐されている。為朝はこれ幸いと、鎮西八郎と名乗り、肥後の阿曾三郎忠国の婿となった。武略の才能に秀で、十五歳にして九州一円を征服・支配し、のちに保元の乱（一一五六年七月皇位継承にかかわる武力衝突）に参加したのが十八歳とあるから、若いときからかなりの戦略家であったようだ。

この「荒武者」の後裔が対馬守源為国と名乗ったとされる。為国は「とよゝ姫」と呼ばれる若き女性をともない九州から長門に移住し、長谷川姓を名乗り、毛利家に仕えたのちに千崎村の郷士となった、と記録されている。

したがって、長谷川家の総領は代々が為国の「為」の一字を、その名に冠してきている。

為敬《ためたか》・為直等と続き、謹介の父親、為伸《ためのぶ》は千崎村郷士の十二代目だった。連綿とした長州藩の郷士の家系である。

父の教え

祖父の為直、父の為仲は、ともに毛利藩の儒者、市川文作とその子の恒に師事しており、代々が陽明学に造詣が深く、詩歌文章に親しみ、子どもたちの教育には格段と熱を入れる家柄だった。

母親のふで子は、宇部の和田という武士の出で、ふで子も教育にはたいへんに熱心な女性だった。

また、祖父、為直の弟は桑原《くわばら》家の養子となり、蘭学を修め、医者となっている。貧しい者への仁徳により長州藩中にその名が知られ、門前市を成したと伝えられている。

その医者の子どもの名は桑原玄蟠《げんぱ》といい、箕作麟祥《みつくりりんしょう》の門下生となり、英語塾の教頭も務めていた。

謹介の少年期に、英語教育で多大な影響を与えた人物であった。

謹介は五人兄弟姉妹のちょうど真ん中で、兄と姉、妹が二人だったが、姉と妹が早世しているので実質的には兄と妹、三人の真ん中となった。

明治の世となり、廃藩置県・士農工商の身分制度の廃止など、新しい施策が次々に実施されていった。

このとき、村では一般の住民を「平民」、それまで差別されてきた身分の者を「新平民」と区別して呼ぶ新たな差別的風潮が顕著になっていった。

その様相を見かねた父の為仲は、村人個々の家々を諭して歩いていた。郷士としてのつとめと考えての説諭だった。

「人間に区別はない。みなが平等な世のなかになったのだ。これからは新平民などという呼びかたをいっさいやめるように」

「こうせい、ああせい」と口うるさく干渉する父を毛嫌いしていた謹介だったが、誰に頼まれもしないのに、額に汗し、村人を諭して歩く姿に、幼いながらも、このときばかりは父の行動に合点《がてん》がいった。

「陽明学は能書きを言うでなく、実践なんじゃ」と呟きながら、「この村はみなが平等なんじゃ。差別はやめよ」と説いて回る親父を、もっともだと誇らしくも思ったものだ。

しかし、どうして兄貴と自分が、同じような勉強をせねばならぬのか、この一点だけはどう言われても合点がいかなかった。

「兄やんは兄やん、ワシはワシなんじゃ。同じじゃあらせんのに。こいつは人間の平等とはわけが違うんじゃ」と、父親の言い分に猛反発する謹介だった。

その父、為伸は山口県会議員に連続して選ばれるなど、里人の尊敬を一身に集める存在だった。

賢兄愚弟の見本

兄の為治《ためはる》とは、七歳の年齢差があった。

兄の性格は温厚謹厳で、勉強にも熱心に取り組み、父母へは良く尽くし、近在でも評判の優等生だった。

馬関《ばかん》（下関）の学問所で英語を学び、伊藤博文・井上勝《まさる》らと親しく交際をしており、慶応年間には、長州藩の汽船修理のために、上海へ派遣されるほど頭角をあらわしはじめていた。帰国後は伊藤博文とともに京阪神へ視察に行くなどの研鑽を重ね、明治元年に神戸税関に奉職している。

明治三年には、大阪造幣局の局長遠藤謹助《きんすけ》に誘われて造幣局に移り、爾来四十四年間、勤め上げている。明治二十六年には大阪造幣局長まで昇りつめ、大正二年までその職にあった。造幣局の長谷川か長谷川の造幣局かと、その構内の桜並木・胸像とともに名を馳せた秀才だったのである。

ところが、弟の謹介とくると、両親もサジを投げるほど手がつけられない腕白坊主だった。学問・手習いは大嫌い、村の悪太郎の大将格で、いたずら、喧嘩、なんでもござれの「暴れん坊将軍」だった。真新しい着物を着せても、そのままの状態ですごしたことなど一日たりとなく、泥まみれ、ズタズタに破れての帰宅は日常茶飯事。母へは、連日のように近隣からの苦情が絶えることがなかった。

「兄の為治はまったく心配ないのだが、八十坊《やそぼう》は先行きどんな人間になることやら……」と、ため息をつく日々が続いていたのである。

「八十坊はご先祖さまの荒くれ武者、源為朝の血を色濃く継いだにちがいない」

長谷川家に、遠きご先祖の「荒くれの血」が突然変異であらわれたと、近所のうわさは増すばかりだった。これには父も困りはて、「八十八」という名前が悪いと「敬蔵」と改名したが、さらに念には念を入れて「謹介」とあらためたのだった。

「餅屋」事件

しかし、こんな小手先の変更で、謹介の行動がおさまるはずはなかった。

村に一軒の「餅屋」があった。店先に屋台を出して、近在の子ども相手に「あんころ餅」「串団子」

などを売っていた。謹介は、小遣いが足りないので、たびたび「ツケ」で餅を食べていたのだが、ある日、餅屋の主人が長谷川家にノコノコと集金にやってきたのだった。

その夜、父親からこっぴどく叱られた謹介は、翌日に餅屋の隙をうかがって、その屋台をひっくりかえして逃げ去ったのである。

「ツケで餅は喰うたが、踏み倒したことは一度もないッ。翌月には決まって払うとるわい」

「売られた喧嘩は買わねばならん。そいつに負けたら男がすたる。二度とからまれぬように、勝つしかありゃせんのじゃ」

謹介の言い分である。

謹介の喧嘩相手は、近在の武家の子どもたちにかぎられていた。

「郷士の子じゃけん、登城もできんぞや」

「いくら、えばっても郷士は郷士じゃい。ざまぁみろやい」

はやし立てる相手と、取っ組みあいの喧嘩をくり返していたのだが、父親や家族に言える内容ではないと、謹介なりに考えてはいたのである。

預け先から追い返される

困り果てた父は、藩の名家、杉孫七郎《すぎまごしちろう》に謹介を預け養育をお願いした。

杉孫七郎は幕府の使臣、竹内下野守《しもつけのかみ》に随行しフランスに視察に行くなど新文明に造詣が深く、明治になると山口藩の権大参事《ごんのだいさんじ》になっている郷土の大物だった。のちには秋田県令や宮内省の顕官《けんかん》を歴任し、子爵になっている。

しかし、この人物をもってしても、謹介の「腕白ぶり」はいっこうにおさまらず、自宅に追い返されてきた。

「とうてい手に負えん。まれにみる腕白坊主だ」

父親は面目丸つぶれで、烈火のごとく怒り、「おまえは一生涯、牛馬の尻でも叩いておれ！」と痛罵したが、謹介には〝馬の耳に念仏〟で平然としているのだった。

これを見聞した村の衆はうわさしあったそうだ。

「為治さんとこの兄弟、あれこそ賢兄愚弟の典型じゃぞ。だがな、八十坊は、わしらの村の子には、絶対に手ぇ出させせんのじゃ。わしらにもきちんと挨拶するじゃけん。相手は、決まって、よそさの武士の子ばかりじゃ。なにかしらんが、あの子にはドデカイ胆力を腹ん中さに、宿しておられるようなのじゃ。案外な大物かもしれんぞ」

「そうじゃ、八十坊は村の大将で、わしらの子は〝兄やん〟と慕っておるぞ」

誰のしわざかが、すぐにバレてしまうカラッとした〝暴れん坊〟で、陰気さがない。

村人たちは、まるで活劇の話をするように、彼が次々と引き起こす「武勇伝や珍騒動」を、親しみをこめて話題にするのだった。人気がある憎めない不思議な「悪童《わっぱ》」だった。

当時の毛利藩は、三百諸藩のなかでもとりわけ文教に熱心な藩として知られていた。

謹介も兄と同様に、かつて父が学んだ下関にある市川塾に入門させられ、訓話・実語教・手習い・読誦等の手本を与えられたが、これらには、まったく興味を示さなかった。

ところが、謹介が十歳になった文久四年（一八六四）に勃発した、長州と英・仏・米・蘭の四ヵ国からなる十七隻の連合艦隊との「下関戦争」は、彼の胸中に、将来を期する大志を抱かせたようなのである。

砲声と回心

わずか三日間の戦闘《いくさ》だったが、下関中に響きわたった艦砲射撃の轟音は、謹介の心身に、ズキンズキンと、トゲを突き刺すような痛みを感じさせつづけた。

見物の仲間たちは、大騒ぎをしていた。

「長州は負けとらん。勝ったのじゃ。異人船はいっせいに逃げおった」

「なにを言うか、ボンクラどもが。異人船は、目一杯に帆を広げて悠然と引き揚げていきよった。敵艦から打ちこんでくる大筒の射撃の正確さ、破壊力、すべてがわしらの完全な負け戦《いくさ》じゃった」

謹介はつぶやき、〝チッ〟と舌打ちし、その敗因を冷静に分析していた。

「こちらの大筒は攻城用の鉄球が飛んでいく旧砲ばかりで、向こうの大砲にはまったく歯が立たなかった」

敵の艦砲の砲弾は、すべてに雷管が付いており、着弾後の破壊力はすさまじいものだったのである。

艦隊の動きも、みごとに連携がとれていたし、戦艦・艦砲・陸砲・小銃のどれも、性能が違いすぎていた。槍刀や気力で戦をする時代ではないことは、明々白々である。事実が眼前に展開されていた。西洋の機械文明の進歩は目覚ましく、これを習得せねば、どうにもならんと悟ったのである。

その直後から、謹介の行動は一変した。

親戚の桑原玄蟠のもとに足繁く通って、英語の原書を漁り、熱心に勉強をはじめたのである。英文の原書を読むことで、新知識を得ようとしたのだ。

2　英語修業

大阪英語学校へ

そして明治の代となった。

背丈もグングンと伸びて六尺（一八〇センチメートル）近くになっている。

ズボンからは、チビた下駄に乗せた足首から上を、脛までのぞかせながら、洋書の束を広くガッチリとした肩にかつぎ、大股に闊歩する姿には、周囲を圧倒する凄みさえ出はじめていた。

明治四年（一八七一）、謹介十七歳のときだった。

二十四歳になった兄の為治は、大阪造幣局に勤務していたが、父親の不興を買ったという弟の評判を聞くにつけ、その将来が心配になった。

そこで、大阪へと呼び寄せることにしたのである。謹介はおおいに喜び、大阪に着くなり英語を学びたいと願い出た。愚弟から学問、しかも英語を学びたいとの申し出に為治は驚いた。

「いつまで続くものかわからんが……」

疑念をいだいたが、そこは兄、伝手を頼りに紹介状を得て、大阪英語学校へと入学させてくれた。

この学校は、明治十二年に大阪英語専門学校と改称され、のちに京都に移転し、第三高等学校となった。高橋是清《これきよ》の自叙伝によると、明治八年十月、二十二歳の是清は大阪英語学校校長に任命されたが、事情が生じ、辞令発令の四日後に辞表を提出し、赴任しなかったと記述している。

当時から、かなり名が通った学校だったようだ。

学校は大阪城の大手前にあった。

加藤清正の屋敷跡に校舎があり、四年で修了することにはなってはいたが、生徒の実力本位でズンズンと進級できる欧米式だった。謹介は優秀な成績ですごし、二年間で卒業をはたしている。

英語学校とはいえ、教科は英語・数学・物理・化学・博物・地理・歴史・漢学・習字と幅広く、一般校と大差がなかった。

変わっていたのは教師陣で、日本人の教師は数人程度いるだけで、ほとんどが外国人。とくに英語はイギリス人教師六、七人が、徹底的に教えたのである。

各科目とも三ヵ月に一回程度の間隔で、テストが実施された。

このテストの成績のよい者は進級していけたが、できない者は何年でも留年させられ、いつまでたっても卒業ができなかった。

このころ、謹介の言動は従来と一変していた。まさしく君子豹変していたのである。学業の成績が驚くほどの進境を示し、とくに英語の成績はつねにトップクラスで、進級もじつに早い。

当時、大阪造幣局も業務上から、英語研修の必要に迫られていた。

そこで小規模ながら「外国語研究室」を造幣局内に設け、英国人スエベイなる者に大阪英語学校との兼務で教鞭をとってもらうことにしたのである。

兄弟が同じ教師から英語を学ぶことになったのだが、そのスエベイ先生の話から弟の実力に、兄も一目を置かざるをえなくなった。

なにしろ弟は、英文の原書を読み漁り、欧米文明・文化を学び、英文でのレポートや質問書を提出するほどの熱の入れようだというのだ。しかも「英語のマスターは、あくまでも手段であり、真の目的ではない。原書を読んで、先進文明を会得する手段だ」と語ったというのだ。

これはまったくの道理で、開国間もない日本では、翻訳が間に合わず新知識の修得は原書を解読するしか方策がなかったのである。

他流試合か

謹介は授業には出たり、出なかったりの状態だったが、試験日には必ず登校して受験をしていた。どうやら学校をかけもちで「英語」を勉強していたようなのだ。

あるいは「他流試合」のように、他校の「試験」を受けていたのかもしれない。

明治五年二月印刷の「大阪開成所生徒級姓名一覧」に、英人グリーン教師受持「英仏学生第七等十三名中の三番目に、長谷川謹介の名前が掲載されているのである。

大阪開成所は大阪玉江橋の高松藩邸跡に開校され、こちらも英語教育にはおおいに力を入れていた。明治三年に政府所管となっている。「東京大学南校」の前身名である「開成所」をとり、大阪開成所と称し、教師は東京大学南校から派遣される制度になっていた。

この大阪開成所には、岩崎弥太郎のいとこにあたり、豊富な人脈で三菱の発展に貢献した豊川良平や消化剤タカジアスターゼを研究・開発した高峰譲吉、アメリカ・ドイツで鉱山・製鉄を学び、官営八幡製鉄所の創設にかかわった長谷川芳之助、土木研究のために渡英し、建築技師となり明治宮殿造営に参加した松田周次、など多士済々、旧各藩からの秀才が同期におり、その後、開国日本の礎《いしずえ》となった人材が学んでいた。

謹介は、こうした錚々《そうそう》たる人物との交流を深めていた。

後年、この人脈がおおいに活かされることになるのだが、共通して言えることは、おのおのが独自のテーマをもって海外に留学し、先進の技術・知識を吸収して帰国し、それぞれの専門分野で日本近代化の牽引役をはたしたことであろう。

日本にとどまっていての〝のびしろ〟は知れたものだったのだ。自立心が強く「一匹オオカミ的」な行動力抜群な人物ばかりだった。

「あらぶる」逸話

ここで明治初頭の学園生活の「逸話」を二例ほど紹介したい。大阪英語学校は比較的におとなしい学校だったようで、これといった逸話が残されていない。

したがって、どちらも大阪開成所でのできごとだが、良くも悪くも、維新直後の若者たちが、いまだ藩閥意識から脱しきれずに、なにかと「武士の志」を唱える、高揚した気風が校内にあふれかえっていたようだ。

大阪開成所の生徒のなかに、酒色に耽る者がいた。ある日、校内でお金がなくなる事件が起きた。豊川や長谷川芳之助らが、その男を「布団蒸し」にしてしまったのである。恐れをなして、その男は学校から逃げ出した。

その後、全生徒が校庭に集まり、逃げた男の残していった所持品を、焼却処分にして、鬱憤を晴らしたというのである。

豊川良平は謹介より二歳年上の十九歳になっていたが、英語がもっとも苦手な科目であったために、進級がままならず、学級は三級下の第八等乙の組、十九名中の十七番とビリに近かった。しかし、学業はともかくとして、豊川は全生徒の親分格だった。

また、庄内生まれの生徒が、学友の時計と地理の教科書を失敬したことが判明した。

舎長の平田東助《とうすけ》（のちに岩倉使節団に加わり、ドイツに留学、内務省に入り農商務大臣や内務大臣などを歴任）は、なんとか穏便に事を収めようと思案していたようだ。

ところが、親分格の豊川は「手ぬるい処置は許せぬ」とえらい剣幕なのだ。学友を集めて協議し、当人に切腹を申し渡すことが、全員一致で決議されてしまった。

日下《くさか》義雄が同じ東北出身ということで、介錯《かいしゃく》役を務めることになった。

九寸五分の短刀を手渡し、日下が背後に回り、まさに介錯の刀を引き抜く寸前に、平田舎長が駆けつけて、間一髪のところで引き留めることができた。そして、男を大阪府へ突き出して、一件落着となった。

これらは、けっして褒められた行為ではないが、文明開化を迎えた青年たちの時勢に衝き動かされた高揚した気分と、幕末から引き継いだ武士の気概が合体した「あらぶる」逸話ではないだろうか。

こうした雰囲気の学園生活が、日本各地でくりひろげられており、謹介もその渦中のひとりとして学び、成長していったのである。

おとなしくなったが……

「文明開化の日本を背負っていくのは俺たちの使命なのだ。生半可な根性ではやり抜けん」

そうした空気が、ピリピリと充満している時代だった。

この時期の謹介は、学力が飛躍的に向上したものの、喧嘩、取っ組み合いはみごとに復活したもようで、兄宅の女中は衣服のほころびの手を休める暇がなかった。

そこで、兄の為治は一計を案じ、父親あての書きかけの手紙をわざと机の上に置きっぱなしにしておいた。

「何事か？」

謹介が読んでみると、

「弟の謹介を預かりはしましたが、乱暴、狼藉の毎日で、とても自分の手に負いかねます。近々に帰郷させたいと考えておるところでして……」

といった文面。これに謹介はまんまと嵌まった。

「親父のところへ帰されてはたまらん」

ずいぶんとおとなしくなった。

ところが、ある日の早朝こと、謹介が兄の愛用するライフル銃をもちだし、飛びだしていくのを女中が目撃したのである。

報告を受けた為治が、一喝してやろうと待ち構えているところへ、昼すぎになって大きな鴨《かも》を一羽ぶらさげて悠然と帰ってきた。

淀川の葦原あたりまで出向き、仕留めたという。「狩猟」なので、むやみに叱るわけにもいかなかった。当時の上流家庭の男子は、狩猟をたしなむことが、当世風となっていたからだった。

それはみごとな鴨で、その晩は兄弟で鴨料理に舌つづみを打ったのだった。

この一件以来「狩猟」は謹介の生涯を通じての趣味となったが、狙いは鴨か雉《きじ》にかぎられ、鳩・百舌鳥《もず》・雀《すずめ》などを狙う者を、ハンターではないと、狩猟話の相手にもしなかったようだ。

彼の「狩猟」への〝こだわり〟は射撃フォームにも顕著にあらわれ、美しいフォームの習得に熱中する日々をすごしてもいたのだった。

神戸ガスの通訳

明治六年（一八七三）、二年間で大阪英語学校を卒業した謹介は、英語能力を買われ、外国人経営の神戸ガスの通訳として働くことになった。

神戸の外国人居留地にガスを供給するために設立された、イギリス資本の会社だった。工場の建設、ガス管の埋設を指揮するのは、すべてがイギリス人の測量技師たちだった。彼らは工場建設のために本国から呼び寄せられたため、まったく日本語が話せなかった。現場で日本人の労働者を指揮するには、どうしても日本人の通訳が必要だった。

そこで、大阪英語学校に照会し、五名の者が推薦されたのだが、このメンバーに謹介も含まれていたのである。

懇願されての就職だった。したがって、通訳たちはずいぶんと厚遇され、給料も他の日本の会社よりも割高だった。

五名の通訳のなかでも謹介は、英国人技師たちから、引っ張りだこの日々が続いていた。

たんに英語がうまく話せると言うことだけではなく、英国人たちと体格が同等であり、機知に富んだジョークを好み、行動が敏捷な謹介に、彼らは格別の親近感を覚えたようなのだ。また、他の通訳たちがお茶を入れたりして、彼らの給仕のように仕えたのに対し、泰然自若と座している謹介の姿は、紳士らしく映り、英国人技師たちが一目を置く一因だったようだ。

謹介自身も測量技術をいちはやくマスターし、通訳というよりは測量士としてのすぐれた才能を発揮しはじめていた。彼らにとっては、ますます欠かせない存在となり、人気者となっていたのである。

謹介は自分のアイディアを提案し、測量し、設計することによって、赤レンガが積みあがり、事務所・工場・ガス炉が建設されていく、ものづくりの楽しさを経験し、毎日がおもしろくてしかたなかったようだ。

こうした体験によって、彼の考えかたの根本に「理論にもとづく実際にこそ、学問の価値がある」との信念が、身体全体に染みこんでいったのである。

とくにヒックスという英国人技師は、謹介がお気に入りで、つねにいっしょに測量に出かけていた。ある日、W. S. HICKSと自分の名前を刻印した愛用の純金の飾りを施した「繰り出し鉛筆」（シャープペンシル）を記念にと贈ってくれた。

精巧な模様が施された、当時としてはたいへんに高価な貴重品だったが、持物には執着しない謹介には興味がなかったようだ。「外人からもらった品だ」と兄の為治にくれてしまった。兄はこの贈り物を珍重し、生涯大切に使用したという。

3　鉄道はお国の動脈造りだ

はじめて鉄道に乗った日本人

ところで、はじめて鉄道に乗った日本人は、ジョン・マンこと中濵万次郎《なかはままんじろう》だと言われている。帰国後、語った内容が『漂巽紀畧《ひょうそんきりゃく》』としてまとめられ、土佐藩から十部が江戸幕府に献上された。鎖国下の西洋事情なので、発禁本だったが、維新後には類似本が数十冊発刊され、真贋《しんがん》はともかくとして飛ぶように売れたという。

少しでも外国事情が知りたいという多くの日本人、海外へと眼を向ける若者たちによって、そのどれもが、大ベストセラーになった。先進文明に人一倍強い関心をもっていた謹介だ、おそらく、これらのどれかに眼を通していたかもしれない。

アメリカ東部に鉄道が開通したのは、一八四〇年代の初頭である。

ジョン・マンがアメリカ合衆国、マサチューセッツ州のニューベッド・フォードに着いたのが一八四三年五月のことだから、好奇心旺盛な彼が見すごすはずはなかろう。

アメリカでの生活拠点は、マサチューセッツ州フェアヘーブンで、鉄道はなかったが、アクシネット川を挟んだ隣町のニューベッド・フォードには、すでに鉄道が敷設されていた。

ジョン・マンが最初に乗った蒸気機関車は帰国後に『漂巽紀畧』に描いたような長い列車ではなく、クラシカルなもので、幌馬車を二両連結した程度のものだったようだ。

ジョン・マンはバートレット・アカデミィーという航海士・測量士養成学校を卒業と同時に捕鯨船の航海士になっているから、彼が描いた列車は、一八四九年、いわゆる「フォーティーナイナー」としてカリフォルニアの金鉱に向かったときに乗ったものと推測される。

二十三〜二十四個の鉄の箱が連なって引かれていく

金鉱発見までは、牧畜と綿花、捕鯨がアメリカの基幹産業だったことから、牧草地や畑の広さを測る測量士と捕鯨の航海士には、いくらでも仕事があった時代だった。

汽車に乗り、貨物船に雇われてサンフランシスコに向かい、サクラメント河を外輪の蒸気船でさかのぼり、幌馬車で金鉱にたどりついている。泡立つ海を渡り、大河を上り、丘を超えての旅路だった。

帰国後に描いたレイロー（railroad）の絵は、先頭の蒸気機関車が二十四両の客車・貨車を引っ張る構図で、ごていねいにも、その車列の長さをあらわすために、延々と四ページにわたって車両を連ねる図柄となっている。

外輪稼働の蒸気船シチンボール（steam boat）に乗った感想を、「その速さは帆船のおよぶものではない。しかも、風が逆風であろうと怒濤に遭おうと運航の心配が、まったくいらない」と述べている。

サクラメントからは汽車と幌馬車を乗り継いで、カリフォルニア州とネバダ州の中間の金鉱に入った。

よほど楽しい思い出だったのだろう、活き活きと臨場感たっぷりに次のように内容を語っている。

鉄の箱で炭を炊き、蒸気を箱のなかに一杯にして、少しずつ鉄の管を通す。原理は蒸気船と同じであるが、違いは、二十三〜二十四個の鉄の箱が連なって引かれていくことである。

箱の左右には三つの窓が設けられており、外の景色が眺められるようになっていたが、速度が速いので、もろもろの物が斜めに走って、はっきり見ることができなかった。これ、天下の奇物である。

余談だが、某大学教授が「Railroad tie Sleepers を〝枕木〟と翻訳したのは、ジョン万次郎だが、現代でも、コンクリートの枕木といって十分に通用する名訳だ。当時どのように母国の人に伝えるか、さぞや苦労されたことだろう」と教えてくれた。

万次郎は明治元年（一八六八）十二月新政府から開成学校の二等教授に任命されている。明治二年二月から授業が開始されており、教授陣の編成は次のように記録されている。

頭取　内田正雄
一等教授　なし
二等教授　入江文朗　田中周太郎　中濱万次郎　鈴木惟一　箕作秋坪
三等教授　佐藤純吉等八名

教授補　矢田部良吉等十名

翌年には東京大学と改称され、これに伴い頭取一名、大博士なし、中博士五名、小博士八名、書記一〇名と教授陣の名称も変更しており、万次郎は中博士に任じられている。（東京大学百年史から）

この英語教授陣の多さは、文明開化直後の開校の故で、教科書・参考文献の翻訳が間に合わず、ほとんどの授業が原書でおこなわれていたそうだ。

翻訳は教授陣にとって知恵とセンスの出しどころでもあったようなのである。

フロンティアと文明開化

南北横断鉄道の開通は、南北戦争（一八六一～六五）後の、一八六九年五月十日であり、ゴールド・ラッシュの二十年後となる。

この間、英国から輸入していた蒸気機関車、レールに変わって、アメリカ国産の蒸気機関車、列車、レール等を製造するための精錬所や工場が続々と建設され、農業国アメリカは重工業国へ変貌していった。

広大なアメリカの大地に鉄道が敷設されたことにより、東部地区から西部への人・物・金の経営資源の移動が容易となった。「情報」の伝達スピードが加速したことが、文化の均一性・平準化に大きく貢献したのは言うまでもない。

鉄道による物流、なかでも情報伝達のスピード・アップが「アメリカ大陸の開拓史」「アメリカ合衆国の建国史」に寄与するところ大だったのである。

まさにフロンティアのための開拓鉄道（pioneer railway）だった。鉄道の普及なくして、アメリカの南北統一は、語れまい。

一方、日本の鉄道はどうか。

開国を迫るペリー提督が二度目の来日時に、模型の蒸気機関車を走らせたのは横浜だった。

明治五年九月十二日（一八七二年十月十四日）、新橋～横浜間約二九キロメートルがはじめて運行され、鉄道開業式典が新橋駅頭において挙行された。

英国人のエドモンド・モレルが雇われ技師長となり建設されたことから、蒸気機関車・列車・レールはすべて英国製で、純国産は枕木と木製の橋梁のみだった。

このとき、モレルはゲージ（レール幅）を、英領セイロン島（現・スリランカ民主社会主義共和国）と同じ狭軌を採用した。費用対効果を考え、狭軌で十分と判断したようである。

鉄道敷設に反対の動きも強く、薩摩藩邸のあった品川付近は海上に築堤を築いて線路を引いたが、その距離は全長の三分の一にあたる一〇キロメートルにも及んでいたほどだった。

多摩川に架ける橋は、当初の計画では英国製の鉄橋と石材の橋脚の設計だったが、資金難からすべて木造に変更された。このために老朽化が著しく、五年後には早くも鉄橋に改造せねばならなくなり、二度手間となったのである。

インフラの整備には、初期の施設・設備の決定が、きわめて重要な要素であることを体験する好事例となったのだった。

また、敷設、運行の指導や運転手、車掌まで、すべてがお雇い外国人頼みで、その運営には莫大な人件費を要していた。

当初は、九月九日（十月十一日）に開通式を挙行する予定だったが、当日があいにくの暴風雨だったために、三日後に延期されている。

開通式にはモーニング・フロックコート着用という、英国伝統の格式を重んじた通達を出していたので、延期せざるをえなかったのであるが、服装面にも、西欧文化に追いつき、追い越そうという文明開化期の世相がうかがえる。

鉄道もガス灯も

この工事にかかわった二人の日本人について、簡単に触れておく。

「咸臨丸」の航海長だった小野友五郎は、幕府瓦解後、謹慎中の身だった。しかし、日本人の技術者不足は顕著であり、小野は測量の技術を買われて、鉄道寮に出府することになった。民部省准十等出仕という低い身分であったが、新橋～横浜間の鉄道敷設時の測量にたずさわっており、その後は鉄道界で頭角をあらわしていく。

海の男が、丘に上がっても立派に実力を発揮できたのは、もちろん小野の努力が最大要因に相違ないが、道路・鉄道・電気・ガス・水道と、国のインフラの整備を急ぐ日本にとって、測量技師が貴重な存在だったことも背景にあったのである。

また、高嶋易断で有名な高嶋嘉右衛門《かえもん》が、伊藤博文の要請に応じ、この鉄道建設にあたって多額の出資をしている。

高嶋は横浜にガス会社を設立し、日本で最初のガス灯を馬車道の本町通りに灯すとともに、埋め立てによる港湾整備等をおこなっている。ガス灯が灯ったのは、鉄道開通よりも一ヵ月ほど遅い、明治五年(一八七二)十月三十一日のことだった。「文明開化の灯」を見ようと、鉄道で訪れる人びとで、横浜はあふれかえったそうで、十月三十一日は、「ガスの記念日」となっている。

高嶋と同じように、実業家が社会基盤の整備に投資した事例は多い。

京浜工業地帯を走る鶴見臨港線には、浅野総一郎《そういちろう》の名を冠した「浅野」駅があり、安田善次郎《やすだぜんじろう》の「安善《あんぜん》」駅がある。高嶋嘉右衛門の名も、横浜市営地下鉄の「高島町」駅や横浜高速鉄道(みなとみらい線)の「新高島」駅のように、彼らの名前は日本各地の地名や駅名となって、今日に伝えられているのである。

世界と日本がつながった

新橋～横浜が結ばれたことによって、横浜港を窓口として、人・物・情報が世界と東京とのあいだを双方向に流れはじめたのである。わずか二九キロメートルの鉄道が、東京と世界を結んだ。

鉄道開通によって、横浜は異国情緒が息づく華やかな港街に変貌をとげたのだった。

とまれ、この日の「汽笛一声」を記念して、十月十四日が日本の「鉄道の日」となっている。

開業時の運賃は高価で、白米一〇キログラムの価格と、上等席の料金が同じだった。上等が一円十二銭五厘、中等は七十五銭、下等で五十銭に定められたが、これは当時の貴重な乗りものだった「早駕籠の料金」を上等に、「並駕籠の料金」を下等にあわせた運賃設定だったそうだ。

このように庶民には高価な乗りものだったが、そこは「新しいものが大好きな日本人」である。連日の大にぎわいだったそうだ。

開業の翌年（一八七三）の営業成績は、乗客が一日平均四千三百四十七人、年間の旅客収入が四十二万円、貨物収入が二万円、経費は二十三万円で収支二十一万円の利益というもの。「鉄道は儲かる」と、企業としての認識が高まると同時に、早く、便利な乗りものへの人気は「文明開化」の象徴として、日本中に一気に広まっていった。

井上勝

明治七年（一八七四）五月十一日に大阪〜神戸間が営業を開始し、大阪〜京都間も前年の明治六年十二月に着工し、明治十年に開通するなど、日本各地に鉄道網が建設されていった。

この間の明治七年二月「鉄道寮」は、大阪に移転することが決定されている。移転にともない、トップである井上勝鉄道頭《てつどうのかみ》（のちに鉄道局長官）も大阪に居を移した。

井上は明治政府の行政に深くかかわり、後年「日本の鉄道の父」と称される。彼こそが、謹介の人生を決定づけるキーパーソンとなるのである。

井上勝は豪放磊落《らいらく》な気質で、典型的な長州人と言われている。

長州藩士井上勝行の三男として生まれ、幼名は卯八《うはち》、満五歳のときに同藩士の野村家養子となり、弥《や》吉《きち》と称した。藩校の明倫館《めいりんかん》を経て、長崎海軍伝習所、江戸の蕃書調所《ばんしょしらべしょ》で航海術、外国語を学んだ。

幕府直参《じきさん》となった中濵万次郎は、蕃書調所にはたびたび足を運び、英文書物の翻訳などをおこなっていた。ここで高橋由一《ゆいち》と知りあっている。

維新後、いわばリストラにあった由一が、洋画を描きはじめると、万次郎は彼のパトロンとなり、顔なじみの旧大名などに、油絵の購入を勧めているのだ。野村弥吉こと井上勝も、由一同様、もしかしたら蕃書調所で、万次郎と顔をあわせていたかもしれない。

文久三年（一八六三）、弥吉は井上聞多《もんた》（馨《かおる》）・山尾庸三《ようぞう》・遠藤謹助・伊藤俊輔《しゅんすけ》（博文）らとともに脱藩し、イギリスに留学している。いわゆる「長州ファイブ」である。井上が最年少の二十歳、金は一文もなく、すべて御用商人からの借金だったようだ。

ユニバーシティー・カレッジ・ロンドンに入学をはたし、化学の大家ウィリアムソン博士に直々の薫陶を受けることができた。弱冠二十歳の青年が抜群の度胸と行動力を示しているのである。鉱山技術、鉄道技術を学び、八年後の明治元年に帰国し、野村姓から井上姓に復し、井上勝と名乗っている。

この井上は、大阪造幣局の設立にも、深くかかわっていたので、同じ山口県人で造幣局に勤務していた長谷川為治とは旧知の仲だった。

大阪に来てからは、頻繁に交流を深めていたので、必然的に、弟の謹介ともたびたび顔をあわせていた。

あっさり勧めに応じる

ある日、井上は為治に勧めた。

「どうだろうか、弟の謹介君を鉄道寮に出仕させては。吾輩の見るところ、彼は相当なタマだ。好漢は大きな舞台でこそ飛躍するもんでありますぞ」

「いや、弟は仰せのとおり気宇壮大でありますが、あいにくと学問が足りない。やれ鉄砲だ、蒸気船だと原書を読んでおりますので、工部大学で勉強させてから、井上さんのご厄介にとは考えておるのでありますが……」

「外資のガスなどに従事させておいては、ろくなことはない。コマイ仕事だ。吾輩が見るところ謹介君には、もっとデッカイ仕事が向いとります。日本各地に、さらには世界へと羽ばたく大仕事が舞台だ。男の仕事としては申し分ない。学校もよいが、いまどきの大学出は、できないときの理屈づけに学問を使いよる。現下の鉄道は腕の人を必要としておるのであって、口の人は要さない。まあ、とにかく吾輩に任せんさい。吾輩が責任をもって、立派な鉄道技師に育ててみせる。けっして将来を誤らせるようなことはさせぬから。為治さん、吾輩の目に狂いはないぞ」

郷土の先輩からの熱心な勧めだった。

為治は英語を学び、通訳として活躍中の謹介が「これは自分の目的ではない。英語をマスターする手段だ」と日ごろから語るのを知っていた。

謹介なりの目的があるようなので、この勧誘話には見向きもしないだろうと思いつつ、為治はこの話を伝えてみた。

ところが、兄の話に、謹介はじつにあっさりと応じたのだ。

「鉄道か。そいつはおもしろそうだ。兄さん、俺は行く。よろしく頼む」

十九歳九カ月での「出発進行」そして結婚

これには兄も驚いた。

「謹介、よく考えんさい。ガス会社では、うまくいっておるんじゃろう。もし、工部大学とか、おまえさんの得意な英語を、もっと学ぶ上級の学校へ行くのであれば、その学費ぐらいは自分がなんとかするぞ」

「鉄道はお国の動脈造りだ。こいつはやりがいのある仕事だと思うた。日本にも、鉄道を早うに張りめぐらせねば不便じゃろう。兄さんよ、心配せんでよろしい。俺は一からやり抜く覚悟じゃ。むしろ、そのほうがありがたいと思うとります」

長谷川謹介は、明治七年（一八七四）六月十九日付「鉄道寮中付、月給壱拾五円下賜」の辞令を手にしていた。

謹介の「鉄道への長駆の旅」は、このような経緯で始まったのである。十九歳九ヵ月での「出発進行」だった。

辞令交付の翌日には、さっそく、外国人技師ライマル・ジョンスに随行して塩津《しおつ》・長浜方面の測量に出張を命じられ、八月には京都在勤、翌、明治八年四月からは、ハーディ技師に随行して、中仙道の測量を命じられている。明治九年三月、ふたたびハーディ技師とともに米原に出張し、会計取扱を命じられる。

この間、神戸ガスでの英国人技師に付いて体験した測量技術や英会話が、おおいに役立った。「英語の勉強」はムダではなかった。外国人技師たちからは、ガス会社にいたときと同様に、引っ張りだこの人気の者の存在になったのだった。

京都〜大阪間の鉄道敷設工事は、謹介が鉄道寮に入る六ヵ月前に起工されていたが、謹介はこの現場において、開通までの二年六ヵ月間をすごしている。

明治十年二月五日におこなわれた開通式は、京都・大阪・神戸の三駅に、明治天皇のご来臨を仰ぐ華々しいものとなった。

この開通式の二日後に、謹介は九等技手に昇任されている。

明治十年（一八七七）九月十日、謹介は、めでたく結婚した。

新婦は毛利藩士安芸《あき》、武田氏の令嬢、蝶子（安政五年三月二十八日生まれ）、二十歳。遠藤謹助大阪造幣局長の姪にあたる。武家の娘として養育された蝶子は、鉄道一筋に奔走する謹介を、なにひとつ不満を漏らさずに、支えつづけるタイプの女性だった。

謹介二十一歳の結婚で、翌年の七月四日には長男、敬三の誕生をみている。

「短気」「怒りっぽい」というのが、若い謹介への定評だったが、家庭内では新妻の蝶子が部屋から出ていくのをいやがるなど、どこか子どもじみたところを見せる、甘い新婚生活を送っている。

家庭ができたことで、なおいっそう活き活きと仕事に精を出し、充実した生活を謳歌していた。

「鉄道工技生養成所」に選抜される

このころ、井上勝鉄道局長は、お雇い外国人技術者に頼ることなく、日本人だけの力で、各地の鉄道工事を進める体制の構築に腐心していた。それには、日本人鉄道技術者の先生役となる指導者育成が、急務だと考えていたのである。

そこで、書記官の飯田俊徳《としのり》と建築技師長のセルヴィトンと相談し、大阪停車場の二階に「鉄道工技生養成所」を創設した。

飯田俊徳も長州藩士だった。吉田松陰門下生として学び、慶応三年にオランダに留学し、土木工学を修めていた。明治七年に帰国後、ただちに鉄道寮に入っている。

「鉄道工技生養成所」は、この飯田が教務主任に就任し、教師陣は前述のセルヴィトン技師長、ホルサム建築技師他、井上と飯田が厳選した外国人技術者で編成されていた。

さらに、学科によっては激務の合間を縫って井上・飯田が、みずから教鞭を取るという熱意を示し、若手技術者の育成に心血を注いだのである。

　生徒は各地区からの選抜制を採った。

　明治十年五月十四日、（明治十年一月、鉄道寮を鉄道局、鉄道頭を鉄道局長と改称）鉄道局に勤務する者のなかから、英語・数学に素養がある人材を選抜し、公務を続けながら、高等数学・測量・製図・力学・土木学・機械学大要・運輸大要を三年間で履修させ、卒業後は鉄道敷設の指導者とする体制を構築したのである。

　以下の十二名が、第一期生に選抜されている。


　長江種同／武者満歌／千鳥九一／島田延武／木村愁／享尾謹親／木寺則好／佐武正章／三村周／松井挺悟／国沢能長／長谷川謹介

　謹介は京都から一年間、その後は大阪勤務となるが出張勤務が多く、通学の余裕がないため、大部分は原書を購入しての独学で、試験だけはキチッと受けるという学生時代からの彼流のやりかたで、ここを卒業している。

　同級生はこれには驚き、うわさしあったそうだ。

「長谷川は授業にはあまり来ぬのに、試験の成績がいつも抜群によい。ヤツはいったいどこで、どのように勉強をしておるのだろうか」

二期生は以下の十二名であるが、全国から希望者を募り、試験合格者を「鉄道工夫」名義にして日当三十銭を支給し、卒業後に実務に就かせるようにあらためられている。

吉田経太郎／吉山魯介／佐藤謙之輔／金田秀明／入江謹治／岸本順吉／西大助／小林秀茂／岡田時太郎／本島勇太郎／中島賛充／古川晴一

第一期生の国沢能長は慶応義塾の出身で、隧道《ずいどう》（トンネル）工事の専門家と言われていた。初の日本人の手による逢坂山《おうさかやま》トンネルは、この国沢によって施工されている。それまでもトンネルはあったが、海岸線に設けられた屋根付き線路のようなもので、山を掘削した本格的なトンネルは、国沢の逢坂山トンネルが本邦の嚆矢《こうし》であって、明治十三年六月二十八日に竣工されている。

英語が堪能なる者として、長谷川謹介、三村周、本間英一郎の三名が挙げられ、優秀な技術者として、松田周次、長谷川謹介、、吉山魯介、西大助、岸本順吉の名前が記録に残されている。

どちらにも名前があるのは、長谷川謹介だけであり、同級生が謹介に一目を置くのも当然だった。

この「鉄道工技生養成所」卒業生の多くが、日本各地の鉄道に残した指導者としての功績は真に大きく、井上局長が期待したとおりの活躍を鉄道史に残している。

「鉄道工技生養成所」は明治十五年に、その使命を工科大学さらには東京帝国大学工学部に引き継いでいくが、教育内容の中核であった建設・測量等の技能の習得においては、その後の大学工学部よりも、レベルが数段も高かったと言われている。

第二章　トンネルを掘り、鉄橋を架ける

1　柳ヶ瀬トンネル工事

大津線

明治十一年（一八七八）八月二十一日に起工された京都～大津間、約一六・九キロメートルの工事は、画期的なものとなった。

井上局長が「いっさいを日本人の手のみでおこなうように」と指示を出したからである。

これには、政府筋から井上にたいして「自重してはどうか」と危惧する意見が多数出された。井上は「顧問役として外国人技術者をあたらせるから……」と政府筋を説得し、実際は「断乎として日本人だけでやりとげろ」と現場を激励して歩いている。

大津線は全線を四工区に分けて、次の者に分担させた。

第一工区（京都～深草）　七等技手　武者満歌
第二工区（深草～逢坂山）　九等技手　長谷川謹介

第三工区（逢坂山トンネル工事）　八等技手　国沢能長
第四工区（逢坂山〜大津）　八等技手　佐武正章

なんと全員が、明治十年五月に「鉄道工技生養成所」に選抜入所した第一期生ばかりだった。実際の現場で、どのように指導能力を発揮するかを見定めるようというわけであろうか。工技生たちは、それぞれの持場で懸命にならざるをえない。全体の統括は飯田俊徳がおこない、井上局長も熱心に視察巡回をおこなった。

井上イズム

井上は視察現場の随所で、井上イズムを浸透させていった。よい事例が大津駅舎である。大津は琵琶湖との水陸運輸の起点にあたる。山陰・北海の貨物は、敦賀《つるが》・長浜を経由して、琵琶湖を経て大津に集積してくる重要拠点駅だった。

誰もが当然、立派な駅舎が建設されるものと思っていたが、井上は一棟の粗末な駅舎しか建設させなかった。

「実績を挙げつつ、駅舎を拡充していくのが常道で、机上の計画で必要以上に豪華な施設を創るのは妥当な判断とは言えない。後からでは拡充・増設ができないレールやトンネルにこそ、経費を惜しまずに注ぎこむことだ」

その結果、工事期間は計画より早期に、予算も低廉で竣工でき、明治十三年七月に全線の開通をはたすことができた。

井上局長は仕事にはじつにきびしかった。自身が学んだ英国式で、やる気のある者、見こみがある者には、当人が音を上げるほどの質量の業務を課した。そして、できる者、成果を挙げた者にたいしては、ただちに評価に反映させ、ドンドンと昇進させていった。今日でいう成果重視主義であり、「年功序列」や「同期同時昇進」といった概念を否定して、少壮気鋭の者のモチベーション・アップに努めたのである。

その結果、現場では働く者は互いに切磋琢磨して「新知識・新技能」の習得に努め、率先して実践に活かしていく職場風土が醸成されていった。しかし、いったん井上にダメな奴と判断されると、二度と仕事は回ってこなかった。

スピード昇進

二十五歳から三十歳の期間は、誰しもが気力・体力・能力が充実しており、社会での実力が身につく時期でもある。謹介自身、養成所在籍期間と重なるその時期を「自分の生涯でいちばん勉強に、仕事に熱を入れた時期だった」と、後年に述懐している。休日を取る余裕などは皆無だったようだ。創意工夫を凝らして、予定工区の工事を早期に終了させると、即時に、次の仕事が待っていた。

謹介の担当した工区は、明治十二年八月末に完成したのだが、すぐに、九月一日付で中仙道を経由して東京に出張を命じられている。大阪に戻ると十月からは敦賀線の測量、柳ヶ瀬トンネル工事へと、仕事は暇なく続き、「長谷川の身体がもつか」と、同僚がその激務を心配するほどの質量の仕事が、謹介に割り当てられていた。

謹介の実力もついたが、それにともなう昇給も早かった。しかし、同僚からの文句はなにひとつ出なかった。

井上鉄道局長が現場を巡回し、能力を認めた者は分け隔てをせずに、実力本意で昇進させていったからであって、傍から見ても、じつにわかりやすかったからだ。

明治十二年四月………七等技手（月給二十五円）
明治十三年二月………五等技手（月給三十五円）
明治十三年十二月……四等技手（月給四十円）
明治十五年三月………二等技手（月給五十円）
明治十六年六月………一等技手（月給八十円）

明治十二年、十三年は二階級特進である。まさにトントン拍子の昇進だが、謹介にとって昇進も月給も、大きな関心事ではなかった。鉄道の新技術の習得と、その施工にこそ最大の関心があり、最高の喜びだったのである。

仕事がおもしろくてたまらない

測量をおこない、線路を敷設していく。

地味な仕事だが、試運転の陸蒸気《おか》（蒸気機関車）が黒煙を揚げて走るころには、線路脇で多くの見物人が見守ってくれていた。

開通式の当日には「日の丸」の小旗をちぎれんばかりに振って「バンザイ、バンザイ」と喜びの歓呼が、野山にこだましていくのだ。

人びとは列車に乗って見知らぬ土地を旅する夢や、遠く離れた懐かしい故郷への想いを募らせ、力強く疾走する蒸気機関車の勇姿に、新時代の息吹を感じ取っていたのだろう。

謹介自身も、つらかった作業の疲れなどは微塵もなくなり、大地を切り開き鉄路を敷設していくことに誇りを感じていた。

もっと情熱を傾けて、仕事に取り組んでいこうと、固く誓う日々が続いていたのだった。「お国の動脈を造る仕事」に、生きがい、働きがい、そして、身震いするほどの感激を、肌身に感じとっていたのである。

「鉄道は人びとに喜びを与える、すばらしい仕事だ」

謹介は自分自身に言い聞かせていた。

未経験の距離

敦賀線は明治十三年（一八八〇）四月に起工された。琵琶湖畔の長浜から日本海の海運の中核である敦賀港までの約四一・八キロメートルである。工事は全線を四工区に分けて、担当者が決定された。

第一工区（長浜〜中ノ郷）　木村懋
第二工区（中ノ郷〜柳ヶ瀬トンネル南口3／10）　長江種同
第三工区（柳ヶ瀬トンネル7／10　刀根・小刀根・曽々木山のトンネル）　長谷川謹介
第四工区（トンネル出口〜敦賀）　本間英一郎

第一〜第四工区以外（柳ヶ瀬以北〜疋田）の橋梁工事は、千種基が担当し、全工区の監督として少技長飯田俊徳が任命された。

最大の課題は、滋賀県と福井県境のトンネル工事にあった。日本人だけの手による初の逢坂山トンネル（約六七七メートル）、その二倍に近い距離を掘り抜かねばならない。また、日本ではじめてダイナマイトを使い、コンプレッサー・削岩機・換気用タービンなどの工作機械を駆使するなど、当時としては画期的な工法を採用して工事の迅速化を試みた。

未経験の距離に挑む現場は、張りつめた空気で満ちていた。これには井上局長も神経を使い、連日のように視察をおこなっている。

井上は、長谷川が早朝六時には、すでに現場に来ており、その日に使う全部品のチェックからはじめていることを知っていた。帰宅のさいも現場事務所を最後に出るのは長谷川だとの報告を受けていた。

「おまえが陣頭指揮を執っておるので、部下もやりがいをもちおるようだ。仕事も速い。だが、自分の体力に過信は禁物だぞ。おまえが倒れたら工事が前に進まんからのう。身体にも適宜、グリスをくれて休めてやりんさい」

ほめつつも謹介をいたわっている。

この会話を聞いていた長谷川班の結束は、さらに強固なものとなり、連日の残業にも、不平不満は皆無だったそうだ。

井上と謹介の打ちあわせには「ここのスパンのエキスパートとしてAを、アシスタントとしてBを充てます」と、いったように、英語の専門用語が頻繁に飛び交っていたと伝えられる。イギリスに留学した井上と、英語に堪能な謹介にとっては、そのほうが意思疎通につごうがよかったようだ。

犠牲者ゼロ

柳ヶ瀬トンネルは、入念な連絡と細心な作業でひとりの犠牲者も出さずに、四年間で工事を完了させている。トンネル工事としては驚異的なことである。

謹介の喜びも大きく、この年に誕生した次女に、柳ヶ瀬の一字を取り「柳子」と命名しているほど、思いのこもった工事現場となったのだった。

柳ヶ瀬トンネルは、完成以降十数年にわたって日本最長のトンネルとして、一三五二メートルの記録を誇った。しかも、全工程を日本人のみで施工した初のケースでもあり、日本人鉄道技師たちは、高度なトンネル掘削技術を着実にマスターしたことを、内外に示した。

敦賀線は四年の歳月を要し、明治十七年四月十六日に竣工している。

これによって、人の往来はもちろんだが、北海道の海産物である利尻昆布、ニシン、カズノコ、タラ、帆立貝や農産物のジャガイモ、トウモロコシなどが、そして、東北地方の米、酒、リンゴ、サクランボなどの農産物と木材が、敦賀港から琵琶湖へと迅速に流通することが可能になった。

味にこだわる客層の多い京阪神の飲食業界へ、新鮮な食材の搬送が格段に便利になったことで、貨物の扱い量は飛躍的な伸びを示し、営業成績も順調な伸びを示していた。

柳ヶ瀬トンネルの南口には、伊藤博文が揮毫した「萬世永頼」、北口には黒田清隆の「興国威休」の四文字の扁額が掲げられた。

また、この鉄道敷設を記念して「柳瀬洞道碑」の建立計画が稟議される等、工事全体にたいする国民各層からの評価は、おおいに高まっていた。（急峻を貫く急勾配な単線のトンネルだったために、現在は自動車用として使用されている）

謹介は「柳ヶ瀬隧道論」と題した工事報告書を、英文で三十一ページにまとめ、十五枚の図面を添付して鉄道局に提出している。

その内容は測量・設計・工事・施工方法・事故対応策にいたるまで、詳細に記述されており、永く後進の技術者の参考書として活用されるとともに、謹介の鉄道技師としての評価を定着させる「報告書」ともなったのである。

英国人技術者たちもこれを読み、日本人技術者の技術・技能レベルの高さを、あらためて認めざるをえなかった。

もう、教えることがないと……。

局長を投げ飛ばす

日本人技術者のみによる完成に、井上鉄道局長の喜びは大きく、工事関係者一同を慰労する「祝賀の宴」が盛大に催された。

局長は気分よく杯を重ね、かなり酩酊していたようだ。やおら立ち上がると、大声で叫んだのである。

「これから相撲を取るぞ。おい長谷川、出てきんさい!」

井上局長と謹介がガッチリと組みあった。

誰もが長谷川は井上局長に花をもたせるだろうと思いながらも、ヤンヤの歓声をあげて見ていると、なんと長谷川が局長を遠慮会釈もなく、こともあろうに「上手投げ」で、大きく投げ飛ばしてしまったのである。

「押し出し」程度で、長谷川が勝ちを譲るものと予測していた一同は仰天した。宴席は一瞬にしてシンと静まりかえった。

井上は烈火のごとく怒った。そこは酔いもだいぶ手伝って、上司としてのわがまま丸出しになって、怒鳴った。

「おのれッ、俺を投げ飛ばすとは、けしからん。長谷川、謝れッ！　ここに両手をついて謝れッ！」

「謝る必要を認めません」

「なにを小癪《こしゃく》な、謝れッ」

なんどかの「謝れ」「その必要を認めません」「謝れ」「いやです」のやりとりが続いた。

「よーし、長谷川、おまえが謝らんのならば、きょう届いたおまえの昇給辞令を渡しゃあせんぞ。それでもよいのかッ」

「ほしくはありません」

頑固者同士だ。どちらも譲らない。

ついに、昇給辞令は謹介の手には渡らず、井上局長の机の引き出しに納まったままとなった。

さて、その後は
井上もしたたか腰を打ちつけたようで、しばらくはエビのように腰を曲げて歩いていた。
数日後、トンネル開通記念に建立される碑文の作成の事務官が、二階級特進になるから「工部一等技手長谷川謹介」と名を刻すようにとの指示が出ているが、どうするのか井上局長のもとに確認にきた。

「ほら、このとおり辞令はここに入ったままだ。あの頑固者め、いまだに詫びに来んわい。吾輩の腰も治らん。だがの、トンネルの仕事はみごとなもんじゃった。この辞令、おまえさんがヤツのところへ届けてきんさい。局長は、腹はおさまったが腰がよう上がらんからもっていけぬと言っておきんさい」

仕事の成果として、二階級特進させた謹介への評価は厳正に対応している。

この大一番を目撃した鉄道関係者は数多く、たちまち巷間広く知れわたるところとなり、語り継がれている。

この間、謹介は三人の子の父親になっていた。

明治十四年(一八八一)に長女千代が生まれ、明治十六年生まれの次女には前述のように柳ヶ瀬トンネル完成を記念して柳子と命名している。

謹介二十九歳、妻の蝶子二十七歳。時に長男敬三が六歳、長女千代三歳、次女柳子一歳と家庭的にも充実した日々をすごしていた。

この四年後に三女静子が誕生し、その後、生後まもない二男が早世するという不幸があったが、健康な一男三女の存在は「鉄道」とともに、彼の働き甲斐の源泉ともなっていたのだった。

2　揖斐川、長良川、天竜川

欧州視察へ

明治十七年（一八八四）四月十一日、工務省から、長谷川謹介に欧州視察の辞令が下された。井上局長の片腕と言われていた権大書記官野田益晴とともに、ヨーロッパ各地を視察するものだった。工部卿佐々木高行の名で作成された公文書には次のように記されている。

　鉄道局員欧州派遣之義ニ付上申
別紙権大書記官野田益晴一等技手長谷川謹介ノ両名ヲ欧州ニ派遣シ需要材料ノ購買及各国鉄道工事実験ノ儀ニ付鉄道局長井上勝申出ノ趣ハ中仙道全工事理財作業ノ上ニ関シ便益不少至要必適ノ方案ト被存候間別紙陳述ノ主旨御裁可相成候様致度此段謹テ上請仕候也
　明治十七年四月二日
　太政大臣三条実美殿

謹介は躍りあがって喜んだ。

時間さえ許されるならば、全額自費でも行ってみたいと考えていた欧州諸国である。

ドイツ、フランス、イギリスを順次六ヵ月間、通算で一年八ヵ月は、アッという間だったが、彼の知識・技能を高める貴重な視察となった。鉄橋・トンネル・機関車・レール・運行の新技術の習得に、鉄道関連資材の購買、資料、関連法規の収集に没頭する日々をすごした。架橋・掘削トンネルを中心とした喫緊の課題については、とくに入念な調査をおこなった。

その他、鉄道に関係する工学・測量・運輸・法律等の書籍を多数購入してきた。

「自分は日本鉄道技師の代表として、学ぶ機会を得たのだ。行きたくとも行けなかったすべての者に、鉄道の最新情報を伝える義務がある」と謹介は考えていたので、専門書のカテゴリーは、広範囲に及んでいた。これらの専門書はただちに翻訳されて、さっそく、鉄道敷設の現場において、新技術が用いられるようになっていった。

このころ、欧米先進諸国は東洋の島国日本が、開国後の早い段階に、自力で最新式の鉄道網を次々と建設していく姿に目を瞠《みは》った。御役御免となった英国人の鉄道技師たちは、日本人技術者が新技術・新工法を駆使するのに驚嘆すると同時に、日本人の優秀さ、勤勉さに賛辞を惜しまなかったと言われている。

追い越せはしなかったが、確実に追いついてきたのだった。

なお、謹介はこの外国視察の付録として、紅茶・パイプタバコ・葉巻の嗜好を身につけて帰ってきている。（欧州視察時の長谷川謹介―巻頭口絵参照）

江戸時代以来の難所

帰国を待っていたかのように、謹介には特命が待ち受けていた。

明治十八年（一八八五）十二月十五日付で、大垣～名古屋間の鉄道工事内に含まれている揖斐《いび》川と長良《ながら》川への鉄橋架橋工事を担当することになった。

分担は次のように定められた。

大垣～名古屋間（工事）　権大技長　飯田俊徳
　　　　　　　　　　　　権少技長　松田周次
大垣～名古屋間（土工）　二等技手　佐武正章
揖斐川・長良川鉄橋工事　一等技手　長谷川謹介
木曽川鉄橋工事　　　　　四等技手　足助好生

この工区の最大の難所が、揖斐川・長良川・木曽川のいわゆる濃尾三川《のうびさんせん》の架橋工事であり、謹介の担当だったのである。

この工事には、悪条件が重なっていた。どの川も水量が豊富であり、川幅が広く、急流だった。また、日本有数の洪水多発地帯でもあった。

古くは、宝暦四年（一七五四）に江戸幕府が、薩摩藩へ堤防工事を命じた「宝暦治水の惨事」が知られている。

島津家の家老平田靭負《ゆきえ》が一千人の藩士を率いてその任に当たったが、工事は苛烈をきわめた。監督の幕府役人の指示は厳しく、抗議と絶望の声が渦巻いた。工事完了までに、切腹した薩摩藩士がなんと五十二名、病死者は三十二名、工事費用は五十万両に達したと記録されている。

犠牲者の多さ、莫大な費用の責任を取って、総奉行の平田も自害して果てた。まさに悲劇の舞台であり、多くの薩摩武士の「無念の魂」が眠る難所なのだった。

基本大計を作成した後、謹介は長良川の専任として、中野賛充、揖斐川専任に吉田経太郎を選び、長良川鉄橋の設計は、英人技師パウナルに依頼している。

木曽川は約六〇・八メートルの構桁《こうげた》（水平材＝トラストガーター）九個を使用し、揖斐川には、同じ六〇・八メートルの構桁を五個、長良川には約三〇・四メートルの構桁を四個、約一八・二メートルの鉄桁一個を使用するという一大工事だった。

これらの機材を運送するだけでも、相当な難題だったのである。

アイディアマンで仕事が上手

英国人パウナルの設計による橋脚は、約七六センチのグラベル・スクリュー付きの鉄管を四本ずつネジこむものだった。

パウナルには、長良川の急流や岩盤の固さの認識が甘かったようだ。彼の工法で実施したところ、途中でスクリューが折損し、用をなさないとの報告が上がってきた。

そこは周防灘《すおうなだ》で鍛えた三十歳の謹介だ。長良川の川底を素潜りで、自身で点検したのである。そして、山口県・愛媛県の漁場に手配して、素潜りに熟達した漁師を募り、工事人として雇い入れた。以降は、彼らが素潜りで掘削箇所にスクリューを固定してから、ネジこませていく工法を採ったのである。こうして、橋脚の設置工事は、予定どおりに完了することができたのだった。

素潜り潜水に従事した漁師たちは、謹介を慕い、当該の工事が終了後も、砂利・枕木運搬等の作業者として働き、長く行動をともにし、だれひとり帰郷しようとしなかったそうである。

謹介には、こうした末端で働く作業者から、愛され慕われる「男っ気」のようなものがあったようだ。現場の声に耳を傾け、あらためるべきところは、ただちにあらためるという、彼の柔軟な対応力が現場で働く者の共感を得たのだろう。現場からの信頼は、その後、謹介の貴重な財産になっていく。

揖斐川では、日本ではじめてゴライアスクレーンを使用し、確実に労力を省き、工期を短縮する等の創意工夫を加えた指示を出している。

これらの工法は、謹介が先の西欧視察で学んだ知識の、本邦初の実践使用だったために、万全を期してはいたが、つねに不安をともなうものがあったようだ。謹介自身、密かに薩摩義士を祭る「治水神社」に詣でている。困難な課題に懸命な対応策を考え抜き、あとは神にも祈る気持ちも多少はあったのだろう。

この難工事の苦闘は、謹介に鉄道の技術面だけではなく、指導者としての人間的な成長に大きく寄与するものとなった。

結果は「長谷川さんは技術だけではなく、アイディアマンで仕事が上手だ。現場の意見に真剣に耳を傾け、威張らない」と評価された、二つの鉄橋工事となったのである。

工期には約二年間を要し、明治二十年一月に竣工されている。

完成すれば日本一

日本の大動脈たる幹線鉄道の敷設において、中仙道を採るか、東海道にするかは大問題であった。両案についてそれぞれの実測・予算を付けた計画書が作られ検討されていた。その結果、工期・工法・予算のすべての面において東海道案が勝っていた。

明治十九年（一八八六）七月の帝国議会で、東海道線敷設が正式に決定されたのである。

ただ、東海道線敷設には二大難関があった。

ひとつは山北〜御殿場間、約八・〇五キロメートルの急勾配な山登り。

ふたつは天竜川・大井川・富士川の鉄橋工事だった。鉄橋の総延長は、約七五七〇メートルに及ぶ。完成すれば日本一の長い鉄橋となる天竜川への架橋工事と浜名湖の湾口への架橋とが含まれていた。

さっそく、井上局長は天竜川を境として、東西二工区に分けて分担を決定している。分担表は次のように発表された。

【東部地区】

横浜～沼津　二等技師　原口要（統括）
　　　　　　一等技手　野村龍太郎
　　　　　　三等技手　木村愁
沼津～天竜川畔　三等技師　南清（統理）
　　　　　　雇い　小川勝五郎（富士川・大井川架橋工事）
　　　　　　四等技手　国沢能長（大崩～金谷トンネル）

【西部地区】

大府～新居　一等技師　飯田俊徳（統括）
　　　　　　三等技手　松田周次
　　　　　　三等技手　木村愁
新居～天竜川　四等技師　長谷川謹介

謹介は浜名湖に岸本順吉を、天竜川には西大助を助手として要請し、許可を受けている。

そして、浜名湖の分担者には、可能なかぎり工期を短縮し、天竜川班に合流するようにと、あらかじめ指示を出している。

天竜川の架橋工事に総力を結集する方針だった。

台車に掲げた赤い旗

天竜川架橋工事は明治二十年（一八八七）六月に起工した。約一二〇三メートルと当時日本一の長さであり、橋脚は楕円形の赤レンガの井筒を、二四メートル以上の深さに埋めこまねばならない大規模なものだった。

謹介は台車に赤旗を掲げて、毎日、現場を巡視したので「赤旗」を眼にすると現場の監督者たちには緊張が走ったそうだが、工夫たちからはおおいに歓迎されたのだった。

机上の計画で進めようとする技術屋とは異なり、謹介は現場の作業員の意見を十分に聞いて、次の施策を決定したからだった。

なんの前例もない工事を、設計図どおりに施工していくやりかたには問題が多発していたのである。現場を熟知する工夫の直感的な感覚や、創意工夫を加える必要が無数にあった。謹介はそうした「現場の知恵」「創意工夫」をよく聞き、改善すべきと判断すると、ただちに提案を実行していった。

全員を集め「打ちあわせ会議」を開き、その席で方針を決定したので、全員が考えかたを共有することができた。会議に時間を割いても、その後の作業が円滑に進むメリットのほうが大きかった。

謹介を慕って集まってくれた者たちには、工夫長格の中嶋嘉助、大林長三郎、坂田佐吉、高橋仙太郎、そして大工取締の木下丑松、山崎常吉、桑原源次郎がいた。また、測量には瀬田文造を用いた。彼らの多くは、謹介とともに英国人技師に就いて、「鉄道のイロハ」から学んだ叩き上げの職人集団であり、彼らの謹介にたいする信頼は揺るぎなかった。

世に言う「長谷川組」、いま風にいえば「チームハセガワ」は、結束力がきわめて強靭だったのである。

たしかな自信

一年十ヵ月後の明治二十二年（一八八九）四月、天竜川鉄橋は竣工した。その後、二十余年間、阿賀野川鉄橋が完成するまで、この鉄橋は「日本一長い鉄橋」の座を占めつづけた。また、楕円形の赤レンガの橋脚は外観も美しく、多くの鉄道ファンから、長く愛される鉄橋となった。

謹介は日本一長いトンネルに加え、日本一長い鉄橋を手がける幸運に恵まれた。同時に指導者としてたしかな自信をつけるとともに、人間集団の団結力の大切さを再確認する貴重な経験を積んだのである。

この工事にあたって、謹介は一大決心をしている。

家族を浜松に呼び寄せると同時に、長男の敬三だけは、大阪造幣局の実兄の為治のもとに預け、そこから通学させることにしたのである。為治夫妻には子どもがなかったことも、好都合だったようだ。

謹介自身が経験したと同様に、教育熱心な兄の家に居候で勉学させることで、自身の仕事への集中と、長男の育成の一石二鳥を狙ったものだった。

また、浜松では、三女の静子が誕生した。

3　鉄路をみちのくへ

日本鉄道会社

明治十四年（一八八一）末、資本金二千万円で民間の日本鉄道会社が設立された。初代社長には元老院議官、工部大輔の吉井友実《ともざね》が就任した。

翌明治十五年六月五日、東北本線の敷設が、川口・熊谷地区から着工となった。

ところが、日本人技術者の確保がむずかしく、工事は遅々として進まず、いたずらに日時と経費が積算されていく状態になっていたのだった。

ここにいたり、日本鉄道会社は鉄道建設業務のいっさいを、鉄道局に委託したのである。委託を受けた井上鉄道局長は、全線を五工区に分けて工事を進めることにした。

第一工区　　上野（東京）～前橋
第二工区　　第一区途中の大宮より分岐し白河まで
第三工区　　白河～仙台
第四工区　　仙台～盛岡
第五工区　　盛岡～青森

右にもとづき、順次、鉄道局から技術者を派遣していく方針を採ったのである。

盛岡へ赴任すべし

この工事が着工されたころ、長谷川謹介は敦賀線、柳ヶ瀬トンネル工事に取り組んでいる真っ最中だった。

上野からの工事は順調に進捗し、明治二十一年（一八八八）には第五工区の盛岡～青森間の工事が、小川資源の担当で着工されたとの情報が謹介の耳にも届いており、順調に進捗しているようすだった。明治二十二年二月、天竜川の架橋工事がほぼ完成し、謹介は二ヵ月後に、この竣工式を盛大におこなう準備にかかっていた。

難工事だっただけに、竣工式における関係者の笑顔を思い浮かべつつ、あれこれと式辞や祝賀行事のプランに熱を入れていた。

そこへ、突然、鉄道局盛岡出張所長の辞令が下ったのである。

東北本線工事は順調に進捗していると聞いていたので、怪訝《けげん》な気持ちがぬぐえず、この辞令の理由を尋ねたところ「第四工区の日詰《ひづめ》から第五工区の小繋《こつなぎ》までの約七一キロメートルが未着工であること、貴官は盛岡にあって四～五工区の監督および技術指導のために、早急に赴任せよ」との指示だった。

第四工区は、明治二十一年八月に三等技師の増田禮作が仙台から着工し、同時に第五工区は青森から四等技師の小川資源が担当していた。

四等技師の長谷川謹介が、上記二名の担当区域に割って入るかっこうになることから、調整が進められ、両工区の中間点、第四工区の日詰から第五工区の小繋までを長谷川が担当することで、全行程の早期竣工をめざすことになった。

謹介は自分に割り当てられた工区を、さらに四分割し、吉山魯介を盛岡に、大久保業《なり》を好摩《こうま》付近に、岸本順吉を川口へ、中山には西大介を配置し、いっせいに着工させたのである。

一筋縄ではいかぬ相手ばかり

盛岡に単身赴任した謹介は、これらの工区を順次巡回指導して歩いた。

工期の遅れを取り戻すのに必死の謹介は、建設列車の機関手の運転がノロマだと押しのけて、みずからが運転し、マゴマゴしている人足を張り倒すときもあったようだ。

謹介の受けもち区域の工事請負人は早川智寛、吉田寅松、鹿島岩蔵がおり、レンガ製造に濱野茂、畠山六兵衛がいた。

早川は宮城県土木課長を辞して、請負業を始めた人物で、橋本忠二郎という敏腕な番頭を手元に置いて、切り盛りをさせていた。吉田組には内藤不二松という横着者の番頭がおり、鹿島組には星野鏡三郎という武士の子孫が控えていた。レンガ製造の親方濱野は前歯がすべて金歯の、ものすごい顔つきで、のちに日本橋の蠣殻町で〝新宿将軍〟と呼ばれた怪傑だった。

要するに、とても一筋縄では動かぬ、剛の者が顔を揃えていたのである。

請負期日の延長はカネになる。ああだ、こうだとゴタクを並べ、すぐには動こうとしない。明らかに、工期を遅らせる作戦なのだ。謹介はこれらの者たちと、朝と夕に打ちあわせをするのだが、折衝どころか、大声での怒鳴りあい。連日、喧嘩腰の大激論だった。

謹介は一歩も譲歩しなかった。

ところが、日が経つうちに、腕利きながら粗暴で計算高い彼らが、謹介の仕事にたいする熱意と能力の高さに、一目を置くようになってきたのである。

謹介の評価が、彼らの腕しだい、仕事本位のもので公平無私な扱いをしており、良いものは良いとし、悪しきものには、一歩も引かない態度で絶対にブレないからだった。

彼らは、しだいに謹介に全幅の信頼を寄せるようになっていったのである。そして、その後の工事は、きわめて順調に進捗していくようになった。

ハイカラ趣味の演説下手

謹介は、家族を盛岡へ呼び寄せることにした。

長男、敬三は学業習得のために引きつづき大阪造幣局の兄宅への下宿を継続させたが、家族は盛岡の官舎で暮らせるように手配をしたのだった。可能なかぎり、仕事と家庭を両立させたいとの思いが強かったようだ。

このころの謹介は、つとめて家族との団欒の機会を増やしている。器用に洋食を調理し、家族にふるまったりもしているのだ。

朝食はパン食で、トマトを使ったスープや雉のロースト、宮古港から取り寄せたイワシを酢漬けにし、パンに挟むと旨いと勧め、夜にはリゾットやスペイン風の料理などを作り、「おいしい」との単純な家族の評価に、眼を細めるのだった。

乗馬やスケートに誘い、時には娘たちのカルタやトランプに興ずるなど、娘たちにとっては、父親とのはじめての体験ばかりだった。

妻の蝶子にはパイプの掃除をねだり、自分がおこなう演説の聴き手を頼み、大きな声で読み上げるのである。

謹介は、演説や挨拶・祝辞が大の苦手だった。

「こんなもんは、誰も聞いてはおりゃあせん。みなが早ように終わればよいと思っとるのに、なんでワシにやらすのか、まったくわからん」

演説の日が近づくと、人が変わったように機嫌が悪いのである。それ以外は、娘三人が驚くほど家庭的な父親なので、娘たちは「父上に演説の仕事がきませんように」と、神に祈るほどだった。

これまでの父と言えば、たまに帰宅はするが、ほとんどが深更であり、翌朝早くに出かけていく、怖い父親の印象だけだった。盛岡ではじめて、父と家族は濃密な時間をすごせたのである。

測量の名手

謹介はスケートをなんどやっても、うまく滑れず、ついにサジを投げてしまった。それからは、乗馬一辺倒に熱中した。

盛岡は馬の名産地でもあった。交通が不便な土地だったので、良馬を手に入れ官舎である自宅で飼い、颯爽《さっそう》と現場巡視に出かけるようになった。

謹介は趣味の狩猟のために、ポインターを二匹、飼っていた。馬と犬の飼育係として、天竜川の工事で、測量工夫長だった瀬田文造を呼び寄せたのである。謹介は瀬田文造を可愛がり、狩猟のさいには必ずお供にともなった。聞くところによると、どんな猛犬も文造にだけは、すぐになついたそうだ。

しかも、さすがは元測量工夫長、目測には狂いがなく、獲物までの射程距離をピタリと的中させるので、狩りには欠かせぬ存在だったのである。

瀬田は測量のさいには、必ずポールをもって、目的地に立つ役割だった。

当時は鉄道に関連した用語は、原語である英語を翻訳せずに、現場で使っていた。難解な日本語に翻訳したのは、ずっと後年になってからのことなのだ。

瀬田が、測量用語の「レベル」（level＝水準）を「デベラ」と言い、測量機器の「トランシット」（transit＝転鏡儀）を「タランス」と呼び、「セオドライト」（theodolite＝経緯儀）を「チョウダライ」などと発音するので、当初は若い技術者の笑いのタネだった。

しかし、測量にあたる瀬田は、謹介の指示する方向、距離にピタリとポールを立てるのである。その抜群の能力に気づくと、若い技術者たちの失笑は自然にやんだそうだ。

「英語の発音などは、どうでもよいのだ。なにを言っているのか、わかればよいのだ」

謹介は生かじりの学問よりも、現場の人間が身につけている動物的な直感力を大切にし、彼らの提案に熱心に耳を傾けるので、どこでも、現場の人間から慕われたようだ。

上下関係にことさらうるさかった明治初期の工事現場では、稀有なことだったようである。

謹介の人徳というか、餓鬼大将時代の喧嘩の気合いだろうか、ざっくばらんな性格が現場向きだったのかもしれない。

「こいつらもオヤジさんの下で働きたいと言い張るもので……」

ある日、その瀬田文造が破顔一笑、謹介のもとにあらわれた。

天竜川工事にたずさわった土木工事の工夫たち十数人が、ゾロゾロと盛岡へとやってきたのである。

「こいつらもオヤジさんの下で働きたいと言い張るもので……。よろしくお願いできんでしょうか」

謹介はうれしさと同時に、彼らの家族のことが心配だった。

「二～三ヵ月、いや半年に三日程度、カミさんの元に帰させますのでご心配はご無用です。みなが大将の下で働きたいと聞かんのですよ。わしらはロクデナシ揃いですが、気分よく働かすと、日本全国、どこの組にも負けない立派な仕事をしてみせますから、どうか大将の下で使ってくださいませんか」

謹介はオヤジさんになったり、大将になったりする文造の必死の懇願を、事務方に打診してみた。地元請負業者の雇用実態を考慮しないわけにはいかないからだった。

事務員が言う。

「請負組はどこも作業員の確保に苦労しているので、たやすいことですよ」

そして、各工事請負組へ三～四名に分散しての雇用が決まった。

「文造、おまえはワシが必要で呼んだのだから、オマエは別だぞ」

予定どおり謹介宅に「馬と犬」の世話係として住みこませたのだった。

屋台の娘

一日の仕事が終わると、若い技術者と土木工事の工夫がいっしょになって、盛岡駅前に彼ら目当てに開店した屋台で、一杯やりながら夜食をして帰るようになった。

いつしか、謹介もその輪にたびたび加わるようになっていた。謹介は若手にその場で、個別に宿題を与えていた。

あの山の高さと鉄道との距離、そして、川はどの方向へ何本流れているか、この土地の名産はなんで、どこへ出荷しているのか、この土地の大工の手間賃はいくらか、神社・仏閣の祭礼日とおおよその人出などと、多岐にわたっていた。

各自が調べて報告すると、鉄道となんの脈絡もないような彼らの報告を「そうか、なるほど、イヤーご苦労さん、ご苦労さん」と、ていねいに逐一手帳に控えるので、部下たちは仕事の合間に調査を競い、屋台で報告するのが常となった。

屋台のおかみさんにまで、酒の肴の食材について、この品はどこから仕入れたか、などと訪ねてはメモ帳に記しているのだった。

この屋台の料理が旨かった。幼い女の子が一人おり、中学に行かせたいと言う。

「お嬢ちゃんのお名前は」

「吉住ミヤです」

「みやちゃんは、どのような字を書くのかな」

「カタカナでミヤです」

「そうかい、そうかい。ミヤちゃんは大きな瞳が透きとおってきれいだね」

謹介の言葉に、嬉しそうにミヤの笑顔が弾けた。

おかみさんのお鹿の話では、いまはこのような屋台だが、亭主の吉住清二は、江戸は浅草、宮大工の棟梁の次男坊に生まれたそうだ。子の名前は宮大工の家系からの命名だそうだ。

清二は次男坊でしかも料理好きというので、若いころから日本橋の料亭に奉公し、腕のよい板前として評判になったそうだ。

そこの仲居だったお鹿と結ばれ幸せだったが、亭主は酒で失敗してしまった。

重要な宴席の日に、清二は清酒を一杯ひっかけて準備に入ったが、二杯・三杯と飲みつづけ、グデングデンとなってしまい調理ができない。おまけに女将に絡んで即刻クビとなり、その後は深川、大森の料亭と渡り歩き、どこでも同じ失敗のくり返し、お鹿の故郷である弥彦《やひこ》の老舗《しにせ》旅館に親戚が頼みこんでくれたが、ここも酒の失敗で解雇されての屋台商売だと……。

清二は筋肉質な小柄な身体に、色白の小さな顔をニコニコさせて「こいつには苦労のかけっぱなしで……」と、夜ごと、チビチビと一、二合は引っかけているが、乱れたところは微塵も見せない。

またもやの失敗

謹介は、一晩考えた。

あの男、四十歳手前だろうに。だいいち、夜分に娘を屋台に待たせるのはよくない。なんとか立ちなおらせることができないか。清二の腕の確かさを知るだけに、屋台客相手のつらさも、痛いほどわかるのだった。

翌日、清二を自宅に呼んだ。

「清二さんよ、おまえさんの調理の腕はワシが認める。どうだい、おまえさんの名前のように、今後は、酒を一日二合以上は、絶対に飲みませんと、このワシに誓えるかい」

「旦那さま、アッシもお鹿とおミヤのために、二合どころかピッタシ酒とは縁切りし、こんどこそ立派な父ちゃんと言われるように頑張ります」

そこで、誓約書を書かせ、家族三人を鉄道寮に住まわせ、寮生たちの料理を作らせるようにしたのである。

ミヤちゃんも、寒い思いで夜半まで両親を待つこともなくなった。謹介は自分の娘たちの着物、セーターやオーバーなどをソッとお鹿に渡し、励ましていた。

ミヤの学業の成績は、すこぶるよいので、女学校にはまちがいなく受かるだろうとのことだった。

そんなある日、鉄道寮に寮生の慰安にと酒樽が送られてきた。これを受け取ったのが清二だった。

「一杯ぐらいは味見をしてもよかろう」と手を出したのがいけなかった、たらふく鯨飲し、ふらつく足でなにを血迷ったか長谷川の家に出向いていった。

台所に上りこんで、グテグテ言っているところへ、来客が帰るので俥《くるま》を一台呼ぶように謹介が伝えにきた。

「おお、清二さんか、ちょうどよいところにいてくれた。おまえさんひとっ走りして、俥を一台呼んできてつかあさい」

「ナンデェ、俥だって。フン、馬鹿も休み休み言えってもんだ。こんなクソ寒い雪の晩に、俥なんぞいるもんですかいな。アハハ、アハハ。馬鹿みてえな話だ。アハハハハ」の高笑いである。

「馬鹿もん！　おまえにはもう頼みゃせん。帰れッ！　二度と顔を見せるな」

騒ぎを聞きつけた女房のお鹿が、平謝りに謝ったが、謹介は許さず、

「今後、清二には、絶対に包丁を握らせない条件で、鉄道寮での居住を許す」

と告げて帰らせた。

以降、清二は食材の買いつけや、薪割りなどの雑役係として働くことになった。

ボート転覆の報

測量工、土木工のベテランが加わったことで、「長谷川組各班」の作業は急ピッチで進行していた。この一年余、なにもかもが順風満帆だった。

明治二十三年（一八九〇）七月初旬、つねに朝の早い謹介が、その日は暗いうちから官舎を後にした。昨夜からの豪雨が、休みなく降りつづいていたので、北上川支流である松川の橋梁工事を担当させている大久保班の現場が気がかりで、眠れぬ夜をすごしていたのだった。

謹介は「バケツをひっくりかえしたような」どしゃ降りの雨のなかを、愛馬を走らせた。

この年は長梅雨だと、地元でも話題になっていた。しかも、昨夜からは間断なく、かなりの大雨が降りつづいていた。道路上にはいたるところに、池のような水溜りができている。

松川はふだんならば、おとなしい川なのだが、山からの距離が短いために、この長雨で水かさが増しているところへ、さらに増して、激流となっているのではないだろうか。

嫌な予感が脳裏をよぎり、謹介は馬の尻に一発ムチをくれた。

現場に着くや否や、岡田技手が謹介のもとへ転がるように駆け寄ってきた。

「たいへんです。大久保班長と荒木助手のボートが転覆し、両者ともに行方不明であります」

「いつのことか」

「はい。一時間ほど前のことで、現在、全員で捜索中であります」

作業前の点検は、毎朝の定例業務で、特段にむずかしい作業や高度の技能を要するものではない。この朝、大久保と荒木は、橋脚の基礎部分が洪水のために、どの程度洗掘《せんくつ》されたかを検分するために職工を指揮していたのである。

慣れた作業であったし、しかも、大久保は何事にもきわめて慎重な対応策を講ずる男だった。なにが原因で転覆したのだろうか。

とにかく、無事であってほしいと祈るばかりだった。


あたら逸材を……

大久保業《なり》は、勝海舟、山岡鉄舟と並び「江戸城無血開城の三本柱」と称された大久保一翁の子息で、現在は鉄道技手五級だが、身分は子爵だった。

明治十年（一八七七）に欧米に留学して九年間、クリストルパレス・コンパニースクールなどで、土木学、測量術、鉄道学を学んで帰国した、鉄道界期待の若手だった。

東海道線の小田原～沼津を担当後に、長谷川を慕って配置されてきたと聞いていたが、英国じこみの紳士的な身のこなしに端正な顔立ち、鉄道にたいする真摯な情熱の持主で、謹介の期待は並大抵のものではなかった。

荒木技手も優秀な若手から抜擢して、大久保に下に付かせ、学ばせているところだった。

ここ数日間の雨で増水した河川は、流れが急で捜索は難航した。八方手をつくし、地元警察、消防団も駆けつけての大捜索活動がおこなわれた。

午後には雨があがり、川の流れは、こころもち緩やかになってきたが、夜を徹して捜索活動を継続したが、なんの手がかりも得られなかった。翌日は早朝から、捜索人員を増員して徹底的に捜索した。

その結果、正午ごろになって、五キロほど下流の渋民《しぶたみ》村付近で、荒木助手の水死体が発見された。

さらに、夕闇が迫るころに一六キロ以上も下流の、盛岡の筑川との合流付近で、大久保の遺体が発見されたのである。

すべての橋脚の点検作業を終えた二艘のボートが、岸に着く寸前だった。大久保と荒木の乗ったボートが、岸にもっとも近い橋脚付近に立ち寄り点検をはじめたところ、突然バランスを崩し、アッという間に転覆したとの目撃談だった。

なんのために再度、橋脚に向かったのか、誰に聞いても不明だった。

謹介の現場では、これまでに小さなケガこそあれ、はじめての犠牲者の発生だったのである。しかも、同時に二人である。

大久保は二十九歳、荒木は二十五歳、春秋に富む若手で、日本鉄道界を背負うべき逸材だった。

「起きよ！」

謹介は無念でならなかった。

その夜、検死を終えた二つの棺の前にピタリと正座し、ガクリと頭を垂れて微動だにしない謹介の姿に、居合わせた者のすべてが言葉を失い、泣いた。自分が現場にいたらとの悔いが、謹介の心に重くのしかかってくるのだった。その夜、謹介は二人の棺の前で一睡もせずにすごしていた。

午前二時ごろだったそうだ。謹介には、大久保と荒木の声が聞こえたように思えたのだろうか。棺の前に座り、交互に覗きこみ、二人に静かに語りかけているのだった。

その口調は、いつもとおりで「大久保よ、荒木よ、よく聞いてくれ。これはワシの指示だぞ」と聞こえたという。

白く整った顔が、静かに眠っていた。

「大久保、起きよ！　荒木よ、長谷川だ。起きよ！」と聞いた者もいた。

謹介は二人の顔にそっと手を置き、号泣したそうだ。

あまりにも痛ましい姿に、部下も声を失い、長い静寂のなかに謹介の男泣きの声だけが、低く続いていたという。

しかし、翌日の葬儀全般の指揮は、毅然としておこなっており、どの記録にも「葬儀はじつに周到なものであった」とある。

鉄道員であれば誰しも「指差呼称」を実践する。これは、入社時からの訓練で、誰もが意識せずとも自然と行動している基本中の基本である。謹介は技術者として、大久保たちがなにを点検しに再度向かったのか、原因がつかめぬもどかしさが胸につかえたままだった。

「どこを指差し、なんと呼称したのか」

精神論は彼の好まざるところで、今後のために適切な対応策を取らねば、彼らの魂が浮かばれない。河川では、大雨時には途中で大木などによって、堰きとめられていた水が、一気に下方へ流れ出すことがあるのだ。今後の橋脚工事の指揮は、すべて自分が陣頭指揮にあたると、二人の御霊に誓うのだった。

悲しみと悔恨から

工事現場ではつねに毅然とふるまっていた謹介だったが、この時期、帰宅すると、些細なことで妻の蝶子をきびしく叱るようになったそうだ。蝶子が泣き出すと、千代も柳子も静子も泣いた。一家で泣いた。

謹介が帰宅すると、感のするどい二女の柳子が出迎える。その日のご機嫌を見て、悪いと判断すると「低気圧発生」の合図を出して、家中がシンと静まりかえり、ピリピリと緊張して、主を迎えるようになった。

職場での指導も厳しく「雷さん」「雷オヤジ」のあだ名がついたが、誰しもが謹介への敬愛をこめてそう呼んでいたのである。

「雷オヤジはわれわれを大馬鹿者とか、このボンクラと大声で叱るけれども、怒っている眼を見るとやさしいんだよなァー」

みなが謹介の仕事への熱意をわかってくれていたのだった。彼の悲しみの大きさと悔恨の情を、全員が理解していたのだ。

謹介は、仕事の手順、規則の遵守以外にこの事件の教訓はないとの思いから、徹頭徹尾、基本作業の徹底に眼を光らせるようになっていった。雷オヤジと呼ばれようが、「気づいたこと」は、その場で指摘し、実行を徹底させることに努めたのである。

謹介の仕事は、詳細な調査データにもとづくもので、「井上イズム」のたしかな実践者だった。各駅の乗降客・荷扱数量の予測データによって、その大小を決めており、それには部下たちの汗の結晶である調査結果が、彼のノートと頭に叩きこまれていたのだ。

また、仕事のできる者には、その職級にかかわらずドンドン重要な仕事を与え、みずからがやってみせ、指導するのも、井上じこみだった。

部下たちは、たとえ雷が落ちようが、全員が必死にくらいついてきてくれるのだった。

師弟の阿吽の呼吸

井上局長も、頻繁に各地を視察して歩いていた。

第五工区担当の小川資源は、派手好きで、建物も体裁がよいものを造りたがったようだ。青森付近のトンネルの入口は、凝った設計で、彼の美術的なセンスを活かしたものだった。

しかし、井上はこのようなものが大嫌いだった。小川を呼びつけて、きびしく説教をしている。

「工事はすべて実用を主眼とせにゃいかん。その実例として、長谷川が造った盛岡停車場本屋を観てきんさい。すぐに行け」

井上局長は前触れもなく、突然にあらわれサッと引き上げていく。

ある大雪の日に「長谷川はおるか」と訪れた。局長が、あちこち見てまわられている内に、線路のポイントが雪に埋まってしまった。謹介は数名の事務官と除雪作業を進め、ランプでの保温処置を施していた。

視察を終えた井上局長は「国道を俥で帰るから、俥を用意せよ」と指示するのである。

「長谷川所長みずからが、必死で除雪作業をおこなっていますが、お俥でお帰りですか」

「長谷川がさぞ怒るじゃろうな。それがおもしろいのじゃ」

と、言い残して去っていった。

「所長、井上長官は俥でお帰りになりました」

そして、その言を伝えると、謹介は除雪の手を休めて、汗をぬぐいながらボソリとつぶやいた。

「この雪だ。長官のためじゃない。このポイントが寒くて、かわいそうだから雪を除けてやっておる」

その夜、宿舎では、この話で盛り上がっていた。

「お二人とも頑固者同士だ。どっちもどっちだな」

その場は爆笑に包まれたが、ともに雪かきをした事務官が異を唱えたそうだ。

「そうではあるまい。ご両人ともお忙しい方だ。局長は無言で帰られることで、仕事に文句のないことを暗に伝えたのだ。長谷川所長は、たとえ来客中であろうとなんであろうと、決裁書類をもっていくと、まずは決裁を優先される。決裁後の仕事の流れ、次工程を考えてそのようになされるのだ。きょうの一件も、お忙しい局長の次の行動を考えて、なさったことだぞ。あれはお互いが認めあっている師弟の阿吽の呼吸だろうよ」

井上局長が、長谷川の鉄道技師としてのたしかな成長を見て歩き、信頼を増していったエピソードとして伝えられている。

＊

明治二十四年（一八九一）九月一日、盛岡～青森間、約二〇四・三キロメートルが完成し、これをもって東京（上野）～青森間、約七三〇・五キロメートルの全線が開通した。

当初は毎日、上下一便の貨客列車の運行で、所用時間は下りが二十六時間二十五分、上りが二十六時間四十分であった。

青森駅には首都、東京の香りが漂い、上野駅には東北地方の物産とともに、人びとの夢と希望を乗せた列車が毎日到着するようになった。

上野駅は「心の故郷」「故郷の香りが息づく駅」として、長く東北地方の人びとに愛され、多くの歌謡曲の舞台ともなる、郷愁あふれる場所となっていった。

第三章　常磐線の建設と小石川の家

1　学士が多く働く現場

南千住を起点に

明治二十六年（一八九三）九月十五日付で、長谷川謹介は、日本鉄道会社盛岡建築課長と常磐線建築事務の兼務を命じられている。

明治二十七年（一八九四）七月一日、土浦常磐線建設事務所が水戸建築課と改称され、謹介は建築課長として、常磐線の建築に専任することになった。

常磐線は常磐炭鉱の石炭を、京浜工業地帯へ直送し「産業の振興を図る」ことを目的に計画された路線である。

当初、磐城の郡長だった白井遠平が、水戸から磐城平にいたる鉄道を計画していた。

日本鉄道会社では、この路線を他社の経営に委ねることは、将来、自社の鉄道網形成に禍根を残す因になるとの判断があった。

そこで、これを譲り受け、上野から松戸・土浦・友部・水戸を経て常陸、磐城の海岸線に沿って磐城炭田内を貫き、宮城県の岩沼で東北本線と結ぶ、総延長、約三二一・八キロメートルの計画を立案したのである。さらに、これと東京を結ぶために、水戸～上野間を結ぶ土浦線の計画を加えた。これらを総称して「常磐線」と呼んだ。

土浦線は当初計画では、川口から分岐して土浦・石岡を経て水戸にいたるものだったが、経由地に関して監督官庁から「見なおし」の通達が出されていた。

これより先の明治二十七年三月に、長谷川が踏査測量を実施したときに、田端を起点として隅田川に達する隅田川線の終点に近い「南千住」に着目していた。

そこで、南千住を起点として松戸・土浦・石岡を経て友部にて、既定路線に合流する新路線を立案し、明治二十七年十一月に免許状を受けることができたのだった。

十一月中旬に起工し、明治二十九年（一八九六）二月二十五日、土浦線、約九八・一キロメートルを完成させている。この間には河川が多く、利根川・江戸川・隅田川への鉄橋工事があったが、これらを問題なく完成させることができた。

さらに、この土浦線と東京港と結ぶための隅田川線、約三・四キロメートルも、同時開通させて、東京湾の水運との連結を完成させている。

水戸から岩沼までの約二二六・九キロメートルの磐城線は、明治二十七年（一八九四）年十一月二日に免許状を受領し、翌年の二月に着工、三年六ヵ月の工期をもって明治三十一年（一八九八）八月二十三日に、開通式をおこなっている。

「それはイケませんなァー」

常磐線の海岸線に沿う路線については、陸軍から「敵の攻撃目標になるので、もっと内陸部を通すように」との通告が来た。

謹介は怒り心頭だった。

「なにを馬鹿げたことを言ってくるのだ。三～四キロはラクに届く艦砲が本土に打ちこまれる事態になれば、もはや負け戦だ。そのような事態にせぬようにするのが軍隊の役割ではないのか。まったく、くだらん。どこの国が攻めてくるというのか。言ってきた奴は、どこのどいつだ。ワシがこれから怒鳴りこんでやる。どこの部隊の誰なんだ」

「それはイケませんなァー」

「まったく戦略眼のないヤツだ。もうよい。放っておけ。返事をすることはない」

告げにきた部下は、村上彰一という六十歳に近い事務員だった。

「それはイケませんなァー」

陸軍か謹介か、どちらがいけないのか、曖昧模糊な表現をくり返すのである。

そのうちに謹介の怒りも、だいぶ落ち着いてくるのだが、頑として路線を変更することはなかった。

謹介は、この「イケませんなァー」をオウムのように口にする老事務員を、大事に使っていた。自分の仕事をチェックする「機能」として「イケませんなァー」の常套句を受けとめていたようなのだ。

次の現場へも、この村上を招き寄せ、あいも変わらず「イケませんなァー」をくり返し言わせているのである。

仕事を教えてもらうには最適な技術者

日本鉄道会社に入社した大学出の技術者は、長谷川の下に配置されるケースが多かったが、これは社長である小野義真《ぎしん》の方針でもあったようだ。

小野社長は長谷川の技術・技能を高く評価しており、とかく実業を学ばずに、理屈を述べがちな大学出を、長谷川の下でみっちりと実務経験を積ませることにした。

東京、京都の両帝国大学の工学部からも「長谷川という人物は誠実な英国型の紳士で、技術に堪能な自信家でもある。仕事については相当にきびしい指導をするそうだが、論理的であり、仕事を教えてもらうには最適な技術者である」との評価を得ていた。

そのため、とくに東大土木科の稲垣兵太郎はじめ、「常磐線の現場実習生」として、常時七〜八名が参加していたが、安い日当での実習生が、こんなにも多く働く現場は常磐線工事現場以外には見られない稀有なことだった。

謹介自身、外国で学ばせてもらった先端技術を、若い技術者に伝授する使命を感じていたのだった。当時は「大学出は理屈ばかり言って使いにくい」と、現場では使いたがらなかった時代である。

そもそも大学出の現場指導者が少なかったことも、その一因かもしれないが、彼らには学識はあったものの、実務にはうとかったことも事実だった。その点、実務に明るく、理論的にも厳密な指導もでき、しかも質問にも的確な回答が得られるというので、長谷川謹介の名は鉄道技師をめざす若者に人気があった。

若者たちを引きつけたものは、実際の理論・技術の習得もあったが、謹介の偉ぶらない人間的な魅力に負うところも大きかったようだ。実習のみならず、卒業しても謹介の下で働きたいという者は少なくなかった。

渡辺英太郎も東京帝大の土木科を出て、すぐに謹介の下に配属されている。その後、腹心の部下として、謹介と行動をともにし、日本の鉄道技術の発展に寄与し、中核的な人材になっている。

その他、副課長の橘協をはじめとして、船曳甲、石黒誠二郎、杉浦宗三郎、西村寅太郎が帝大出、両角熊雄は北海道大学農学部土木科卒、杉野敬次郎はアメリカのヴァージニア大学土木科卒と、多士済々だった。

このように学士が多く働く現場は、他に類を見なかったと言われている。

なかなか、ああはできぬものだ

以下に、磐城線建設課長時代のエピソードをいくつか紹介しながら、長谷川謹介の仕事ぶりを見ていくことにする。

杉野茂吉も、帝大で工学博士を取得して入社してきた。当初は謹介の方針になじまず、なにかと理屈が多く、仕事が遅かった。以下は、謹介と杉野の逸話である。

謹介が杉野の現場を、台車で巡視中のことだ。

「杉野よ、この現場は工期が一週間も遅れちょるぞ。もっと手順をしっかりできんのか。それにしても、この台車のなんと遅いことか」

台車の速度が遅いと、癇癪を起したのだ。

「遅い。ワシは降りて歩いて視察する」

「乗っておられたほうがよろしいでしょう」杉野が平然と言い放った。

大柄な謹介が降りたので、台車のスピードが上がって、歩く謹介を追い抜く勢いだが、謹介は大股で歩き続けている。

上司が歩いているので、杉野も歩かざるをえない。

謹介は、その日二度と台車に乗ろうとはしなかった。

六尺ゆたかな長身で大股、狩猟で鍛えた身体で歩きに歩く。杉野は小走りで一日中ついていくのがやっとの状態が続いたのだった。

「申しわけありません」

「なにがだ」

「工期が遅れていることです」

「杉野よ、毎朝の巡視をキチッとやりんさい。巡視用の台車の車軸・ブレーキを目視したが、君は三日間ぐらい、この台車に乗っとりゃせんだろう。車軸にホコリがついちょった。よく聞きんさい、工期が二〜三日程度遅れるのは、容易に挽回できる。ところが、一週間ともなると、その後の挽回作業には、どうしても無理が生じる。工程管理をおろそかにすると、現場の者が遅れを取り戻すために、つい手抜き作業をする、雑な工事をする要因となる。鉄道は基礎が第一。この現場を、今後一週間で完璧に仕上げてみんさい。しっかり頼む」

きっちり一週間後に、視察に訪れた謹介は、あちこちと細かなところを見て歩いた。ついて歩く杉野は点検終了後には、必ず雷が落ちることを覚悟していたそうである。

「杉野よ、一週間でようしてのけた。申し分ない。おまえさんは能力がありんさるのだから、惜しまんと毎日の作業にその能力を発揮したら、もっともっとよい仕事ができる。お疲れさんでありましたな」とニコリとしたそうだ。

杉野はやさしい笑顔に感動し「グゥーの音も出なかった。長谷川さんはよいと認めたときは、じつに爽やかにほめてくれる方だ。なかなか、ああはできぬものだ」と同僚に語っている。

ランプ室

その数日後、杉浦宗三郎が杉野の現場を訪れた。

杉浦は、岩手県立中学（現・盛岡一高）から日本鉄道会社に入社し、謹介が眼をかけていた若手のひとりだった。

杉野といっしょに台車に乗って、次の現場を巡回したときである。

杉野は何事にも派手好きな性格だったから、小さな駅の「ランプ室」をコンクリート製の立派なものに建造してあった。それが杉浦の目を引いた。

「おい、杉野。長谷川さんは、こんな小さな駅に、このような立派なランプ室を好まない。トタン張りの小屋のほうがよいぞ」

「そうか。それはありがたい忠告だ」

杉野は、ランプ室を盛り土で埋めて、隠してしまった。とっさの機転で、次の巡視では謹介に発見されずに、事なきを得たのである。

その後の杉野は、経済性・実用性に重きを置いた施工を、迅速におこなうようになったそうである。

謹介は停車場・設備用地の取得や鉄橋・トンネル・線路・ポイント・信号など、鉄道の基盤となる部位に経費をかけることにはなにひとつも文句は言わなかった。だが、目的にたいして必要以上に華美なものを嫌った。足場の丸太は再利用を徹底し、各拠点の事務所などはバラック小屋同然のものが常だった。恒久的に使用しないものに、過分な設備を嫌い、現場巡視できびしく指導して歩いたのだった。

田端駅の一件

明治三十年秋の田端駅周辺は、茅葺き屋根の民家が数件あるのみで、付近には大木が生い茂り、その根元には清水が流れている、まことに牧歌的な景観だった。

しかし、こうした周辺の風景とは異なり、常磐線開通後の田端駅は、拠点駅としての重要度が日ごとに増していた。常磐線の貨客は、ここで分岐し、東北本線と京浜工業地域へ運ぶ隅田川線に接続していたからである。

謹介は田端駅で、ここの渋滞状況を視察していた。

当時の田端駅は駅長一名、助役二名、駅員一名で構成されていたが、助役は一昼夜交替だったので、日々の業務は三名でこなしていた。

駅長は定年退職間近い職員の名誉職のような存在であり、駅員は切符売り、駅舎の掃除などの雑務係だった。それゆえ、一昼夜交替の助役に質・量ともに、相当な負荷が課せれていたのである。

助役だった笠松慎太郎は、ひとりで東北本線・常磐線・隅田川線の上り・下り列車のすべてにたいして、通票券を授受せねばならず、眼のまわるような忙しさだった。

ここ数日、常磐線の一等室から体を乗り出して、構内をキョロキョロと見回している怖い顔つきの人物に気づいてはいた。

「きのうは常磐炭が何車きたか。貨車の中継作業に何分を要したか。取り扱いに不便なところはないか」と熱心に質問をするので、簡潔に応答すると「うん、うん」と頷くだけでなんの返答もないので、どこのどいつだと思っていた。

ある日、笠松助役は、常磐線が構内に滞ったために、上りの列車を十分間、構外へ停車させた。その列車がホームに着くやいなや、例の男に「助役、助役」と呼びつけられ、怒鳴りつけられた。

「ここまで定時に運行してきた列車を、十分間も待たせる馬鹿があるか」

並みの怒りようではない。

笠松も反抗心がムラムラ燃え上がった。

「列車を構外に十分間停車させたことは、申しわけありませんが、駅構内の配線がまことにまずくできており、たった一本しかない乗降場寄りの本線に、東北本線の上下線と隅田川線の列車を入れる構造になっています。先着列車でふさがっている場合は、どうすることもできません」

「そんな馬鹿なことがあるか」

その人物は駅構内と線路をキョロキョロと見まわして、どこかへ行ってしまった。その間に、笠松は駅長から、その人物が長谷川課長だと聞かされ、驚きつつも「しまった」と思った。知らぬこととはいえ、上役に口答えをし、逆らったのである。ただではすむまい。

長谷川課長は一時間ほどして戻ってきた。

「おまえの言うことはよくわかった。すぐに直してやる」

それから、数日後、線路の配置換えの工事が実施され、運行が円滑になった。

笠松は、「長谷川さんはやかましい人だが、取りつくろうのではなく、問題点の改良を誠実に実行される偉い人だと思った」と語っている。

このような謹介の仕事への真摯な姿勢が、部下の信頼や魅力につながっていったのだろう。

2　岩越鉄道会社

技師長職の魅力

明治三十年（一八九七）十月十五日、岩越《がんえつ》鉄道会社は日本鉄道の長谷川水戸建築課長に、岩越線の技師長を嘱託してきた。

岩越線は郡山を起点として、若松〜喜多方〜新津にいたる、約六七・六キロメートルで、若松郡の山間部を通すものだった。

明治三十一年（一八九八）七月二十六日に郡山〜中山宿の、約一九・三キロメートルが開通した。

この年の九月十五日に常磐線が竣工したので、謹介は日本鉄道会社を休職して、岩越鉄道の技師長に専任することになった。

これにともない、日本鉄道会社の一等俸月額二百五十円の支給がなくなり、岩越鉄道会社では嘱託報酬年額一千円を二千円に引き上げてくれたが、年収は二割減となった。しかし、謹介には技師長職への魅力が勝った。

当時の技師長職は、鉄道工事区間の全権を委嘱される職務であり、いわば鉄道技師の頂点的な存在だったからである。

太田鉄道への支援

太田町（茨城県常陸太田市）は佐竹家代々の居城である太田城（別名、舞鶴城）の城下町で、世矢村の真弓山で採れる寒水石（茨城県産の白色大理石）の集積・加工地として栄え、人口も一万人を超えていた。

太田鉄道は日本鉄道の水戸駅から久慈郡太田町にいたる、約一九・三キロメートルを計画したものである。

明治二十七年（一八九四）六月に磯長得三技師長の手で着工し、明治三十年（一八九七）十一月に、水戸から久慈川までの一六キロメートルを竣工させていた。ところが、財政難から、これより先の太田町までの工事が中断状態となっていた。

このため、未完成の区間は馬車によって物流がおこなわれていたが、不便なこともあり、せっかく敷設した路線の営業成績は、まったくの不振だった。さらに、鉄道建設免許期間の切迫という難題を抱えてもいたのである。

太田鉄道会社の社長であった久能木宇兵衛《くのうきうへえ》は、第十五銀行から五万円の融資を引出し、建設工事については、岩越鉄道会社の技師長だった長谷川謹介に助力を求めてきた。

謹介は窮状を訴える久能木社長の要請に応え、ただちに監督官庁である鉄道局の野村龍太郎管理課長の了解を取りつけ、久慈川〜太田間の残り三・三キロメートルを、部下の菅野忠五郎に担当させた。

免許期間が切迫しており、一日の猶予も許されないので、以下の段取りでの施工を指示している。

明治三十二年（一八九九）一月に着工し、久慈川への仮橋工事を先行施工し、太田までの線路を敷設すること。そして、同年四月上旬までには開通させるようにせよ。

開通後に、久慈川に本格的な架橋工事を竣工して、無事に監査を通すことができたのである。「免許状を取り上げられては、面目が立たない」と心配していた久能木社長は、おおいに喜び「長谷川さんは損得で動く人ではない。私の心情を理解し、心意気で引き受けてくださった」と謹介の義侠心を熱っぽく語り、感謝の気持ちを周囲に伝えている。

みずから図面を引いて

ところで、ここで話題を謹介の家庭に転じたい。

日本鉄道会社盛岡出張所長としての、責任区間であった盛岡〜青森間の目途がたった明治二十三年ごろから、謹介は東京に新居を構えるために宅地を探していた。

鉄道技師として各地を転々としたが、そろそろ、家族との生活拠点を定めねばと、考えていたのだ。そして、小石川指ヶ谷《さしがや》町九番地の土地を購入しておいたのである。

場所は小石川植物園にほど近い丘陵地で、五百坪（一六五三平方メートル）の広い土地だった。みずから設計図を引き、明治二十四年から新築工事を開始している。

大きな門構え、玄関・応接間は洋風で、それに続く二階屋は純日本風、当時、流行りはじめた和洋折衷の造りだった。（小石川指ヶ谷町の新居─巻頭口絵参照）

仕事においては、質実剛健・迅速主義を貫く彼だったが、自宅には、さまざまな趣向や、こだわりを見せている。洋間は純英国調にし、二階の和室は京都の雅びを、なかでも風呂にはたいへんなこだわりをもっていた。

長州風呂の大小の釜は、郷里の山口県から取り寄せているのである。長州風呂とはいわゆる「五右衛門風呂」と呼ばれるもので、スノコ状の板に乗って入浴する。小さなほうの釜は上がり湯で、二の釜を並列に配置し、周りをセメントで固め、タイルで装飾を施させている。外観からは、とても「五右衛門風呂」とは思えない造りだった。

「残り火が釜下にあり、湯冷めがしないし、疲れが取れる」

健康志向で長州風呂にしたのだと、家人に語っている。

二階には十畳・六畳の客間を設け、ぐるりと欄干付きの廊下で囲んだ。

後年、二女柳子の御茶の水女学校時代の短歌の師であった国文学者の佐佐木信綱が、この二階の欄干から桜を眺め「吉野山の景色のようですね」と言ったそうだ。

二階から西片町方面の眺望が、絶景な高台だった。一階には大小十二の部屋を設けてあった。

明治二十七年秋に新居が完成し、一家は盛岡の官舎から東京に移り住んだ。

これを機に、長男の敬三を大阪の兄宅から呼び寄せている。

久しぶりに会う敬三は、背が高く、眉は太く眼の輝きの鋭い好青年に育っていたが、口数が少ないこともあり、姉妹たちとはあまり馴染めないようだった。

敬三は東京帝大の工学部電気工学科に、長女の千代は跡見学院へ、二女、柳子と三女の静子はお茶の水の高女に通学することになった。

東京の女学校

跡見学園は華族や富豪の令嬢たちが通うお嬢さま学校として有名だった。校舎は小さく、ひっそりとしていたが、自宅に近く、小石川の掃除町にあった。

千代はひとりで、紫のメリンスの袴姿で、一台の人力車で登下校し、清楚なお嬢さまに育てられた。当時、袴をはいたのは学習院と跡見だけだった。他の学校もしだいに、お嬢さま学校にならって袴を制服に取り入れ、靴を履きだしたのだった。

お茶の水高女では「家庭科」の授業があり、〝ゆかた〟などの製作があった。柳子と静子は裁縫をしたことがないために、実習では苦心させられたようだ。二人いっしょに一台の人力車で通学していた。お茶の水高女近くの医学校の男子生徒が、下校時の女生徒を品評するために、毎日のように校門前に待機していた。その前を走るさいは、どの家の車夫も気合を入れて、「エイホッ、エイホッ」とかけ声を高く挙げて、力強く走り抜けるのだった。女生徒たちも意識して、この場では、ことさらに取り澄ました顔をしているのだ。

柳子と静子は、いつも二人ですごし、明朗・快活・行動的な娘に育っていった。

家族に加え書生の佐吉、山口県から家事見習いの若い娘が三人おり「お手伝いさん」と呼ばれていた。二、三年の東京暮らしで、彼女たちの言葉、仕草はすっかり垢抜けし洗練されることから、郷里での嫁入りに有利ということだった。そのために上京する娘たちの安全・安心な受け入れ先として、伝言《ことづて》を頼っての依頼に応えたものだった。これに人力車の車夫が二人、合計十二名が同居するようになった。

犬の世話係だった瀬田文造は、工夫長として常磐線工事現場に専念させることになったために、二人の車夫が犬の担当になった。馬屋を造ったが、馬は連れてこなかった。

狩猟犬「ポインター」二匹と、姉妹の愛犬で狩猟では謹介にお供をした「ウエルシュ・スプリンター・スパニエル」の〝チャッシー〟と言う名前の三匹が飼われていた。

これまでは鉄道の敷設で全国各地を飛びまわり、夫として父親としての役割を十分に果たせなかったが、これからは、少しは落ち着いて、家族との生活をすごそうと考えていたようだ。

子どもたちといっしょにすごせる時間は、そう長くはないだろう。それぞれが、この家から飛び立つ日も、そう遠くではなかろう。謹介も不惑の四十歳を迎えていたのだった。

大洗の思い出

しかし、家族揃っての生活は長くは続かず、やがて謹介は常磐線敷設の建設課長として、水戸の官舎で生活する時間のほうが、しだいに長くなっていった。

そこで、夏になると大洗海岸の近くに別荘を借り、そこに夏休みの妻子を呼び寄せるようにしたのだった。

長男の敬三は「学業に専念する」ため来なかったが、妻子が海水浴や磯料理を喜ぶ姿に、少しは父親らしい務めを果しているように感じられ、ホッとする夏のひと時だった。

二女、柳子の夏休みの想い出に、そうした父親の姿が残されているので、その一部分を紹介する。

（反古双紙、未完より）

海の幸が豊富な土地柄なのに、父は舶来のコンビーフの缶詰をみずから開けて料理をつくる。缶詰が日本人の食卓に普及するのは、日露戦争後のことで、それまでは輸入品を舶来物として、一部の者が珍重する程度で庶民には馴染みが薄かった。

ハイカラを好む父と聞いてはいたが、自分でいろいろな料理に調理をするのである。野菜と炒めたものや、コンビーフ入りのオムレツなどを器用に作っては、私たちに旨いから食べてみろと、さかんに勧める。

朝だが、私たちは、干物や海苔、ワカメやアサリの味噌汁等の海の幸の朝食を好んだのだが、父はコンビーフに卵を入れて炒める。これに、トースト、野菜サラダ、牛乳、食後の紅茶。これが毎朝の定番メニューで、ほとんど替えることはなかった。

夜は、たびたび外食に出かけたが、刺身・アワビやサザエ等の磯料理を喜ぶ家族の姿を満足そうに眺めながら、みずからは肉料理を注文するのだった。

また、大勢の人の前で話すことが苦手な謹介が、夜半にひとり原稿を声高く読み上げて、演説の練習をする姿を久しぶりに目にした姉妹は、クスクスと笑いを抑えながら、七〜八人の前では堂々と話す父が、挨拶がいっこうに上達しないのが、意外に思えてならなかったと記している。

海水浴の楽しみもあったが、「父とすごせる大洗の別荘暮らし」は、姉妹にとって夏休みの最大の楽しみとなっていたのだ。

このころから、謹介は部下の勤務状況への気配りをするようになっている。

「適宜、休暇を取り家族や友人との交流を深めるように」との訓示をおこなっている。

3　長女の結婚

ジョン万次郎の息子

明治三十一年（一八九八）春、小石川の家から水戸の謹介へ手紙が届いた。

長女の千代に縁談があるとの知らせで、相手はジョン万次郎（中濱万次郎）の三男、慶三郎で海軍省経理課に勤務する主計中尉（三十歳）だという。

両家に出入りする髪結いの「お師匠のお兼さん」からの話だとある。

昔の女たちの髪結いは、丸一日がかりの大仕事だった。まずはお弟子さんが二〜三人ほど来宅して、髪を洗い、乾かす。ころあいを見はかって「お師匠さん」がやってきて、順次、好みの髪に結いあげていくのである。

「お兼さん」は世話好きで、縁談をまとめる名人と言われている、ともあった。

千代は跡見学園の二年生で十七歳、蝶子は母親として、相手との年齢差と軍人であることを懸念していた。

目で文面を追いながら、謹介も「軍人」は気になったが、「主計ならばドンパチはやらぬので、それほど心配せんでもよかろう」と返信にしたためた。

それ以上に自分の青春時代、英語を学ぼうと決意した下関時代が頭をよぎるのだった。

中濵万次郎編纂の『英米対話捷径《しょうけい》』を、初めて手にしたときのこと、大阪英語学校の英語の授業が懐かしく、「英語」との運命的な結びつきの強さを意識せざるをえなかった。

イギリス人の教官から「ジョン万次郎という人は、英語を通して西欧の進んだ文化・文明、自由・平等の精神を伝えようと努めた人だ。諸君も英語を学び、読み、書き、会話ができるようになるだろうが、それは手段であり目的ではないのだ。英語を通して先進の文化・文明を研究し、みずからの進路を決めて自国の発展に寄与されたい」と説諭されたのを、鮮明に思い出していたのである。

なにやら「運命的なもの」を感じてもいたのだった。

一方、小石川の家では家事見習いの娘たちが台所で妻の蝶子に言った。

「向こうさまの大旦那はメリケン帰りで、犬を家のなかで飼い、人前で平気で接吻するそうですよ。千代子さまをそんなお宅に嫁がせて大丈夫でしょうか」

あとでこれを聞いた謹介は、三人の「お手伝いさん」を呼んで釘を刺した。

「アメリカの家庭生活の実態を話されたものだ。お前さんたちは、妙な噂話を千代子に聞かせぬように」

長谷川家では妻の名が蝶子なので「お蝶」と呼ばれ、千代は「千代子」で通っており、この習わしは、戸籍等の正式書類以外は終生にわたって続けられた。

お見合い

五月二十九日、日曜日に小石川の自宅で「お見合い」となった。

中濱慶三郎は、真っ白な軍服に金モールのエポレットが似合う、中肉・中背の海軍軍人らしく日焼けしたキリッとした顔の好青年だった。

海軍主計学校を卒業、少尉任官後、水雷艇「磐城」の主計長として乗船中に日清戦争が勃発した。戦後は佐世保鎮守府の拡充に従事していたそうだ。

三十歳で独身の理由については「われわれの同期には、独身が多いのです」と述べた。

父親の万次郎翁は七十一歳になるが壮健であり、ノリタケや日本生命のアドバイザーなどを引き受け、ときにはみずから操船し、伊豆・伊良湖・小笠原方面にまで出かけているとのことだった。

「私は若いころ、多少、英語を勉強したことがあるのですよ。ぜひ一度、父上にお逢いし、お話しをうかがいたいものです」

謹介は、縁談の成否はともかくとして、まずは、自分の本音を述べていた。娘たちは、彼が手土産に持参した文明堂のカステラが珍しいと喜んでいる。まるで子どもなのだ。

が、考えると自分も同じようなものかと、ひとり苦笑せずにはいられなかった。

翌週の六月五日（日）に、慶三郎は千代と柳子の二人を浅草に案内してくれたそうだ。銀座は開発なかばで、にぎわいの中心は浅草だった。

仲見世、花屋敷、玉乗りの見物、料亭で鳥料理をご馳走になり、仲居にボンボリ提灯で敷石の中庭を案内されて、人力車で自宅まで届けてくれたと報告してきた。

娘たちにとっては、東京に住んでいるとはいえ、はじめての体験だった。それを喜ぶのは当然のことで、謹介はこれまで子どもたちとどこかを見物に出かけたり、料亭で食事をしたりした覚えがないことに気づいた。


万次郎に会うことかなわず……


数日後、慶三郎から電報があった。

「シキュウ、オアイシタシ」

彼の話は次のようなものだった。

千代に関しては、自分にはもったいないほどで申し分ないこと。七月中旬から約十ヵ月間、急遽アメリカ、イギリスに「軍艦の回航委員」として出張することになったので、具体的な話は帰国後に詰めたい。中濵の家族には、まだなにも報告していないが、自分の心は決まっているのでよろしくお願いしたい。

「正規な婚約とは言えませんが、自分の気持ちは不変であります」

「千代は十七歳の小娘で、ろくな家事教育をさせていない。花嫁修業には絶好な期間となることでしょう。跡見学園は卒業できるでしょう。どうか、無事にお勤めをはたし、帰国後のご連絡をお待ちしております」

「千代どのに、どうぞよろしくお伝えください」

正規な婚約とは言えないが、気持ちは不変だと率直に話す彼に、謹介は誠意を感じていた。

「無事のお帰りを」

「ありがとうございます」

二人は固く握手を交わした。七月中旬、アメリカへの見送りは遠慮することにした。

ところが、十一月十三日に万次郎翁逝去が、新聞各紙に報じられたのだ。謹介は驚くと同時に、無念でならなかった。一度、お会いし、お話がしたいと待ち望んでいたのに……。

十一月十六日、午後一時に京橋弓町の長男、東一郎宅を出棺し、谷中の天王寺において葬儀が執りおこなわれると新聞が報じていた。

せめて、「記帳」だけでもしたいと、長谷川家はそろって京橋弓町八番地の長男で医師である中濱東一郎宅に弔問に行ったが、門前には馬車三台、人力車が十台以上も待機し、巡査三名が弔問客の整理にあたる大混雑ぶりだった。やむなく、沿道でお見送りをすることにした。

長い葬列に頭を垂れ、数珠を手に謹介はポツリとつぶやいた。

「万次郎翁は国士であられた」

「国士って？」

「お国に尽くしたサムライということだ」

三女、静子の質問に短く答えたが、これほど沈鬱で寂しげな父の姿を姉妹が眼にするのは、盛岡での部下の事故死以来だった。

その後、長谷川一家は銀座に出て、洋食屋で遅い昼食を摂ったが、これが家族そろって東京で外食をするはじめての機会となった。

口数少なく、フォークとナイフを器用に使いわける父親が、妻子にはまぶしく感じられた。万次郎翁の葬儀の日は、長谷川家の長く記憶に残る一日となった。

挙式

翌明治三十二年（一八九九）五月十六日、慶三郎が帰国し、千代との交際は再開した。

彼は渡米中に主計長、海軍主計大尉に昇進していたが、さらに九月二十九日付で海軍主計少佐となり、海軍経理局第二課所属、海軍主計学校の教官の任務に就いていた。

その後、対ロシア戦の特命の任務に配属される予定とのことで、結婚式を急ぐことになった。当初は中濱家の次男西次郎が共同設計にかかわった帝国ホテルで披露宴をおこなう計画だったが、慶三郎の海軍の御用の調整がつかず、父の一周忌の直前に式をおこなうことから、簡略におこなうことになった。

挙式は明治三十二年十一月四日。

仲人を三十六回務めたという三輪老夫婦に、縁を取りもったお兼師匠がお願いをし、浅草の料亭で中濵家は長兄の東一郎（妻の芳子は妊娠中で欠席）、次兄の西次郎、四男の信好の三人、長谷川家は両親のみ、新郎・新婦をあわせて合計九人という、海軍少佐の結婚にしては質素にすぎる結婚式となった。

謹介は父親として、花嫁姿だけは最高のしつらえにして、送り出してやりたいと思った。

柳橋の芸者で鳴らした吉田のおかみさんが化粧をし、高島田には亀甲の花コウガイ、櫛、前ざし、後押し、肩からは黒の振袖に仕上げ、自身はフロックコート、母親は黒紋付きに支度ができた。

千代の挨拶に、長谷川家の全員が泣いた。

四〜五台の俥が呼ばれ、ひとりに一台、吉田のおかみさんも付き添って出かけている。

自宅には、御所に出入りする「盆石」の先生を呼び、黒塗りの丸型の長方形のお盆に、白砂と黒石で美しい景色を描かせ、二〜三日後に里帰りをする千代のために備えさせていたのだった。

そして父、万次郎の一周忌の当日が、新妻の千代を中濵家の親族にお披露目する場という異例な展開となってしまったのである。

その日、慶三郎は用意された夕餉を食べずに出かけるという。

「父の大好物だった〝うな重〟を浅草の〝やっこ〟から取り寄せたのだ。一口だけでも食べてから行かないか」

長男の東一郎が勧めたが、急ぎ佐世保鎮守府へ向かわねばならないと、夫婦ともに帰っていった。

初孫と「汽車ゴッコ」

日清戦争に勝利し、世界の一等国の仲間入りをはたしたとして、戦勝の好景気につかの間沸いた日本だったが、三国干渉後のいまは、すべて、来たるべき対ロシア戦への準備が最優先とされる世相へと激変していた。「臥薪嘗胆」という言葉が、国民の結束力を高めていた。

慶三郎がアメリカ、イギリスを巡洋艦「笠置《かさぎ》」の主計長として、回航していた十ヵ月間に、日本人は眼の色まで変わっているように思えた。

明治三十三年十二月に、夫婦には長男、正男が誕生した。

慶三郎は、対ロシア戦のために新設された舞鶴鎮守府の、東郷平八郎長官直属の経理課長として単身赴任していった。

千代は正男を連れて、赤坂見附の新居から、しばしば小石川の長谷川家に里帰りをするようになった。

謹介は水戸から自宅に戻るときには、必ず千代を呼び寄せ、「汽車ゴッコ」という遊びで、初孫の正男をおんぶして庭中を駆けまわるのだった。

これを、柳子と静子に追いかけさせる。正男が「キャッキャッ」と喜ぶからだ。

「お千代、正男は中濱の血じゃないぞ。この子はまちがいなくワシの血だ。汽車ゴッコがこんなにも気に入っちょる。これは将来が楽しみだ」

よき祖父ぶりを発揮するのが常だった。

第四章　台湾へ渡る

1　新たな舞台へ

ふたりからの打診

明治三十一年（一八九八）三月初旬ころから、謹介は同じ主旨の打診を受けるようになった。

「どうだね、台湾に行って縦貫鉄道敷設の技師長をやってみないか。技師長には君が適任、いや、適任者は君しか思いつかないのだ。よろしく検討してみてくれたまえ」

日本鉄道作業局の松本総一郎局長と、日本鉄道会社の小野義真社長からだった。

ふたりとも日ごろから、長谷川の鉄道建設にたいする能力を高く評価していた。そこで、台湾総督府の後藤新平《しんぺい》民政局長からの問いあわせに、技師長適任の第一人者として推挙してくれていたのである。

長谷川も、恩師である井上の元を飛び立ち、技師長として「一本立ち」していく時期にきていると自認はしていたようだ。

しかし、どうも気になることがあった。

「台湾に縦貫鉄道ですか。私は軍人の片棒を担ぐ気にはなれませんが……」

「いや、台湾総督府の直営で、軍事目的ではないそうだ。これは後藤さんに確認してあることだが、台湾の開発のためだ。しかも、路線計画などのすべてをこれから新規に策定して、敷設をおこなってほしいということだった」

「まちがいなく台湾の繁栄のための鉄道ですね。その趣旨でしたら、少し考えさせてください」

なにしろ謹介には台湾について、なんの予備知識もなく、これ以上の気の利いた返事が浮かんでこなかった。

現在、手がけている常磐線の工事は、すでに最終段階に入っており、この夏には開通が見こめる状況になっていた。

その後は、岩越鉄道会社から嘱託されている技師長の職があるが、これも明年の三月ごろには中山宿～山潟間、約二・四キロメートルが開通するし、七月には山潟～若松間、約三五・四キロメートルも完成予定である。

それ以降の仕事については、いまのところ白紙状態なので、自身の身体は、動きやすい環境となることはまちがいなかった。

調べてみると

そこで、台湾についての概要を調べてみることにした。

面積は四国の二倍、九州とほぼ同じ、大きな島だった。東西は一四四キロメートルだが、南北は三九五二キロメートルと長く、ふっくらした「サツマイモ」のような形状をしている。

島の中央部には、日本一の富士山よりも高い、新高山（三九五二メートル）、雪山（三八八六メートル）などの高い山脈が連なり、気候は熱帯、温帯そして高山地帯と地域によって大きく異なるようだ。高山からは、急流が台湾海峡、太平洋へと左右に流れ込む。雨季と乾季では川幅が極端に異なるようだ。未開発の森林地帯が多く、マラリアなどの風土病の発症や毒蛇の棲息など、衛生面の環境はあまりよくないようだ。

風土・民族・宗教は多様性に富んでおり、山間部には原住民（当時は生蕃《せいばん》といわれた）少数民族がおり、平地にはゲリラ（土匪《どひ》と呼ばれた）が跳梁しており、治安はいまだに安定していないとある。

これには日本側にも問題があって、日本最初の植民地において一旗揚げようと、一攫千金を狙ったゴロツキにも似た資質劣悪な日本人が現地に渡ったことに加えて、日本人官吏のなかにも、品格や生活態度が悪く、汚職が常態化するなど、現地民の反感を買っているという事情が多分に影響しているようだった。

鉄道については、基隆《キールン》〜台北間が運行されているが、速度が遅く輸送能力に劣る時代遅れな代物のようだった。

初代台湾総督の樺山資紀《かばやますけのり》は、この鉄道では台湾の防衛・統治上に問題があるとして、縦貫鉄道の必要性を政府に具申していた。

その結果、政府もこれを認めて、明治二十九年（一八九六）三月に七万七千余円の予算を付けて、縦貫線の調査を命じていた。そこで台湾総督府では、逓信省の鉄道技師である増田禮作に、調査を委嘱していた。

その結果、三年間の継続事業、総工費約一千五百三十九万円を要するとの報告書が提出されていた。

ところが、同年の五月、近衛篤麿《このえあつまろ》公爵らの華族と実業界の大物たち二百六十五名が発起人となって、資本金一千五百万円で台湾鉄道会社を設立し、原口要を技師長に縦貫鉄道を建設する計画がもちあがった。台湾総督府は、この計画を援助することに方針を転換したのだったが、資金不足が主な要因で、計画は頓挫していた。

こうした経緯を経て、明治三十一年（一八九八）二月に就任した児玉源太郎《こだまげんたろう》第四代総督が、官営での建設を帝国議会に提出したようだ。それはこの島の南北に縦貫鉄道を十年計画で敷設するという、息の長いもののようだった。

この鉄道の技師長の選考が進められており、その打診が謹介にあったということがわかったのである。

背中を押す者は誰もいなかった

ところが、謹介の背中を押す者は、彼の周辺には誰もいなかった。耳にする意見は、否定的なものばかりなのである。

「なにも台湾まで行くことはあるまい。まだまだ日本には、いくらでも鉄道の仕事があるぞ。気候・風土・治安の悪い台湾などに行かなくとも、十分にやっていけるじゃないか」

「なんだい。どうしたと言うのだ。いくらぐらいの借金があるのか。台湾まで行くとは相当な額になるのか」

「台湾には危険が多い。危険の種類は数えきれないほどだぞ。土地は未開、風土病に加えて、日本から行っているゴロツキが多く治安もよくない。よく考えて返事をすることだ。俺は勧めんな」

すこぶる評判がよくないのである。なかに次のようなことを言う者がいた。

「あそこには一等国の日本人と二等国の琉球人、三等国の台湾人が同居している。しょせんは馴染めあえないのがあたりまえだ。箸にも棒にもかからん極道者が一旗揚げに渡っていくところだぞ」

これには、謹介が激怒した。

「馬鹿もん。馬鹿も休み休み言え。客車じゃあるまいし、人間に一等も二等もありゃせん。おまえさんは、西欧人がつい最近まで、われわれを〝リトル・モンキー〟〝イエロー・モンキー〟と陰でさげすんで呼んでおったのを知っておろうが。あの悔しさを忘れたのか。同じアジア人同士をなんてことを言うのだ」

怒鳴りつけた謹介の脳裏には、遠い少年のころの記憶が鮮明によみがえり、胸を熱くさせていたのだった。

「人間はみなが平等なのだ。平民も新平民もないのだ」と、村中を額に汗して説いて歩く亡父の姿だった。

親父は言っていた。

「響きのよい言葉を吐く人間はいくらでもおるが、自分から動き、動かさんことにはなんの役にも立ちゃせんのじゃ」

陽明学に親しんだ父の実践主義だったのだろうか。

ただ、父を誇らしく思った「悪ガキ」と呼ばれていた少年のころの記憶が、フッとよみがえり、はらわたが煮えたぎるほどの怒りを覚えたのはたしかだった。

闘志と決意

六年前、東京〜青森の鉄道全通開業式の祝いの日に、「チチ　キトク」の電文があり、父親の為伸は六十七歳で逝った。

父の死に目には帰郷できなかったが、父の遺志を継ぐのが「男子の本懐《ほんかい》」ではないのか。それが最高の親孝行ではなかろうか……。

亡父が、謹介の背中をグイと力強く押しているように思えてならないのである。

「ボンクラどもがなにを言うか。日本人も琉球人も台湾人もありゃせん。みなが平等なアジア人じゃ。日本人だって、つい最近まで二等国民と言われ、悔しい思いをしてきたではないか。ワシは行く、行かねばならんのじゃ」

俄然、闘志が湧きおこり、やがて不退転の決意へと変わっていった。

自分のこれまでをふり返ると、目がまわるほど多忙ではあったが、それは恵まれた環境であったと言えよう。

ヨーロッパでの研修成果を活かす現場が、途切れることなく継続してあり、新工法を実践する舞台が、次から次にと、用意されてきたからだった。しかし、これからはどうなのだろうか。

今後も大規模な鉄道工事現場が継続してあるとは、予測しがたい情勢となってきていた。

ならば、台湾の大地は、いままでに修得した鉄道技師としての知識・技能のすべてを表現してみるには、絶好の機会かもしれないではないか。

その過程で部下や現地の人びとに、自分が培った鉄道技術・技能の伝承ができるとすれば、これは願ってもない。「技術屋冥利」に尽きることでもある。

しかも、縦貫鉄道の敷設によって、台湾の人びとの生活を豊かにすることができるのであれば、一石二鳥、さらに意義深いことになるだろう。

十年計画ということだが、竣工時には自分は五十四歳になっている。これは鉄道人生、最後の現場になるかもしれないということか。自分の集大成の仕事になるやもしれない。自分を育ててくれた方々への恩返しともなる立派な仕事をなすべきではなかろうか。

謹介は技術屋というよりは、むしろ芸術家に近しい感覚に陥っていたのである。画家が真っ白なキャンバスを前にしたときのような、創作意欲があふれ出てきていた。技師長としてデッサンからのすべてを、自分自身の手で描きたいという強い欲求でもあった。

このように決断すると、謹介の心はすでに、まだ見ぬ台湾の大地へと飛んでいた。

この妻ありて

新築した小石川の家に、何日間をすごしただろうか。

孫の正男とのふれあいの楽しさは捨てがたいが、たまには会えるだろう。

妻の蝶子に、台湾行きの話があるがと相談したのは、最後になった。

「あなたのお顔は、すでに行くと決めたぞと、輝いた眼ですよ。子どもたちも大きくなりましたので、ご自身の悔いが残らないようになさってください。私が嫁ぐときに父親に言われた言葉は『長州武家の娘の本分を忘れずに生きよ』の一言でした。長谷川の家のことはなにも心配なさらずに」

妻の眼は潤んでいた。謹介は「スマンな」と一言だけつぶやいた。

そんなある日、井上勝子爵が常磐線の視察に水戸官舎へ来訪された。

「児玉さんから台湾縦貫鉄道技師長には、誰がよいかと問われた。長谷川謹介以外には考えられないとお答えしておいた。トンネルあり鉄橋あり、手つかずの大自然への挑戦となる。白髪が増える十年間になるだろうが、気力、体力、能力を考えると、自分には君しか、浮かんでこんかった。日本の鉄道技術のレベルの高さを世界に示すチャンスでもある。お粗末な鉄道は敷けぬぞ。これは吾輩の君への願いでもあるのだがね」

「ありがとうございます。ご期待に添うよう頑張ってまいります」

謹介は揺るぎない決意を伝えていた。

「そうか、ありがとうよ。よかった。吾輩の顔も立つというもんじゃ。返事は吾輩から児玉さんにしておくが、身体には気をつけんさい。お前さんは、しゃにむに突っ走りすぎる。ときには亀さんのように、ゆっくりと、休み休み進めることも大切だ。わかっちょるな。長期戦なのだ。よいか、ゆっくりと、休み、休みだぞ」

後に、部下であった渡辺英太郎技師が、次のように述べている。

「師の渡台に決せられた理由は一身のためではない。日鉄の建設課廃止と岩越鉄道会社の工事中止とにより、師自身も適当な椅子を見出す必要があったが、その第一理由は、師の部下、数十人の働くべき処がなくなったので請負（ホール・コントラクト）でも始めようかと、その方の話が進みつつあったさいに、松本作業局長長官から交渉があったので、部下に職を与え、腕を磨かせるのに好都合というので、挺身、台湾行きを決意されたのである」（『工学博士　長谷川謹介伝』）

長谷川謹介が鉄道技能を部下に伝承し、併せて当時、土木作業者を含めると約三十名近くになっていた「長谷川組」と言われた人びとの活躍の舞台を念頭に「台湾縦貫鉄道の敷設」に挑戦していった経緯をうかがわせるものと言えるだろう。

2　開拓のため縦貫鉄道を

主要分野は官営で

明治二十八年（一八九五）日清戦争に勝利した日本は、下関条約によって遼東半島の割譲と台湾島、澎湖諸島、金門、馬祖を、はじめての植民地として領有したのだった。

初代の台湾総督は、海軍大将の樺山資紀で在任期間は一年一ヵ月だった。

第二代総督からは陸軍となり、桂太郎陸軍中将が四ヵ月、第三代は陸軍中将の乃木希典《のぎまれすけ》で一年四ヵ月と、三代にわたり総督の在任期間がきわめて短かった。

その悪影響は、長期的なビジョンに欠けた、場当たり的、思いつき施策の多さとしてあらわれた。腰の定まらぬ統治で、植民地の治安が安定するわけがなかった。

地場産業は振興せず、抗日運動への対応の稚拙さは、原住民の反発を招き、日本からの労働者は、現地の気候・風土に順応できないなど、問題が山積しており、日本初の植民地経営は、とても円滑とは言えない状況が続いたのである。

明治三十一年（一八九八）二月二十六日、第四代台湾総督として着任した児玉源太郎陸軍中将は、インフラ（社会基盤）の整備こそが、台湾の喫緊の課題と判断した。

電気・電信・治水・道路交通・港湾・鉄道等、課題が山積しており、これらの整備なくして、殖産興業はむずかしい。民間任せで進めてきた結果、資金調達や優秀な人材確保がむずかしく、継続性、品質の均一性にも問題があった。

そこで、主要分野は官営で取り組む決断をしたのである。

後藤新平

では、これらを誰にやらせるか。児玉が眼をつけたのは、後藤新平だった。

児玉が臨時陸軍検疫部長のとき、後藤は日清戦争の帰還兵の防疫実務責任者だった。そのときの後藤の水際立った手腕を高く評価していたからだった。

三月に後藤を民政局長として招聘し、六月には、早くも民政長官に任命した。全幅の信頼を置いて、台湾のインフラ整備に取り組ませたのである。後藤も、その期待に応えている。

みずからの専門分野である公衆衛生面、上下水道の整備、衛生思想の普及、道路交通網・港湾の整備に取り組んだ。とくに、学校教育に力を入れて、台湾全土に学校を建設していった。なかでも、伝染病撲滅のために、台湾医学校の設立に取り組んだのである。

その他の課題の実現には、本土で実績・実力のある人材が必要だった。そこで、農政に精通している旧知の新渡戸稲造《にとべいなぞう》に声をかけた。

病気を理由に固辞する新渡戸に「職場にベッドを備えるから」とまで言って、招き寄せている。新渡戸は製糖産業を立ち上げ、木材・樟脳《しょうのう》・煙草などの地場産業の増産に手腕を発揮してくれていた。

その他、土地の調査に中村是公を、衛生には高木友枝、土木建築に長尾半平といった、実力のある技術官僚を招聘していった。大正期に入って台南地区にダムを建設し、農業の振興に努めた土木技師の八田与一が知られているように、植民地経営には優秀かつ廉直な指導者の存在がカギだった。

そうしたなかで、最大の課題が鉄道だった。児玉と後藤は、官営による縦貫鉄道の建設が、台湾の開拓には不可欠と判断していた。

そこで「台湾縦貫鉄道敷設計画書」を策定し、概算要求（案）を明治三十一年春の帝国議会に提出したのである。十ヵ年計画、約三六五キロメートル、三千万円の要求だった。

だが、この要求が通る見とおしは、まことにきびしい情勢だった。アジアの新興国として、台頭した日本にたいする世界列強の圧力は強烈だった。

なかでも、明治二十八年（一八九五）の露仏独による三国干渉が、日本国民に与えた屈辱は計り知れないものがあった。清国との戦争に勝って獲得した遼島半島の返還に応じざるをえなかったからだ。干渉をしてきたロシア一国との対比でも、日本の国家予算は1：10、陸海軍戦力は、戦術・戦意を除くと1：5と算出され、「とても勝ち目がない」との結論になった。

三国干渉の屈辱は、その後の日本の針路を決定づけるものとなった。陸海軍の軍備拡充に拍車がかかり大砲・砲弾の備蓄、戦艦の建造がすべてに優先され、莫大な予算が充てられた。そのあおりで、植民地の鉄道予算の獲得など「奇跡が起きないかぎりは無理」と巷間言われていたのである。

ところが、百二十万円の減額を見たものの、基本計画は原案どおり可決されたのだった。

その理由としては、一等国となった帝国日本の植民地統治が、順調に推移していることを、露仏独の三国以外の西欧列強に示すことが、国策上、外交上求められていたからだとされる。しかし、そうであったにせよ、児玉台湾総督の陸海軍への説得力に負うところが大きかったことはまちがいあるまい。

コマイ指示はせんほうがえぇようじゃ

明治三十一年七月、後藤新平が眼をやる懐中時計は、正午を少しまわったところだった。基隆《キールン》港のブリッジには、真夏の太陽が直角に突き刺すように注がれていた。

真っ白な麻のスーツにパナマ帽、靴まで白で統一した自身の影が、足下に色濃く刻印されたように、静止し微動もしない。北国、岩手県水沢生まれの後藤にはこたえる、初めての南国、台湾の夏だった。

いましがた到着し、沖合に停泊した汽船を目がけて、艀船《はしけぶね》やボートがいっせいに漕ぎだしていった。

まもなくして、児玉総督が着岸してこられた。

「お疲れさまでした。海はいかがでしたか。まずは縦貫鉄道予算の獲得の件、まことにありがとうございました」

「いや、出迎えご苦労さま。横浜からずっと静かなもんじゃった。ところでだ、鉄道の技師長の件だが、井上馨・井上勝のお二人に、ご相談申しあげた。ともに長谷川謹介君が、最適任ということじゃった。できる男らしいからコマイ指示はせんほうがえぇようじゃ」

「私も鉄道局の松本壮一郎長官、日本鉄道会社の小野義真社長に、打診をしましたが、答えは同じでして、長谷川謹介氏以外は考えられないとのことでした」

「そうか、ワシからも井上さんにお願いしておくが、君のほうで早急に詰めてくれたまえ。十年間と息の長い仕事だ。ご本人からの要望もあろう。また、長州だなんだかんだと、うるさいことだろうが、長州も会津もない。できるヤツを引っ張りこまねば、台湾は前に進めんのだ」

「かしこまりました」

歓迎の宴にて

長谷川謹介が部下の渡辺英太郎をともない、台湾総督府臨時台湾鉄道敷設部技師長として赴任した明治三十二年（一八九九）四月初旬、基隆港に出迎えた現地の鉄道部員たちは、日本料理店の「小島屋」に二人を案内した。

後藤民政局長のはからいだそうで、「長駆の船旅の疲れをいやしてから、総督府へ出府せられたい」との伝言だった。

謹介はヨーロッパ各地視察の経験から「船には強い」と自負していたのだが、今回は連日のきつい揺れで相当にこたえたが、部下の渡辺はグロッキー状態だった。

部屋に案内されると、渡辺は上着を脱ぎ、座布団を枕に横になるや、すぐにスヤスヤと寝入ってしまった。謹介がうちわで軽く風を送っているところへ、宴会場の案内に、台湾鉄道部員が訪れた。技師長が部下に風を送る姿を目撃して、驚いたようだ。

渡辺は、のちにこの話を聞き、見えないところでの上司の気遣いに感激したようだ。

新任の技師長を迎えた台湾鉄道部員は赤松、芝浦、笹川、原という者だった。四人とのなごやかな歓迎の宴は深更まで続いた。話題は必然的に、台湾鉄道の歴史に関することが中心となった。

本島で「雷オヤジ」と言われている新技師長となる人物が、彼らに質問しニコニコ顔で「そうか、そうか」と頷き「それから、それから」の催促、そして、なにやら手帳にぎっしりと、書きこんでいる。当然、彼らは饒舌となる。その話の要点は次のようなものだった。

- 現在、基隆～台北間（約二八・六キロメートル）に鉄道が開通されているが、この鉄道の竣工は、日本の台湾統治の三年前の一八九〇年であった。
- 清国から台湾の巡撫《じゅんぶ》（知事）に派遣された劉銘伝《りゅうめいでん》が、社会資本の整備、産業の振興発展に力を入れて、電信・電話・鉄道などの新設を指示した。
- 台湾各地には、この劉銘伝が対仏戦に勝利した遺跡や特産の樟脳を得るための楠の植樹などが、大切に保存されており、彼は台湾の人びとにいまも敬愛されている。
- 劉銘伝は一八八七年五月に全台鉄路商務局を立ち上げ、イギリス人のマシスン技師とドイツ人のベッケル技師を招いて一八九〇年夏に起工し、一八九一年十月に基隆～台北の鉄道を運行させた。この路線には、獅球嶺《しきゅうれい》トンネルもある。
- 敷設工事は困難をきわめたと言われており、ベッケルの相棒を務めたアメリカ人技師は、あきれて帰国してしまった。

・その原因は、技術以前の問題にあったようだ。作業員として働いた清国兵の質の悪さは、ベッケルがあきれるほどで、工事予定を勝手に変更する、経路も変更してしまう、測量杭を引き抜いて薪にしてしまう、路線近くの農作物を無断で食べてしまうなど、手のつけられない無規律な集団だったので、サジを投げてしまったそうだ。

長谷川は大きく頷きながら聞いていた。

「イヤー勉強になった。ありがとう。諸君とはこれから十年間もの長い歳月を、苦楽をともにせねばならん。そこで話しておきたい。いま、聞いた鉄道建設時の話だが、竣工は日本が台湾を統治する、四年も前のことのようだ。当然のことだが、諸君が実際に見聞した話ではあるまい。今後、われわれが工事をおこなううえでの留意点として〝他山の石〟とすべき内容だと思って聞いておったのだ。

清国兵の規律が悪いとの評価だが、それは、はたしてすべてが真実だろうか。自分には違う理由もあるように思えてならないのだ。はたして、ドイツ人技師や逃げ帰ったアメリカ人技術者の指導方針・工程管理上の問題はなかったのだろうか。十分な食料や調理材料が支給されていたのだろうか。技術以前の問題と言われたが、働く者の環境を考慮し、健康に留意した工程表を作成するのも、われわれ技術者の重要な仕事なのだ。われわれの工事が完成するまでには多くの困難が予測されるが、それぞれが問題の本質を正しく見つめて、対策を考えて、力を合わせていこうじゃないか。

きょうはじつによい話がお聞きできた。ありがとう。勉強になった」

台湾鉄道部の四人は驚いた。

彼らがこの島に来てからはじめて聞く上司からの「ありがとう」であり、しかも働く者の立場に眼を向けた発言だったからだ。

一方、謹介は自分自身に言い聞かせてもいたのだ。

十年間という長い期間だ。みずからが健康を損ね、帰国すれば、長谷川は逃げ帰ったと言われかねない。縦貫鉄道建設従事者の健康・規律に十分に配慮して、後世に「立派な鉄道工事だった」と言われるようにせねば、と誓った台湾着任の夜だった。

3　全権を一任されて

児玉さんも自分も

台湾総督府は、新庁舎の建築の最中で、いたるところに赤レンガが、うず高く積まれ、槌音が響いていた。

後藤新平民政局長は、鉄道部長を兼務していたので、謹介は着任の挨拶に出向いた。後藤は昔からの知己のように、驚くほど強い力で握手をした。

「児玉さんからも言われておるのだが、私はよけいな口を挟まん。思いきりやってほしい。もっとも意見を求められても、私は鉄道の技術的なことには、素人同然だがね。しかし、鉄道の技術以外でなにか困るようなことがあれば、なんでも相談してくれたまえ。鉄道敷設は台湾の喫緊の課題なのだ」

思っていたよりも色白で、眼鏡をかけた小柄な男だった。総督をさんづけで呼び、力強い眼と握手は、無言の自信のあらわれだろう。さっそく、総督室へと伴ってくれた。

「長谷川謹介です。縦貫鉄道敷設工事にまいりました。どうかよろしくお願い申し上げます」

「おお、待っておった。君のことはぎょうさん聞いちょるぞ。長い勤めになるによって、不便も多かろうが、ここはひとつ、踏ん張ってくれたまえ」

台湾の現状と現在の国際情勢について、軽く触れられた後、「後藤君にもよく言っておいたが、鉄道のことは君の考えで進めてくれたまえ。ワシらには報告でよいぞ」。

張りのある声で、小柄な体軀に精気がみなぎっていた。長州訛りがやけに懐かしく、親しみを覚えた。台湾縦貫鉄道が全通したさいに、「鉄道時報」の取材にたいし、後藤新平は大要、次のように語っている。


自分は明治三十二年四月台湾鉄道部創設以来、明治三十九年同島を去るまで台湾鉄道部長の職にあったが、それはただの名義だけの部長で、鉄道のことは長谷川君に一任してただ判を捺していたにすぎない。その後、満洲鉄道に赴任するまでは、鉄道部長でありながら、鉄道のことは門外漢でほとんどなにも知らなかった。

長谷川という人物は、世間によく見られる学者のように、学術上こうであるから、そのとおりにしておけば、後日、いかなる結果が生じようと自分の責任はひとつもない、といった型の人間ではなく、学理は学理として、自分の経験から、あくまでも万全を期するという性質の男であったから、児玉さんも自分も安心してほとんど全権を一任していた。

児玉も後藤も、長谷川謹介という男の鉄道にたいする技術力だけではない、テクノクラートとしての仕事と向きあう姿勢と鋭い感性を、高く評価してくれていたのである。

謹介も、よき理解者を上司に得て、すべてが自分の責任であるとの緊張と同時に、働きがいを感じていたのだった。

彼自身、上から細かく指示されるのを、もっとも嫌うタイプの男で、信任されることは、なによりも望んでいたことだった。

総務・会計以外すべて監督

台湾鉄道部は、五課で構成されていた。総務・工務・汽車・運輸・経理であったが、謹介は技師長と工務・運輸・汽車課長の兼務を命じられた。

経理・総務課長には、事務官の遠藤剛太郎がいた。しかし、彼は法規の知識はともかくとして、鉄道実務は未経験だったがために、経理事務に関しては、謹介の助けが必要となり、しだいに経理事務も技師長の専権事項となっていった。

このような経緯で、総務・会計以外のすべての業務を、長谷川技師長が監督する体制になったのだった。

加えて、明治三十二年(一八九九)に臨時台湾鉄道敷設部の成立によって、判任官以下の任免は、従来の文官普通試験委員の選考での決定から、該部技師長に委ねられることに改定されていた。

謹介には、広範な人事権も付与されていたのである。これはありがたかった。

横浜丸でともに台湾に来た腹心の部下である渡部英太郎やその後、台湾に来た稲垣兵太郎ら、東大土木科卒の優秀な技師を「適材適所」に配置することができたからである。

日本鉄道会社の職員で、常磐線の敷設時に総務を担当していて、謹介が怒る事態が発生すると、「それはイケませんなァー」を連発した村上彰一老事務員も台湾に呼び寄せ、事務嘱託として採用している。

村上には、新たな発想で企画を立案するといった能力に、見るべきものはなかったが、総務業務全般の実務に明るく、慎重に事を運ぶ性格で、仕事にまちがいが少なかった。

台湾鉄道部でも村上老人を通して稟議書を出すと、技師長の決裁が早く下りるとのうわさが広まり、みなが村上を通すようになった。

村上は総務課に席を置き、さかんに同じフレーズの「それはイケませんなァー」を連発するのだった。

謹介は彼のこの言葉を、自分へのブレーキ役として、熟考の機会とした。権力の集中している自分が、軽々に事を進めないように、一呼吸を置かせる役どころを、彼に期待して招聘したのだった。熟考する

「間」を欲したのだろう。

　高齢を理由に村上が日本へ帰った後は、遠藤剛太郎事務官に「それはイケませんなァー」を連発するオウム役を、そっくりそのまま引き継がせているのである。

　明治三十九年（一九〇六）一月から明治四十一年十二月までの三年間、総務課長を務めた秋山清は、前年の明治三十八年に会計検査院の検査官として、台湾の実地検査に来たときに、謹介にその才能を認められて招聘された人物である。

　彼は事務官であるが、現場の実情にくわしく、技術的な鋭い質問を連発し、謹介を感心させたそうである。後に謹介が東部管理局長になったときには、経理課長に据えている。


現地視察の結果は……


　縦貫鉄道の基本計画を策定するために、謹介は台北以南の実測を急ぎたかったのであるが、まずはそれ以前に、既設路線をどのように扱うべきか、自分の眼で検証・確認する必要があった。

　基隆～台北間（二八・六キロメートル）は、駐屯軍鉄道隊の手で数次の改良工事がおこなわれており、莫大な経費が注ぎこまれていた。

　なかでも五堵《ウートオ》近くにある獅《し》球嶺《きゅうれい》トンネルは、これまでに三回も崩落し、修復がおこなわれたそうだ。

「大金を投じて修復工事をおこなっており、ムザムザと放棄してしまうには、あまりにも惜しい。どうか、よろしく検分して、是非の判断を下してほしい」

このような要望が寄せられていたのである。

謹介としても新技師長として、既存の路線を実地検分し、可能なかぎり台湾の産業と民衆の利便に寄与する「開拓鉄道」（pioneer railway）への目的に沿うように、見なおしをおこないたいと考えていた。

さっそく、着任の翌日から実地検分に入ったのだった。その初日は、朝からあいにくの雨もようだった。

道は悪く滑って歩きにくいうえに、左右に広がる水田には、いたるところに大きな水牛が、どこにもつながれずにゴロゴロと寝そべっており、謹介のほうをギョロリと睨んでいたりするのである。見慣れぬ動物の習性がわからず、なんとも薄気味悪い思いで水牛のすぐ横を用心深くとおり抜けての初仕事となった。

点検した結果は、山間部を無理に通したと思われる箇所が随所にみられた。急勾配、急カーブがじつに多いのである。（山間部敷設現場巡視―巻頭口絵参照）

これでは、運行速度が著しく削がれるばかりでなく、各機関への負荷が重く、保線関係のトラブルの原因となっていることが明白だった。

問題のトンネルの前後は、1／50の急勾配となっていた。これを北側に通せば1／60の勾配での建設が可能になると判断された。しかも、基隆～台北間については、全線が1／60以下の緩やかな勾配での建設が可能になると、測定できたのである。

とくに亀崙嶺《きろんれい》付近は1／40の急勾配が、四・八キロメートル以上も続いており、負荷がかかりすぎていた。

総合すると、新路線の建設がベストであり。既設のトンネルは放棄することにした。

また、建設資材搬入ルートを確保するために、淡水港と結ぶ「淡水線」を新規に敷設する計画を加えた。

結論として、従来線で使えそうなところは、総計しても四キロメートル弱程度あるだけで、他はすべて新しい路線に変更すべきであると判定を下したのである。

「意識改革」の必要性

在来線の検分作業を通して、喫緊の課題が見えてもきた。それは、職員の「意識改革」の必要性だった。

初日の作業から、謹介は前途多難さを想い、暗澹たる気持ちになっていた。それは、職員の技術・技能のお粗末さもあったが、仕事に取り組む意欲の希薄さだった。

台湾総督府鉄道部には百九十一名もの職員がいた。工務課の技術者、工夫の人数もそれ相当の人数だったが、技能の低さは眼をおおうばかりで、素人に毛が生えた程度のレベルなのである。

植民地の鉄道部員として、新規に現地採用された者が多く、測量現場や新線設計などの実務経験が乏しかったとはいえ、「親方日の丸」的な役人根性丸出しなのである。

勤労意欲、責任感がまったく欠落しているのだ。

みずから動こうとしない、考えもせずに二言目には「わかりません。知りません。できません」を連発するだけ。頭数は足りても、ろくな教育、訓練を受けておらない者ばかりなのである。どうにか使えそうな者が二〜三名いるかいないかの状態だった。

「おまえたちは、わかりません、できませんとすぐに言うが、このくらいのことはできないのではない。やろうとする意志がないからできぬのだ」

四日間、謹介は我慢を重ねてきたが、ついに癇癪玉《かんしゃくだま》を炸裂させた。

同志来たる！

「さて、この先、どうしたものか」

思案し苦慮する謹介の前方に、なんとヒョッコリ、懐かしい笑顔が弾けているではないか。謹介はうれしさで、胸が張り裂けそうだった。そして、大声で叫んだ。

「おい。そこのボンクラども。邪魔だ。そこをどきんさい。オイ、聞こえんのか、測量の邪魔だぞ！」

男たちは、いっせいに謹介へと駆け寄ると、次々に手を握り、再会の喜びを口にし、眼はキラキラと輝いているのだった。

眼を見れば、その人間の意欲がわかる。

常磐線で指導した杉浦宗三郎技師と瀬田文造工夫長が、鉄道工夫二十数名を引き連れて、来てくれたのである。

謹介も、本工事に入るさいには呼び寄せようと考えてはいたが、こんなにも早く、どこぞで、旅費の前借りでもして、やってきたにちがいない。その性根が、たまらなくうれしかった。

彼らに続いて、訪台の時期はそれぞれ異なるが、謹介が予想もしないかった優秀な人材が、続々と台湾にやってきてくれたのである。

東京・京都の両帝国大学工学部から謹介の現場に実習にきていた工学士たち、稲垣平太郎、戸波季三郎、美野田琢磨、川津秀五郎、菅野忠五郎、熊城鐘三郎、津田素彦、張令紀らが、長谷川技師長の下にと、馳せ参じてくれた。

ベテランも駆けつけてくれた。

佐藤謙之輔は、大阪英語学校・鉄道工技生養成所と、長谷川と、まったく同じ経歴の後輩にあたるが、彼も長谷川技師長の力になろうと台湾にやってきた。日本鉄道会社時代の部下だった岩田五郎も同様だった。

私は断然往く

帝大出の技術者は日本国内各地でも、引く手は数多《あまた》であろう。また佐藤や岩田らの経験豊富な鉄道技師は、国内でも貴重な存在だったはずである。そのような有利な環境の彼らが、どうして台湾にまで、やってきたのだろうか。

それは、彼らは若く純粋な技術者であり、長谷川から鉄道技術の実際を学ぼうという、真摯な志の持主ばかりだったからだ。

けっして日本的な「義理人情」の精神からではなかった。さりとて、金儲けのためではないのは、言うまでもなかろう。

この間の事情を、稲垣兵太郎が次のように記している。


私は明治二十八年東大土木科に在学中に、常磐線の水戸で、ほんの少しのあいだ、実習生として長谷川さんにご指導をいただきました。

学校へ戻り卒業し、北越鉄道会社に就職しました。

ここで丸三年を過ごした明治三十二年四月ころに、社長の渡辺嘉一博士から、突然「今回、長谷川さんが台湾に赴任される。長谷川さんは誠実な英国型の紳士で、鉄道技術に堪能である。技術指導についてはじつにきびしい人だが、仕事を教えてもらうには絶好な先生でもある。君も台湾に行って薫陶を受けてはどうか」と言われました。

そこで、私はただちに台湾行きを決心しました。会社の同僚や知己は、なにも台湾まで行かなくても、内地に幾千もの仕事があるではないかと、止める者が多かったのです。しかし、私は断然往くことにし、渡辺博士を通じ、同行者を募りましたが尻ごみする者が多く、四人の同行者を得るにすぎませんでした。

明治三十二年七月、一行五人は神戸港から「西京丸」で出帆しましたが、途上、暴風雨に遭遇し、全員が船酔いに悩まされ、前途の悪兆ではないか等の悲観論も出ました。基隆から汽車に乗り一時間ほどで台北に着きました。

そのとき、長谷川さんが、にこやかに出迎えてくださり、なにくれと労苦をねぎらわれました。

その笑顔で、一行の苦悩も悲観も一瞬にして雲散霧消してしまいました。

その日、ただちに合宿所に入り、渡辺英太郎氏、菅野忠五郎氏と起臥をともにすることになりました。

謹介は上司に恵まれ、そして、やる気のある優秀な部下にも恵まれたのだった。初期の時点に集まった二十四名の出身校を見ると、十二名が東京帝国大学、四名が京都帝国大学、三名が鉄道工技生養成所、二名が東京職工学校（東工大の前身）、攻玉社の測量科、岩手尋常中学（現・岩手県立盛岡第一高校）卒となっている。

謹介は、喜びと同時に身が引き締まる思いで、彼らを迎え入れたことだろう。

鉄道とは人生道

彼らが実務について「率先垂範」したことによって、台湾鉄道部員の「意識改革」も、徐々にではあるが、改善されていった。

謹介は、やる気のある者を公平に扱い、部下たちの腕と才能を鋭く見抜いたようだ。才能がなく意志の弱い者は、彼の下では働けず、短いあいだに帰国していった。逆に意欲のある者はどんどん推薦し、台湾総督府から、欧米先進国の鉄道の視察に派遣されていった。

彼らには、報告書の提出が義務づけられていた。

そして、もたらされた新知識は、台湾縦貫鉄道にさっそくに活かされていったのである。日進月歩する技術に敏感だった謹介の方針は、現場で活用されると同時に若手技術者の成長に寄与するところ大だった。

彼らは実務と学問の研鑽を深め、その後、日本鉄道界のエリートとして活躍していくことになったのである。

欧米の産業革命に遅れて立ち上がった日本だったが、その知識習得への意欲と熱意は、勝るとも劣ることがなかった。

鉄道とは、安寧な国内に留まることなく強い意志で難局に立ち向かう青年たちが、自力で切り拓く人生道でもあったのである。

第五章　「速成延長主義」のもとに

1　山積する課題

要点は六つ

謹介の台湾縦貫鉄道にかかわる基本構想は、彼がこれまで培ってきた鉄道に関する理念・知識・技術を集大成するものだった。

整理すると、次の六点に集約することができる。

① 台湾の「開拓鉄道」（pioneer railway）を目的とすること。

② 「一歩でも前に」レールを敷き、一日でも早く営業を開始すること。後日に改修可能な施設・設備等は、経費の抑制に努める。

③ 台湾の産業振興に寄与するものを最優先すること。将来性に富む地域に路線網を整備し、完成したものから逐次、営業運転を開始し、運行による収益は、台湾の開発・発展にかかわる事業に再投資をおこなう。

④　再投資先は鉄道関連施設に限定することなく、道路・港湾・建築等、台湾繁栄に寄与する幅広い分野とすること。

⑤　鉄道運行に関する知識・技能を台湾に定着させる。そのために現地雇用を促進し、技能教育の普及に努めること。

⑥　十年計画の前倒しに努め、可能なかぎり早期の完成をめざすこと。

これらの方針は「速成延長主義」とも呼ばれた。竣工を速めようと考えた根拠は、優秀な部下がそろったことで、敷設工事への展望が開けたあらわれとも言えるものだった。

優秀な部下を得た謹介は、当面の目標を次の四点に絞った。

(1)　実測以前に、図面上での比較路線の調査・研究をおこない、必要性・緊急性の徹底検証を実施する。

(2)　いっせいに測量作業を開始するための班を編成し、拠点地を特定する。

(3)　可及的速やかに敷設工事に着手するため、建設資材購入を同時進行させる。

(4)　各班は「路線選定の報告書」を作成する。これにもとづき技師長が実地視察をおこない、順次、最終決定をおこなう。

しかし、測量を実施しながら、現地の実情を調査していくと、予想以上に困難な課題が山積していることがわかってきた。

現地調達が可能なのは「レンガ」だけ

地理・天候などの自然条件のきびしさは、想定の範囲をはるかに超えるものだった。

この地には森林資源は豊富にあるものの、規格に合った枕木等を作れる製材所などは、どこにも存在しなかった。

ましてや、レールを造れるような鉄工所などは言うまでもなかろう。

枕木の下に敷きつめる砂利は、いくらでもあったが、これを搬送する道路が整備されておらず、当面は人力に頼らざるをえない状況だった。

南部地区に豊富にあった石炭は、品質が悪いうえに、採炭技術も稚拙だった。そこで、国内炭と混合して使用することにしたのである。

同じ南部地区に産する咾砿石《ろうこいし》（石灰石）は軽軟質で、特殊の用途以外には使用できそうにない。台北近くの土林の丘陵に産する安山岩は、良質なもので、これだけは使えそうだった。

そこで、これを活用するために石材採取所を設け、計画にはなかった台北〜石材採取所〜淡水港を連絡する淡水支線を建設することにした。

しかし、量産に時間を要したことから、初期の主要部分は、日本から徳山産の石材を搬送せざるをえなかった。

現地調達が可能なものといえば、レンガだけと言っても過言ではなかったのである。

主要な機材、レール・材木・機関車・車両等々のすべてを、日本から搬入しなければならなかった。しかも、これらの資材を目的地に搬送するには、港湾設備や幹線道路を、早急に整備しないことには、工事着工のめどさえ立てられないのである。

鉄道敷設資材の搬送については、新路線の用地買収時に併せて、台車軌道（別名『陸軍軽便線』とも呼ばれていた）を仮設して対応する計画だった。


資材は国産にしたかったが……


購買担当の服部仁蔵が、資材購入の「稟議書」の決裁を得ようと、長谷川技師長のもとに提出したときに、雷爆弾が炸裂した。

「なんで枕木や石炭まで、外国製品を購入するのだ。日本産で十分ではないか。書きなおせ」

とエライ剣幕なのだ。

説明で納得してもらえたが、もっとわかりやすい文章を書くように説教されて、ことは収まった。

「鉄道敷設に要するレール、石材、燃料、車両、機関車外《ほか》国産を用い……」

と記載されていたからだった。

「機関車外」のうしろに句読点を付け忘れたために、「外国産を用い」と読んでの叱責だったのである。

謹介は、すべての建設機材を、日本から調達する考えでいた。

謹介の怒りには理由があった。機関車については、英国産を輸入すべしとの意見が、内地の鉄道局の一部にあったのである。

国産の機関車は、六年前の明治二十六年（一八九三）に鉄道省神戸工場で、英国人技師の指導のもとに八六〇型が製造されていたが、性能はいまひとつだった。

謹介は大阪汽車会社で、新たに二三〇型の量産が計画されているとの情報を得ており、これの採用を考えていたのだった。

ところが、第一号車の改良作業に手間取り、量産機関車の完成は明治三十五年（一九〇二）にずれこんでしまったのである。

けっきょく、レールと機関車は台湾縦貫鉄道の竣工時には間に合わず、レールはアメリカのカーネギー製鉄所から、機関車も同じくアメリカのボールドウィン社から、中央連結器《センター・カップリング》も米国産を購入せざるをえなくなった。

レールについては、重量六〇ポンドのものと四〇ポンドの二種類を購入し、石炭等を頻繁に運ぶ路線には、六〇ポンドを敷設したが、四〇ポンドを使用した路線には、三十トン以下の機関車しか走らせることができなかった。輸入品購入のために、経費の削減をいっそう厳格にせねばならず、やむをえない処置だったのである。

また、在来線の引きなおしで生じた古い部材も、最大限活用し、経費の節減に努めた。

こうした経緯で、台湾縦貫鉄道には、奇しくもアメリカの西部開拓鉄道と同じ機関車が疾走することになったのである。

謹介には、殖産興業と人材育成の両輪が揃わねば台湾の発展と繁栄はないとの信念があった。明治三十三年十二月には台北鉄道工場の一階に、大阪汽車製造会社の分工所を誘致し、鉄橋部材の製造を開始させている。

同社は期待に応えて、熟練工を惜しみなく派遣するとともに、最新式の機械を搬入し、現地採用者の育成に努めてくれた。翌三十四年十月六日には、大阪汽車会社台湾支店となり、鉄橋部材はじめ鉄道部品・築港部材・灯台・船舶用品等の現地生産・現地調達が可能となったのである。

謹介は石工・大工・土木の熟練工を日本から招き、台湾の人びとの指導にあたらせた。しかし、鉄道部員は官吏なるがゆえに現地人の採用がむずかしく、土木工事担当等の雑務が多く、鉄道の運行・運営の中枢について、台湾の人びとを育成する機会は、断念せざるをえなかった。

狭軌での敷設を決定

謹介の担当業務は幅広く、多忙をきわめていたのだが、経済的な視点からのチェックを入れるために、稟議書類には神経をとがらせる日々が続いていた。

線路は広軌ではなく狭軌道での敷設を決定したのであるが、これには、本国との汎用性と同時に、経費面での制約が大きかった。

レールの幅は、機関車はもとより車両・トンネル・鉄橋等のすべての規格に影響する。イギリスで採用された四フィート八インチ半のものを、Standard Gauge（国際標準軌、一四三五ミリ）と称し、日本が採用したものは三フィート六インチの Narrow Gauge（狭軌、一〇六七ミリ）という（ただし、新幹線は国際標準軌を採用している）。また、フィンランド・ポルトガル・スペインやシベリヤ鉄道などはもっとも広い幅の Broad Gauge（鉄道広軌、一五二四ミリ）を採用していた。

ヨーロッパはイギリスの影響で国際標準軌の採用国が多かったが、ナポレオンの電撃的な進軍を経験したロシアは、ヨーロッパの軌道との同一化を避けて、あえて広軌道を採用したとも言われている。

すでに日本では狭軌導入という結論で決着をみていた。それは「国家繁栄のためには可及的速やかに鉄道網を構築すべきである」「ただし、財政負担も考慮しなければならない」とする、井上勝鉄道頭を中心とする主張が大勢を占めたためである。むろん井上も広軌道のすぐれた点は十分に認識していたが、いまの日本では近代化こそ優先させるべきだとの立場であった。

学術的には広軌の採用論者だった謹介だったが、その採用を言い出せる状況ではなかった。ともあれ、このときに作成し、一部補完した長谷川の広軌・標準軌・狭軌の比較研究レポートは、後日、後輩の技術者の参考書としておおいに活用されている。

以下の証言が残されている。

後年、後藤新平が東部管理局長に就任したさいに、日本の鉄道を広軌に改築する抱負をもったのだが、予算的な裏づけが、じつにきびしい情勢だった。

後藤は鉄道院調査所の山口準之介所長に「広狭両軌道の優劣比較」調査を命じたのである。

山口は広軌がすぐれていることは明白であり、いまさら調査など命じる後藤の真意を計りかねたようだ。しかし、上司の命令なので、機関車については田中正平に調査を依頼し、自分は軌道についていろいろと文献を漁っていた。

調べていくうちに山口は、「南アフリカのトランスバール鉄道は狭軌鉄道だが、非常に優秀である」との評判とともに、長谷川謹介がすでに現地を視察しており、その鉄道の写真・図面を含めた「広狭軌道報告書」が、存在することを知った。

さっそく、報告書を入手して、部下とともに新たな「報告書」を作成に取りかかった。そして、長谷川謹介のもとに一同で、意見をうかがいに出向いた。

謹介は技術論にはじつにくわしく説明をしてくれたが、採否に関しては「現担当者で判断すべき事柄」として、私見は一言も漏らさなかった。

「長谷川さんという人は、じつに技術者らしい方で、各種の研究や工事施工報告書等を、後輩が使うに当たっての指導は、じつに丁寧になされるが、それ以外については、職責をわきまえた対応をする、じつに誠実な人柄の方だと評判になった」と述べている。

2　レールを敷く前になすべきこと

「長谷川組」再結集

さて、部下に人を得たことから、いよいよ測量調査チームをいくつか編成し、台北以南の各地に派遣する準備に入った。

先に逓信省の鉄道技師である増田禮作工学博士が策定した計画本線（案）は、軍事用の用途が色濃く出ているものだった。路線は縫うように山に接近しており、経済性・快適性は度外視されていた。かたや謹介は経済性を重視していた。台湾の産業に寄与する路線であるべきであり、客車としての快適性も重視しなければならないと思っていた。鉄道の本質に重きを置いた設計思想を貫いたといえようか。あるいは「開拓鉄道」（pioneer railway）の役割を担おうという意識が強かったのである。したがって、増田案の修正や迂回を恐れずに、測量を実施させた。

一度全員の頭をまっさらな状態にさせて、設計に取り組ませた。また、本線の迂回が非効率な場合は、支線での対応を検討すべきとの方針を示しておいた。

測量作業を効率的に実施するために、測量班の拠点として台北と高雄に、移動可能な仮設の合宿所を建設した。

合宿所で暮らす者の健康面に配慮して、盛岡の合宿所で食堂を任せた吉住夫婦を呼び寄せ、賄いをさせることにした。ひとり娘のミヤは地元の女学校を優秀な成績で卒業し、良縁を得たという話だった。

お鹿からは、清二がキッパリと酒を断ったと聞いていた。清二には「台湾でもう一度、腕によりをかけてみろ」と激励している。

高雄地区合宿所のほうは、鉄道係員だが割烹のほうが得意だからと自薦する、目時佐吉を配属替えし賄夫とした。食堂の食器洗い、合宿所の清掃などは、現地の人たちを採用し、雇用の道を拓いている。

こうして「長谷川組」は、すべて台湾に勢揃《スタンバイ》いしたのである。

「ありがたいことに、上司、部下に恵まれた。吾輩はすこぶる健康なので、心配は無用である」

謹介は愛妻へと近況を書き送っている。その後も、折にふれ妻に手紙を出しており、内地では見られなかった気配りを示している。東京と台湾の距離の遠さが、夫婦の絆を強めたようだ。

測量開始と迂回の決断

各地域の本格的な測量を開始するにあたっては、現地の有識者を交えて、その地域の産業や自然条件、風俗・習慣等の事前調査を十分におこなうようにと指示している。また、台湾発展の視点を重視すること、実測作業においては、田畑を荒らさずに、たとえ瓜一個たりとも農家に十分な配慮をおこなうことなど、細かな点までも各班長に指示して、送り出している。

謹介は各地を監査巡回し、地質・勾配・曲がり角度・河川回避・架橋・トンネル工事の可否などの重点事項を判定していった。

長谷川技師長の英断と言われている路線では、竹南《ちくなん》や苗栗《びょうりつ》への延線がある。これは両地区の農産物を輸出しようとするもので、この地域がその後めざましい発展をとげたのは、鉄道による恩恵に負うところが大きい。

謹介は台湾特産品のバナナ・パイナップル・アンズといった農産物、樟脳やセロハンの原材料としての楠や良い香りの檜等、地場産業に着目し、将来性に富んだ地域を優先していった。

また、台南～楠梓《なんし》～高雄（打狗《だぐ》）を直結させたことが挙げられよう。

台南は、南部の中心都市で、安平《アンピン》がこの町の外港となっており、ここを資材搬入港として使えると考えられていた。この港に建設資材を搬入し、台南から鳳山《ほうざん》を経て高雄に結ぶ路線が計画されていたのである。

鳳山地区は、古都としての格式を重んじ、土地の古老や宗教家たちを中心とした反対運動が根強かった。台湾の繁栄に欠かせぬ街ならば、ていねいな説得を試みる考えでいたのだが、すでに行政や商業で栄えており、古都としての魅力を備えた完成された佇まいの街並みだった。

謹介は、鳳山の人びとの説得をあきらめ、将来性を重視することに方向転換をした。大きく内陸部に迂回する鳳山を、思いきってバイパスし、当時は一漁村にすぎなかった高雄へ直結する路線への、変更を決断したのである。

敷設ルート決定

謹介は反対運動を展開する町の説得に、重要な拠点以外はほとんど動いていない。

鉄道がもたらす経済効果、人・物の交流、情報の伝達などが都市機能の近代化にはたした役割は大きい。たとえ、現在は淋しい村であっても、鉄道によって、将来は大きく変貌していくとの確信があったからだった。

謹介は高雄の潜在的可能性に着目した。文明の手を加えることにより、立派な港湾都市に変貌できると判断したのである。

基隆と高雄、この南北の二方向から建設資材を受け入れ、敷設工事を同時に進める構想がめばえた。高雄の今日の繁栄を見るにつけ、謹介の「先見の明」が評価されよう。

いま、鳳山は繁栄した往時の面影と郷愁を残す街並みを保持しながら観光地として現代を迎えている。鳳山はまだいいかもしれない。同じく、新文明である鉄道を拒否した南投《なんとう》や鹽水《えんすい》港なども規模の大きな街だったが、近代化の波に乗り遅れたと言えるだろう。農作物の一大集積地だった大目降《だいもっこう》（進化）も、地元住民の反対があったために、当時はさびれた村にすぎなかった新市《しんし》を経由させたのだった。進化には、いまだに鉄道が敷かれていないのである。

こうして各地を実測した期間だけでも、明治三十二年（一八九九）四月十三日から明治三十四年（一九〇一）七月三十一日まで、二年四ヵ月を要している。

かくして決定された敷設ルートは次のとおり。

• 北部改良線（基隆～新竹間、約九九・八キロメートル）

・淡水線（台北〜淡水港間、約二一キロメートル）
・北部新線（新竹〜豊原［胡蘆墩《ころとん》］間、約七四キロメートル）
・南部線
・鳳山支線
・中部線

淡水線と鳳山支線は当初の予算計画には入っていない路線である。いよいよ帝国日本の名誉をかけた工事が始まろうとしていた。

入札の不合理性

謹介は、測量の合間を縫うようにして、東京へ出張していた。鉄道建設資材調達のためである。技師長・工務課長・運輸課長・汽車課長・経理課長の兼務は多忙をきわめたが、測量とあわせ、可能な地域からすみやかに敷設工事に着手したかった。

明治三十二年（一八九九）だけでも、五月・十月・十一月の三度も東京へ出向き、公開入札業務にあたっている。

その結果、土木請負工事は大倉組・鹿島組・久米組・吉田組・佐藤組・有馬組・志岐組の七社を指定業者として選定している。

岸本順吉と小林秀雄技師を、これら指定業者の運用・監督に当たらせることにした。その他の機材の購入にも、すべて入札が必要だった。

台湾総督府には、一般会計とは別に、用品資金会計で資材が購入できたが、現地には品質にすぐれた資材が乏しく、全体の一割程度しか調達できなかった。

公開入札は業務の煩雑さに比して、鉄道建設資材の特性から、その効果があまり期待できなかった。セメント・石炭などには入札の利点があったが、レール・枕木・汽車・貨車等は施工技術とのマッチング、安全運行の視点から、部材の均質性が重要であり、競争入札制度となじめない部分が多かったのである。

明治三十二年（一八九九）勅令で台湾総督府でも随意契約が認められたが、大蔵省は、台湾当局の公明・公平性に疑念を抱いたのか、千五百円以内という制限が設定されており、しかも、その適用は総督府管轄区内という制限が設けられていた。実質的には、制度の使いようがなかったのである。

台湾で一儲けしようという目的のみで経験も財力もない者が競争入札に加わり、談合がおこなわれた結果、素人業者が落札するケースも生まれていた。

さらに諸手続きに、時間がかかりすぎた。決定までに二ヵ月もの日時が必要なところもあったのである。

そこで、謹介は、台湾に帰るとすぐに事務官に指示を出したのだった。

「競争入札の目的は、公平性の確保にあるはずだ。この法律が制定された時点では、日本には植民地運営の経験など皆無だったのだ。台湾の産業界の実情などを、まったく考慮しておらない。こんな遠方から、資材購買のつど内地まで出向き、競争入札をせねばならない事態など想定はしていないのだ。ましてや一般会計法で貯蔵品が許されないことなど愚の骨頂である。これでは、外地で鉄道を敷設するための、レール・枕木・車両さえも貯蔵できないことになる。さらにだ、総督府鉄道部と臨時台湾鉄道施設部が独立会計になっており、材料不足になっても、ボルト一本、ビス一本さえ融通しあえないのだ。

これでは、鉄道工事などできるわけがない。君たち事務官は、現行法規に照らして、それはできませんと言うが、それは大きな考えちがいだ。常識に照らしてもおかしいだろう。まずは大局に立って考え、常識的に考察し、おかしければ、法律に問題があるのだ。

現場の問題点を抽出して、どのように改正すべきか、ワシのもとに早急に提出するように。中央の役人は現場の実情を知らぬのであって、金科玉条のように会計法を守れと言っているわけではあるまい」

できあがった「理由書」をたずさえて上京し、財務当局に「随意契約」での対応を申請したのだった。これを、後藤民政局長も強烈に後押しをしてくれたが、長谷川の潔癖な性格が、大蔵省の決断に大きく作用したと言われている。

事務官たち

明治三十二年（一八九九）七月四日。申請から一ヵ月余の早さで勅令を得ることができた。随意契約の許可を得たことによって、部品発注は飛躍的に効率化が計れるようになり、用品資金制度が認められ、貯蔵品がもてるようになった。謹介も技師長としての仕事に専従する時間をもつことができるようになった。

この一件も、謹介の合理主義のあらわれであって、不合理・非効率な仕事を逐一改善していった。

謹介は、問題点を明確に説明すれば、役人だってわかってくれるとはずと、事務方にずっと言いつづけていたが、部下たちがすばやく対応してくれたことが、なによりもありがたかった。

制度を動かすのは人である。

「問題点の発掘、仕事に創意工夫を加えることで、まだまだ改良すべき点が見つかるはずだ。考えた仕事をやろうじゃないか」という謹介の呼びかけに、台湾総督府の事務官たちもよく応えた。彼らは長谷川技師長の発想の自由性、合理性に学び、法規上の固定観念に捉われず、創造性をもって仕事を進めるようになっていった。

遠藤剛太郎・赤松嘉春・渡辺薫・原吉太郎・笹川義雄・久保通嶽・服部仁蔵・大瀧岩次郎らの事務官が、中核として成長し、技術畑をよくサポートしたことが、台湾縦貫鉄道成功の要因であることはまちがいのないところである。そして彼らの多くの証言は、随意契約が可能になったことが台湾縦貫鉄道成功の一大要因だとするのである。

なお、会計法の改正で、一般入札・指名入札・随意契約が正式に制定されるのは、三年後の明治三十五年（一九〇二）のことである。

搬送を請け負う会社がない

明治三十二年（一八九九）五月、謹介が事務官の遠藤剛太郎とともに落札した建設資材は、八千トンとなり、三千トン級の輸送船三隻が必要となった。

鉄道に使用する部材は、重量・積量が大きいものばかりで、搬送を請け負うところがあるかが、頭痛の種だった。

心配は、的中してしまった。手を挙げる海運会社は皆無だった。それまで台湾統治にあたって、軍事物資等の搬送を経験していた各社も、鉄道資材は割にあわない仕事だと二の足を踏んだのである。

たしかに、基隆港そして謹介が良港になると着目している高雄の港湾設備は、いまだ貧弱であり、本船が着岸できず、直接の荷揚げができない。沖合に停泊させた本船から艀船《はしけぶね》での陸揚げ作業にならざるをえないのである。おまけに季節を問わず海が荒れているときている。

ヘッピリ腰で入札に応じない業者たちのプロ意識の欠如に愕然とした謹介は、旧知の三菱の豊川良平を訪ねて、雇い船の相談をした。

「長谷川のためだ。搬送業務をなんとかしようか」

豊川はそう言ってくれたが、公開入札も終わっていることでもあるので、辞退し、今後の協力をお願いするにとどめた。ただ、豊川は海上輸送の留意点や日本国内のさまざまな貴重な情報を提供してくれ、これはおおいに参考となりありがたかった。

業を煮やした謹介は言った。

「遠藤、ワシらで運ぼうや。やってみせようじゃないか。運びかた、荷揚げのしかたを決めて、教えてやろうぜ」

「南洋丸」「東英丸」「台湾丸」の三隻を、雇い船として契約し、台湾総督府直営で試験輸送をおこない、輸送業者への参考資料を提供しようというのだ。

それでもやらねばならない

台湾に戻り、基隆港・高雄（打狗）港・淡水港・安平《あんぴん》港の調査をおこなったが、淡水と安平は土砂の堆積が多く、重量のある資材の荷扱いには向かないことがわかった。

台湾第一の良港とされる基隆でさえ、以下の問題点がわかった。

- 遠浅の海岸で水深が浅く、干潮時には埠頭から三キロメートルも沖合に本船を停泊させて、艀船に積み替えて、荷揚げしなければならない。
- 干潮時には、港内のいたるところに浅洲が露出し、艀船の運行ができない。
- 埠頭にあるクレーンなどの荷役設備は、どれも貧弱なもので、多くの人夫が必要。
- 四月から十月までの間は、台湾北部は暴風雨の多い季節。
- 台風の襲来さえなければ、天気は比較的に平穏だが、雨が降りだすと、二十日以上も降りつづく。
- 雨・風・浪の荒れる日も多い。

悪条件ばかりが揃っている。それでも、まずは小型の蒸気船・艀船・筏を準備し、人夫を募集させた。

一方、高雄港のある台湾南部は五月から九月の夏季五ヵ月が雨期だった。その雨量は北部の細雨と異なり、季節風に豪雨がともなうもので、短時間に驚くほどの雨量を降らすのだった。

また、明治三十二年当時の高雄はいまだ一漁村にすぎず、陸揚げの港湾設備が、まったくなかった。高雄港で暴風雨に遭遇したさいは、同港の西北に位置する澎湖《ほうこ》諸島へいったん避難させ、天候の回復を待って高雄へ回航して、荷揚げをするように定めて、島の関係者の協力を取りつけておいた。澎湖諸島は高尾の西北五〇キロメートルに大小九十の島々が点在していることから、内海は波穏やかで避難港としては申し分なかった。

受け入れ港には、方針を十分に伝え、試験の意味、データの収集を徹底し、荷受け責任者を配置したのである。

3　港こそが悩みのタネ

滞船料は一日四百円

このような周到な調査と準備のうえ、「南洋丸」は基隆港へ、「東英丸」と「台湾丸」は高雄港へ向かわせた。高雄港行きの二隻には天候を判断してから、陸揚げを実施するために鉄道部員を乗りこませた。

高雄に向かわせた「東英丸」（二千三百トン）の雇船料は九千円、滞船料は一日単位で四百円と決められ、加算されてくる。

澎湖諸島に避難した場合は、高雄へ回航しなおさなければならない。避難滞在日分の滞船料と往復一〇〇キロメートルの船賃の総計が運賃に遠慮なく合算される契約となっていた。

天候の判断が、きわめて重要だった。職員を乗船させて、避難の是非の判断は、鉄道部員が決めるようにと、徹底した。また、「東英丸」についてはじつに煩瑣な手続きが必要だった。

鉄道関連資材を納入する企業は多数にのぼる。

日本鉄道会社／岩城鉄道会社／高田商会／大阪汽車製造会社／台湾鉄道会社／浅野会社／大倉組その他、中小部品工場等……。

搬送を担当する大倉組が、港に陸揚げ後に運賃を加算して、各社と個別に契約を結ぶというのである。

人夫は苦力《クーリー》と呼ばれていたが、ほとんどが荷揚げ作業の未経験者だった。

買い入れた小型蒸気船の操舵方法から、艀船、筏の取り扱いを教え、波が少しでも大きいときは、艀船、筏の両舷に六メートルほどの板を広げて、「トンボ」のようにして、足場を安定させる方法などの訓練をおこなって、本番を迎えた。

痛恨の初荷揚げ

明治三十二年（一八九九）十月初旬、「南洋丸」は四千トンの建設資材を満載して、基隆港沖三キロメートルに停泊した。

季節的には端境期にあたる。十月をすぎれば翌年三月までは、台風の襲来さえなければ比較的平穏な天候が期待できた。ところが、午前十時ごろに謹介のもとに基隆港から、事故発生の電信が届いた。

駆けつけてみると、港内一面におびただしい材木が漂流しており、基隆担当の事務官が、茫然と立っている。

「南洋丸」は基隆沖に到着後、浪が高く陸揚げは無理と判断し、数日間停泊していたが、この朝、冒険的な陸揚げを敢行したようなのだ。

鉄道部員を事務所に集合させて、事態を黒板に整理させた。

- レール百四十本を積んだ艀船一隻が転覆し、沖仲仕に負傷者が発生した模様だが、詳細は不明。
- 鹿児島と沖縄の八重山から、搬送した枕木用の杉材を満載した艀船二隻が、転覆した。
- この状況を見ていた多数の人夫が、仰天し逃散してしまった。

以上が判明した事実だった。

謹介はただちに、対策本部を設置し、みずからが本部長になると、救護班・材木整理班・レール班を編成し、班長を指名のうえで次のように細かな点まで指示を出した。

・救護班は負傷者の把握と治療対策。材木班は浮遊する材木を数ヵ所にまとめ、ロープで縛り陸地に固定すること。

・レール班は、沈没箇所周辺に浮ブイを張りめぐらせること。後日、引き上げの目印とすること。

・救護班以外は、浮遊物や沈没物と他船の接触を防ぐ、二次災害防止の対策であって、今直ぐに引き上げることが任務の目的ではない。落ち着いて安全第一で取り組むように。

やがて「レールの荷崩れで、沖仲仕一名が死亡」との痛ましい報告がもたらされた。遺族への弔慰金、葬儀の手配などを救護班に命じながら、陸揚げ時の気象判断は、より慎重にさせねばならないと謹介は痛感した。

失われた人命はかえらない。まさに痛恨の初荷揚げとなってしまったのである。

けっきょく、「南洋丸」の全積載物の陸揚げに、二十五日間を要す結果となった。すでに記したように滞船料は一日あたり四百円かかった。

そうした諸経費も想定以上のものだったが、最大の課題は事故にあたって右往左往するのみで、敏速な対応が組織だってできないことであると謹介はあらためて認識させられた。鉄道部中間管理職の意識改革の必要性のほうが、より重く感じられるのだった。

材料置き場はすぐに満杯

一方、高雄港に向かった「東英丸」は明治三十二年七月十五日に、高雄沖に停泊した。艀船による陸揚げ作業の途中で、北西の風が強くなり、澎湖島へと向かったが、その航海の海上は濃霧に覆われ、二昼夜を要して、やっと島へと避難できた。

十数日後に「台湾丸」が同島へ避難してきたので、「東英丸」の残った積荷を「台湾丸」に移荷して、「東英丸」は日本へ帰航させた。

「台湾丸」は八月十五日に高雄沖に回航し、九月一日から陸揚げを開始した。好天に恵まれて九月八日に、全量の陸揚げを終えている。

次回の「東英丸」は、五千トンの建材の陸揚げ中に、澎湖島へ避難すること三回、終了までに三週間を要したのだった。

「台湾丸」は二回避難し、五週間を要すといった具合で、建設資材の陸揚げは困難をきわめたのである。

高雄は港湾としては未整備な状態だったために、艀船も人夫も少なく、材料置き場は狭く、すぐに満杯状態になってしまった。そこで、高雄行きの部材もいったんは基隆港に陸揚げし、小型の雇船で小分けして高雄へと運ぶようにと、搬送方法を変更した。

しかし、基隆港の蓄積場もたちまち満杯となり、代わるべき土地もないことから、こんどは台北まで汽車で運び、いったん倉庫に保管せざるをえなくなった。

けっきょく、台北の倉庫に貯蔵した資材を送るにあたっては、基隆・高雄・沿岸航路便の確保の連携と、当日の天候、潮の干満等、面倒な諸条件を、総合的に判断できなければ、レール一本調達できないということなのだ。

台北からの貨車が一列車遅れると、基隆に着いたときには干潮で積みこめず、高雄へ数十日、天候不良で陸揚げ完了に数ヵ月を要するケースもあった。

陸揚げできずに、基隆に引き返してくる船便もたびたびだった。

中部線の資材は、淡水港から積み出して公司寮《こうしりょう》に陸揚げする計画だったが、この間の航路は難所として有名なところだった。

その後、この航路での転覆・破損が、六隻も発生したのである。

公司寮から縦貫線の「後龍《ごろう》」までは、軽便線を敷設して輸送したが、この一帯は強風が吹くたびに、細かな砂を巻き上げ、軽便線の線路が砂丘に埋まってしまうのである。

それも、風の吹くたびに砂丘の位置がかわり、一メートル近くも埋没することも再三だった。


わかったことは……

こうしたデータを、詳細にまとめ関係者に公開するために、基隆・高雄の基幹港の受け入れ態勢の整備に、万全を期すことになった。

謹介が先頭になって現地調査に出向き、各地の海上輸送・天候にくわしい現地の人を雇用して対策を立てることにしたのだった。

高雄での視察では、現地で西北雨《サイバッポー》と呼ぶ豪雨が、雷鳴とともに降りだした。バケツをひっくりかえすという表現どおり、過去に体験したことがないドシャ降りで、眼をあけていられないのである。視界が完全にさえぎられてしまうのだ。

陸揚げ作業を中断せざるをえないことが、よくわかった。

同行した部員が驚くほどタフなスケジュールの視察だったが、こうした困難な状況を視察した結果、弥縫策《びほう》ではなく、港湾設備を根本から整備しなければ、鉄道資材の搬入が計画的にできないことが明確になった。

この巡視によって、各拠点にいる鉄道部員の顔と能力を把握できたことのみが、謹介が今後に活かせる唯一の成果だった。

港湾に適する土地探し

資材受け入れ港は、基隆・高雄を埋め立てなどで近代港に改良するとしても、台湾は九州と同程度の面積の大きな島である。

東西両端にある二港からの資材受け入れだけでは、非効率だった。どうしても、中部地区に基幹港がほしかった。

高雄のような、港湾としての適地に気づかず、手つかずの地域があるのではなかろうか。謹介は、明治三十三年（一九〇〇）二月に、鉄道部員と海運業者で調査団を編成して、八項目の指針を示し現地調査を命じたのだった。

① 二・一メートルの吃水を有する船舶の停泊位置およびその陸地との距離。
② 約二千トンの積載量を有する船舶の停泊およびその距離。
③ 一～二メートルの吃水を有する小蒸気船が、干潮のさいに陸地に接近できるか否か。
④ 貨物陸揚げに供する艀船の数およびその大小。
⑤ 港面風浪の景況およびその季節。
⑥ 海岸に沿う約一万坪（三万三〇〇〇平方メートル）以上の材料集積地の有無。
⑦ 港湾付近に船筏を運行させる河川の有無。
⑧ 港湾の深浅・広狭。

その調査結果は、期待はずれに終わった。

台湾西部の海岸は、冬期は西北の季節風が強烈で、砂丘の移動は想定以上に激しく、きびしいものと判明したのである。その影響で中部地区の海岸は、どこも遠浅だった。河川も同様に水深が浅いものばかりだった。

陸揚げ港として改築するには、多額の資金と長期間の工事を必要とする地域しか見つからず、調査からは候補地を見出すことはできなかった。

鉄道敷設以前に港湾整備。この問題が以後も謹介の頭を悩ませることになるのである。

「船中長谷川講座」

ところで、すでに述べたように、謹介はこの間たびたび日本と往復していたが、それにはゆうに二週間を必要とした。

この船旅に随行した者たちは、謹介が船中で英文の原書を開き、熱心に勉強する姿を目にしている。

東大土木科出の稲垣兵太郎がのぞいたときには、英国工学会の会報「Proceedings of the Institution of Civil Engineers」(土木技師の訴訟制度)を読んでいたそうだ。

彼の荷物は、どこにいくにも行李《こうり》一杯に洋書が詰められており、重要な部分には赤のアンダーラインが引かれ、二重丸の目印がつけてあり、熟読した跡がありありとわかったそうだ。

「この部分は重要だぞ。みなでまわし読むように」部下に読ませることもあったそうだ。

謹介は、この船中で法律論について次のように語っている。

「官公庁で法規を金科玉条に固執する者がいるが、これはおかしなことだ。まずは大局から判断して、いかに対処するのが妥当・適切かの見とおしをつける。その基本的な考えに、合理的な理屈を付けるのが、法律家の職務であるべきだ」

謹介の上司である後藤新平も、永田秀次郎に法律観を次のように伝えている。「法律は人間の便利のために人間が作ったものである。その法律が許さぬからしかたないなどと言うのはもっての外である。なぜ、その法律を支配することを考えないのだ」

法律には門外漢の二人だったが、現場の実務者としては、法規に拘束されて業務が円滑に進められないのは、不合理だと、柔軟な活用を求めていたのだろう。

船内の謹介は、昼間は己の勉強に、夜は若手技師へのレクチャーに時間を使った。夕食後の「船中長谷川講座」は、鉄道に関する幅広いテーマでの、講義と討論の場となったのである。内容も購買・運輸・法規と幅広く、謹介の体験にもとづいた事例研究は、現場で起きた実例をテーマにしていたので、誰もが身近に感じ、真剣に受けとめ、熱心に学んだ。

この「講座」がたいへんな人気となり、若手技術者は長谷川技師長の随行者に選ばれることを、誰もが待ち望んだ。

「船中長谷川講座」は固い話ばかりではなく、ときには謹介のフランス・ドイツ・イギリス体験談なども含めた軽妙洒脱な切り口での座談会もあり、そうした演題の夜には、日本への里帰りや訪台などで、船に乗りあわせたご婦人たちにも、人気の場だったようだ。

のちの話になるが、明治三十四年（一九〇一）十月、台湾神社の鎮座式に参列のために、北白川宮妃殿下が、軍艦で高雄へ向かわれた。北白川宮能久親王は、日清戦争後に清国から割譲された台湾を平定するために近衛師団を率いて出征したがマラリアに罹って陣没された。その親王を祭神として台湾神社

（のちに台湾神宮）が創建されたのである。

謹介もご案内役のひとりとして同乗していたが、同役が多数いたので、四日目の夜からは、船室内にこもり自身の勉強に充てていた。

最終日の夜会に出向くと、妃殿下が「長谷川さんはお強そうに見えて、船にはお弱いのですね」と話されたとか。

謹介の夕食後の話を、楽しみになさっていたようなのである。

第六章　縦貫線着工

1　予算がすべてに優先する

北部改良線

明治三十二年（一八九九）春、北部地域は基隆から、南部地域は同年秋に高雄から縦貫鉄道は同時に着工した。

十年計画を年代順に追うのは、工期が長い鉄道工事に馴染まないので、以下、地域別に記述する。まずは基隆から台北に行き、南下していくことにしよう。

北部改良線（基隆〜新竹間、約九九・八キロメートル）は、明治三十二年五月に着工している。同年十一月七日に台湾総督府鉄道部官制が発布されるまでの約半年間は、現地に台湾総督府工務課と臨時台湾鉄道施設部の二組織が存在していた。

長谷川謹介は臨時台湾鉄道敷設部技師長として、双方の指揮・監督を委嘱されての着工となったが、心配された指揮命令系統など組織運営上の混乱は、ほとんど見られず、先述の経理処理、備品管理に多少の問題が生じた程度であった。

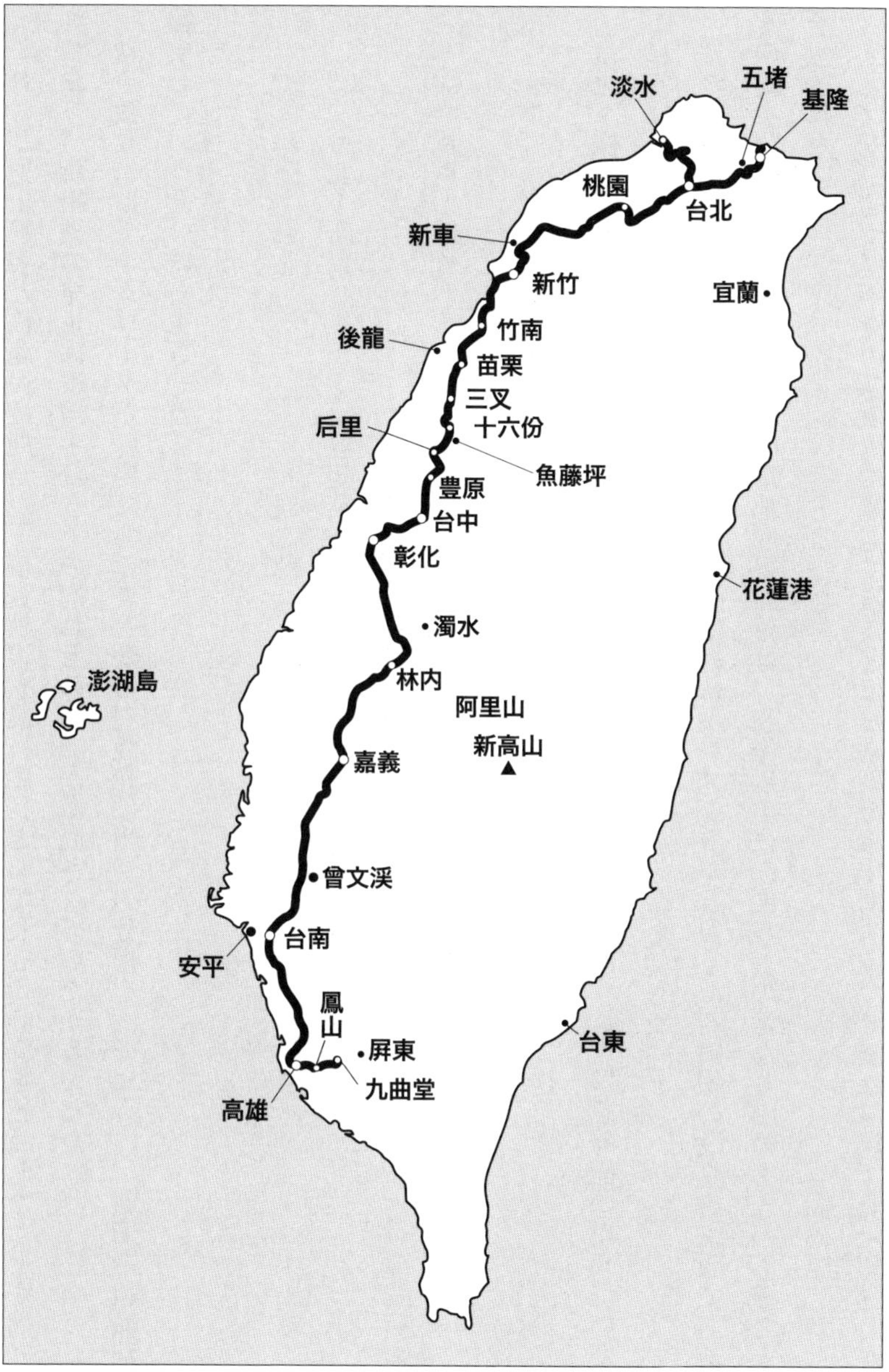

台湾縦貫鉄道(主な駅名と地名)　『最新日本地図』明治45年冨山房発行より作成

これは、児玉総督と後藤民政局長が、縦貫鉄道敷設技師長として長谷川謹介を招致したことが周知されており、新組織の発足は事務手続き上の遅れとの認識が徹底されていたからだった。

鉄道敷設にはチームワークが肝要であることから、謹介は当初の分担を次のように、新旧の組織別に編成し、いっせいに着工させた。

① 基隆～台北　新元鹿之助（工務課直括技師）
② 台北～新車　渡辺英太郎（改良事務所所長技師）
　　　　　　　菅野忠五郎（技師）
③ 新車～新竹　佐藤謙之輔（新竹建設事務所所長技師）
　　　　　　　阿部慶三郎（技師）

台北～桃仔園（桃園）間は、軍事用として設計された為に亀崙嶺《きろんれい》に沿うように急勾配になっていた。これでは負荷も大きく速度も出ないので、大幅な緩和をおこなうことにした。

この区間は前述のごとく、旧路線で残すのは約八キロメートルと短く、新路線の改良の主眼である勾配の縮小、急カーブ解消のための用地取得面積は、想像以上に広大なものとなり困難をきわめることが予想された。

気候は安定せず、不意の暴風雨に遭遇することは日常茶飯事であろう。せっかく施工した切通しが、地盤の崩落で埋め戻されることも考えられた。高温多湿の現場では衛生面の問題、なかでもマラリア・赤痢・コレラ・ペストなどの伝染病を発生が懸念される。人夫不足への対応が必要とされた。

さらに日本統治に反感をもつ「土匪《どひ》」と呼ばれる平地に住む部族民、山岳地には「生蕃《せいばん》」と呼ばれた部族が跋扈《ばっこ》しており、南部には高砂《たかさご》族と呼ばれる屈強な部族が存在する。どの部族も程度の差こそあれ、鉄道敷設には反対で、さまざまな妨害行為に備えねばなるまい。

予算超過は断じてあってはならない

このころ、日本の国家予算のすべてが、対ロシア戦準備を最優先にしていたと言っても過言ではなかった。

国民も「臥薪嘗胆」を合言葉に、質素な生活に努めていた。

児玉源太郎台湾総督が、明治三十一年春に帝国議会に提案して承認された十ヵ年計画の総予算は二千八百八十万円であったが、台湾縦貫鉄道建設において、予算の厳守が命じられるのも、やむをえない社会情勢だった。

台湾産業振興のための路線変更や延線・支線新設費用や港湾整備・各種調査費用、諸物価の高騰等のすべてを、承認された予算内で処理することが求められたのである。

しかし、日露開戦ありうべしとの観測から、世界規模で鉄鉱石・粗鋼・石炭等が著しく高騰、鉄道関連資材も値上がりし、まさに「四面楚歌」の状態におちいっていた。

謹介が考える計画のすべてが「天に向かって唾《つば》する」ものと言ってもよく、倹約と創意工夫を加えないことには、線路が一歩たりとも先へと延びないのである。

「速成延長主義」と言われようが、なんとしても「一歩でも前に」路線を延ばし「一日も早く」営業運転を開始し、利益を再投資に廻すしか方策がないのである。

「再用品箱」

そのために、不急・不要な経費は徹底的に削った。

営業運転開始後でも間にあう施設、たとえば駅舎のトイレなどは、乗降客の少ない駅舎のものは、思いきってすべてを削除した。

こうした事例は、日本国内の駅舎でも、しばしばおこなわれていたのであるが、経験の浅い技術者が引く図面には、それら不急の施設があるのがあたりまえのように、組みこまれているのだった。

謹介は眼を皿のようにして、設計図にきびしいチェックを加える日々が続いていた。

工事現場を巡視し、ボルト一本、スパイキ一本が落ちていたと言って、二十分間も説教をして歩いた。スパイキとはレールを枕木に固定する鋲釘のことである。

基隆の備蓄倉庫への巡視では、「不用品箱」に雷を落とした。取りはずした在来線の部品を、この箱に無造作にぶちこんであったからだ。

「再用品箱」と書きあらため、部品ごとに管理するように指示している。

もっとも驚いたのは、工事現場に建設資材を送る順序を、まったく理解していないことだった。枕木が着き、レールが届き、スパイキが送られてくるというように、順序よく到着しなければ、線路工事は着工できないのである。なのに、現場の作業実態を考慮せずに、レールを真っ先に貨車に積みこんでいるではないか。（資材運搬列車―巻頭口絵参照）

謹介は、こうした初歩の業務を、一から実際に、やってみせねばならなかったのである。

コミュニケーション・ギャップ

台湾の未開発地に住む部族や土着宗教との、コミュニケーション・ギャップの解消は大きな課題だった。

機関車がモウモウと黒煙を噴き上げて走る姿は、文明人には勇壮に映るが、彼らにはコレラ、チフスといった疫病をもたらす「化け物」が猛烈な勢いで疾走してくるように映ったようだ。

また、彼らの居住する地域の山や川には、精霊が宿るという。彼らの信ずる風水では、自然の造形の改造を忌むのだった。

そもそも彼らにとっては、鉄道などまさに降って湧いたできごとであり、その必要性がまったく理解できないのである。

ていねいな説得の日々を、続けるしか方策がないのだが、こちら側にも問題が山積していた。なにしろ、精密な地図をもっていないのだから話にならない。

土地に執着する地主たちは、曖昧模糊とした「あの山からこの田んぼまでが、私の土地だ」と主張するのである。彼らの言うことを信ずれば、台湾は二倍の面積をもつ大きな島になってしまう。正確に測量を実施し、地図の作成をしながら、用地の確保にあたらねばならなかった。

交渉する内容が複雑なこともあって、説得には時間と根気が求められた。

たとえば、本線の使用地は買収だが、物資運搬用の簡易軌道は、鉄道開通後は撤去し、旧に復すことから、一定期間の借地となるわけだが、その用途の違いによる金額差を納得してもらうには、並大抵の説明では理解が得られない。

また、「無償上納」といって、土地を寄付してもらい勲章を与えるという方式もあったが、これもどれくらいの勲章を授与するかなど匙加減がむずかしい。

とにかく、さまざまな方式が混然として、わかりにくい面が多かったのである。

これは内地においても、似たような事情だった。対ロシア戦準備のために、佐世保鎮守府の拡張、舞鶴鎮守府の新設など日本各地の軍事施設の増改築が急がれており、代替地との交換・買い上げ、上納等が頻繁におこなわれていた。しかし、植民地である台湾では、より慎重な配慮をしないと、公平な扱いでないとの反発が生じ、解決を長引かせる原因となりかねなかったのである。

城壁の取り壊し

そんなある日、台北の城壁警備を担当する陸軍から抗議がきたとの知らせが入った。台北の城壁の取り壊しは「まかりならぬ」と言ってきたと言うのである。

「なぜだ。遺跡として残そうというのか」

「いいえ、匪賊の襲撃を防御するためと言っております。市民の安全が保てぬと……」

「あのような薄っぺらな城壁で、なにを防御しようというのだ。かまわん。今日中にブッ壊して工事を進めろ。長谷川の指示だと伝えておけ」

この一件は、警備当局を通して児玉総督まで上げられていった。

「長谷川の言うとおりだ。城壁などは壊してかまわん。匪賊は永久に存在するものじゃありゃせん。二～三年のうちには匪賊といった差別をなくすのだ。それには、友人としての説得が大事だ。あのような壁で人心を治めようと考えるのは、大馬鹿者のやりかただ」

その直後のことだった。

工事現場の土木工を請負った久米組の宿舎が、何者かに襲撃され、火を放たれたのである。数名の死傷者が発生した。

驚いた日本からやってきた工夫たち多数が逃散してしまった。陸軍からは、警備隊を付けるか、どうするかの打診があった。謹介はていねいにその申し出を断っている。

「お申し出はありがたく承った。しかしながら、警備隊同道の鉄道敷設では軍用列車との誤解を招きかねない。二度とお騒がせせぬように、万全を期します」

現住民の採用

謹介の趣味は狩猟とビリヤードだった。酒も強く、煙草は葉巻をもっとも好み、次いでパイプ煙草、読書はすべて洋書だったようだ。そんな彼が休日に通うビリヤード・クラブの店長が街の古老を紹介してくれた。

その古老いわく、

「五堵《ごと(ウートオ)》トンネルを廃止し、五堵および六堵《ろくと》付近の見返り坂を切り通したであろう。あれがいけない。あの丘陵地域は、現地住民が信仰している風水上の重要な場所にあたっておる。その神聖な場所を東西に切り離し『気』を断ち切ったことを怒って襲撃したのだ。解決には、社を建て巫女を呼んで祈禱させるがよい。また、地鎮祭には、地元の顔役を招くことじゃ」

さっそく街の古老の指示どおりに紹介された巫女を招き、大きくはないが総檜の立派な社を築いた。地鎮祭には技師長以下の幹部が揃い、地元の有力者を招いた。なかには刺青を入れた風体の者も含まれていたが、招待者の選考は街の古老に一任し、その案にしたがった。

日本人工夫が逃散し、大量の工夫不足になっていたこともあったので、ここで謹介は匪賊の首領、陳秋菊、蘆阿爺と面談し、彼らの部下、数千人を工夫として採用することにしたのである。

現場監督から、彼らは勤労意欲に劣り、暑いと言って休み、雨が降ったと言って休むので、アテにできずに困ると言ってきた。

謹介は、それは教育の問題だと答えている。

「おまえさんが言うとおりだと思う。だが、考えてもみよ。彼らはきょうまで暑ければ休み、雨が降れば寝ておったのだ。いわば自然児なのだ。現在、後藤長官はこの地に学校を新設し、熱心に教育に取り組んでおられる。ここで、働く者たちは成人で、いまさら、学校へ通わせることはできない。ならばだ、日本人の美徳である勤勉さを晴雨にかかわらず示すことだ。彼らに仕事を指示するだけではなく、汗をかく爽快さや、ものづくりの楽しさを知ってもらわねばならないのだ。それには、こちらの根気が必要だぞ」

その後、日本人の工夫とともに働くことによって、彼らは勤勉さを学び、勤労意欲は歳月の経過に比例し改善されていき、台湾縦貫鉄道敷設の貴重な戦力となっていったのである。

淡水《たんすい》線

淡水線は逓信省の鉄道技師、増田禮作（案）にも、原口要技師長（案）にもないもので、謹介独自の発案だったので、後藤長官、児玉総督に諮り、了承を得たものだった。

台北～淡水港間は約二一キロメートルであったが、当初計画になかったため、予算が付かなかった。それでも着工する目的は大きくいって三点あった。

① 淡水港は遠浅で季節風も強く活用は限定されるが、基隆・高雄の二港以外に、台北近くに資材陸揚げ港を確保したかったこと。

② 士林《しりん》の丘陵に築いた安山岩採取所と結び、現地調達できる「安山岩」を搬出すること。
③ 古くから大陸南部との交易港として栄えており、商業の経済性に着目したこと。

在来線より撤去したレールや橋桁の再利用を徹底し、工期も明治三十三年五月に起工して、翌年の八月には営業運転を開始し、収益を上げはじめている。

各駅の売り上げは台北駅に集めて、前日の収入金は駅長・車掌立ち合いのうえで袋に入れて、車掌室の頑丈な金庫に保管しておくことになっていた。

ところが、その袋が二回にわたり紛失する事件が起きた。

総督府の財務局はカンカンに怒り、徹底捜査のうえに今後は、金庫に護衛車掌を配置せよと言ってきた。

駅長が長谷川技師長に報告したところ、「ほっておけッ」と大声で指示したという。

「一日間の売り上げは、知れた額だろう。人間ひとりは年間で二千円の人件費を要する。盗難にあったからといって、警察のごとき捜査をしておる暇はないのだ」

雷のような声が、台北駅構内に響きわたって以降、売上金の紛失事故は二度と起きなかったそうだ。

淡水線の圓山《まるやま》駅の踏切付近を、謹介が行ったり来たりとなにかを調べていたときだった。踏切番の藤井なる者が「そこをウロウロされては困ります」と大声で怒鳴りつけたのである。

謹介はその場に居合わせた側近に「あの踏切番は、感心な奴じゃ」と一言述べてその場を立ち去ったそうだ。

こうしたエピソードが、従業員に伝わるのも早く、技師長にたいする親近感が日ごとに高まっていった。

日本人の働きぶりは……

台北駅の改築工事には、連日、多くの見物人が集まっていた。

現地の人びとが眼にしたのは、日本人の技術者から土木作業員までもが、そろいの印半纏《しるしばんてん》を着て、キビキビと働く姿だった。しかも、位が高い人ほど先頭に立って、汚れ作業に手を出しているように見受けられるのだ。

明治の日本の男たちは、みながこのように、率先して行動したのだが、台北では珍しかったようだ。台湾には「貴人は手を汚さぬもの」との概念が根強くあった。過去にやってきた、ポルトガル人もスペイン人も清国人も、彼らと同じ考えだった。ところが、日本人は「みなが平等に働く」と驚き、うわさとなり見物にくるのだった。

謹介は、営業を開始した路線ダイヤの採算を重視させた。基隆～台北の運行が当面は一日一～二便と少ない需要見込みであることから、台北駅からのスイッチバック方式で淡水線へと結ぶ経費節減方式を採用した。

基隆・淡水に外国客船が来港したときは、随時、増便をして対応すればよいと、日常のダイヤと区分する知恵や、土・日の便数を減らすなどの費用対効果の考えを徹底させていった。鉄道マンの常識であるダイヤ重視で、空に近い列車を走らせて、燃料費や人件費を考える職員はいなかったのだ。

謹介は具体的に目に見えるかたちで、諸経費の節減を意識させたのである。先に取り壊した城壁のレンガを再利用して、台北駅構内に建設資材の備蓄倉庫を建造するなど、創意工夫を駆使した建設工事となったのである。

また、台湾開拓のためには、さらに多くの支線を設置したかったが、総予算の範囲内での竣工を義務づけられていたので、可能な範囲の施工にとどめ、後は図面のみ作成し、後日に託すことにしている。花蓮《かれん》支線などは、その一例であるが、さらにその数は増えることが予想された。

「残念だが今回はできない。他日を期すのみだ」

「図面」には、後輩に託す大きな夢も含まれていたのである。

2　北部新線の苦闘

最悪の土質

北部新線とは新竹～豊原（胡蘆墩《ころとん》）の約七四キロメートルを指す。

新車~新竹は、佐藤謙之輔技師を責任者として、明治三十三年四月から工事を開始した。

この年は、あいにくと四月から天候不順が続き、連日のように大雨に見舞われた。とくに、頭扮渓《とうふんけい》から後龍渓《ごろうけい》までの約九・七キロメートルは、地盤が軟弱で、見返坂トンネルの前後は最悪の土質だった。通常の切取法ではたちまち崩壊して、やっとできあがった路面は、翌日にはすっかり埋没してしまうのだった。

築堤は連日の激流に洗われて、沈下をくり返した。流れを弱めるために築いた擁壁も、すぐに転倒し用をなさなかった。

見返坂トンネルの北口は、丘陵地層内に長雨が浸透し、三三メートルを超える無数の亀裂と地すべりを引き起こしていた。

ここでは、切取の山側に使い古しのレールを鉄筋として活用し、山手側に幅一・五メートル、高さ四メートルの鉄筋コンクリート壁を築いた。さらに反対側に幅一・五メートル、高さ二・七メートルの壁を建てた。そして地下でこの両者を鉄筋コンクリートによって連結し、地盤を安定させた上にレールを敷いた。この工法も長谷川が日本ではじめて施工したものである。こうした創意工夫を重ね、なんとか土木工事だけは、年度計画を達成できたのだった。

しかし、トンネル掘削はそうはいかなかった。地下水の水路にぶつかり、しかも岩盤が脆いところがあった。謹介は三昼夜にわたり点検したが、これの放棄・埋戻しを決定している。

「佐藤よ、ここまでよく頑張ってくれた。すでに数万円の巨費をここに投じたが、開通後の永久安全を考慮すると、掘削場所の変更が最善の選択だ。完成後の補修は莫大な費用を要するようになる。開通後の事故で、あのときにああしておけばよかったと後悔しても、なにも得るものはないのだ。わかってくれるな、ここは決断する勇気が問われておるのだぞ。中止にするのは辛いが、担当技術者が勇気をもって決断せねば、将来に人災の因を残すことになるのだぞ」

この点検作業において、謹介は右耳に鉄砲水をかぶってしまった。

数日後に外耳炎と診断され、診療所の医師からは、台北の鉄道病院で精密検査を受けるように勧められた。しかし、痛みもやわらいだので、そのままで仕事を続けたが、これが慢性中耳炎となり、謹介を苦しめることになるのである。

その後、尖筆山《せんぴつざん》トンネルも完成させたが、この工区の年度内予算を使いきったため、いったん、この位置で工事を中断することになった。

工事再開

工事の再開は、一年三ヵ月後の、明治三十五年(一九〇二)三月となった。

新竹建設事務所長として稲垣兵太郎技師、彼を補佐するために阿部恵三郎・菅野忠五郎・津田素彦の三技師を、交替で勤務させる体制を採った。残工事と大安渓を経て、翌年の十月には三叉《さんさ》までを開通させた。

ついで三叉河《さんさほ》建設事務所を新規開設して稲垣兵太郎を所長とし、張令紀・朝倉政次郎の両技師をはりつけ、最大の難工区である三叉河〜豊原の約二二・五キロメートルを担当させることにした。

また、建設事務所には総督府鉄道病院の出張所を併設している。チフス・ペスト・コレラ・疫痢等の感染予防を念頭においての対応だった。妻帯者用には、長屋形式ではあるが鉄道寮も建設した。

これから工事がおこなわれる区域は、海抜二〇〇メートルから三〇〇メートルの丘陵が帯のように連なっている。台湾縦貫鉄道の基隆〜高雄間には十九ヵ所のトンネルを設けたが、そのうちの九トンネルが、この工区に集中している。その総延長は五〇一六メートルにもおよび、そのうちには一二〇〇メートルを超すものが二本も含まれていた。

新竹〜三叉間も先述のように急勾配の箇所が続き、尖筆山、見返坂、苗栗《びょうりつ》、銅羅《どうら》と四ヵ所のトンネル工事があり、頭扮渓（約三一五メートル）、後龍渓（約二九三メートル）に長い鉄道橋を渡さねばならないという相当な難工事だった。しかし、それ以上の困難がこれから待ちかまえていることは明らかだった。

日本では見られない地形

三叉〜豊原は、経費・資材の調達・工事の難易度を考慮し、次の順に着工していくことになった。

① 明治三十六年度……………三叉〜魚藤坪《ぎょとうびん》間（約八・〇キロメートル）
② 明治三十七・三十八年度……魚藤坪〜大安渓間（約三・三キロメートル）
③ 明治三十九年度……………大安渓南岸〜豊原間（約一一・三キロメートル）

②の工区は三・三キロメートルと距離こそ短いものの、鉄橋・トンネル等を、悪条件の地盤に多数建設することになるので、万端な準備を整えたうえに、さらに、二ヵ年の長期計画を立案し、万全を期したのである。

また、南部地区新線（第七章参照）の竣工をはたした戦力を、順次、魚藤坪地域に投入していくことにした。

三叉河と呼ばれるごとく、ここは大安渓《だいあんけい》、大甲渓《たいこうけい》などの大渓（渓は河《ほ》と表記されている書もある。日本の川と同意語）が連なる河川の密集地域である。川面に降りると、三匹の巨大な龍が、絡みあいながら下ってくるように見えるのだった。

断崖・絶壁を縫うように清流が流れている。三渓流が合流するところもあり、雨期の激流と乾季とでは川幅が大幅に異なる。こうした地形に合計十四ヵ所も鉄道橋を渡さねばならず、その総延長は一三九八メートルに及ぶのである。

なかでも魚藤坪は、雄大な渓谷が連なり、眼下深くに清流が蛇行する、春夏秋冬、じつに美しい景観のところだった。ここにトンネルを通し、鉄道橋を渡そうという、壮大な計画が立てられた。いずれも日本では見られない地形であり、慎重に計画を練る必要があった。

地形上、鉄橋の橋脚を高くし、激流のなかに築堤しなければならない。

とくに大甲渓の急流は、季節によっての水量差が大きいために、河川敷を広くとって築堤し架橋する必要があり、土木工学的に初体験となるものだった。

トンネル掘削においても、水陸ともに掘削機械・鉄道建設資材の輸送路の確保がむずかしく、縦貫鉄道最大の難所と目されていた。

そこで、謹介は重量・体積のかさむレンガ材の搬送を最小限にとどめる方策を採用することにした。この渓谷では良質の玉石と河砂が豊富に採れる。それを活用し、日本ではじめてとなる鉄筋コンクリート工法による、トンネル擁壁、コンクリート・アーチの建造を決断したのである。以降、台湾縦貫鉄道においては、順次、コンクリート工法が採用されていくことになった。

自信と余裕のめばえるなかで

技術陣の台湾での現場経験は、おおむね四ヵ年を経過し、各自の技能レベルは格段に上がってきており、表情にも自信と余裕が見られるようになってきていた。なかでも、南国特有の気候に、順応できてきたことが、頼もしいかぎりだった。

建設資材の搬送も円滑になり、鉄道敷設組織としてのまとまりも、標準レベル以上に達したと判断できた。なかでも、大阪汽船台湾支店が力をつけたことは、大きな戦力の向上につながるものだった。

在来の工法では、とても施工できない現場が多く、臨機応変な応用や創意工夫を加える現場の連続であり、新たな部品が求められていた。謹介の発想による特注の建設部材に、応えられる熟練工が育ってきていることは、なによりも心強く、頼もしかった。

謹介にとっては、このような時期に、縦貫鉄道敷設最大の難工事が予測される地域に予定どおり到達できたことは、目に見えぬ守護神が己に寄り添ってくれているようにも思えてならなかった。

あとは、自分が全身全霊で取り組むだけだと、覚悟の挑戦となったのである。

あの手この手の工法

三叉河から大安渓までの地質は、軟弱な粘板岩のあいだに、粘土層を挟んだもので、これはダイナマイトで容易に崩せた。しかし、その後がたいへんだった。

切断面の破壊・風化・粉砕が随所にあらわれはじめ、雨が粘土層に浸透して、想定外の圧力で、上層岩層を滑落させ線路を埋没させてしまうのだった。

第三トンネルと魚藤坪の間は、この滑落が際限なく続き、そのつど、鉄筋コンクリートで補強せねばならなかった。

魚藤坪鉄橋は六〇・八メートルのデッキを一連、一八・二メートルを二連、九・一メートルの煉瓦拱（レンガの橋脚）六煉をつなぎ、全長が約六〇九・三メートルの長いものとなった。

しかも、渓流面からの高さが、約三一メートル、北から南へ1／40の勾配があり、北側は緩やかな曲線をえがいて、河岸へと結ぶ計画である。

内社《ないしゃ》川鉄橋は、二四・三メートルのデッキ一連、一八・二メートルを八連、全長約一八五メートルで、第六～第七トンネルのあいだに跨るように渡すものである。川面から最高で約三六・五メートル、最低でも約二一メートルの高い位置だった。

この二鉄橋は、激流の上に高い橋脚を築くもので、しかも、トンネルのあいだを結ぶため、揺れにたいする緩衝地帯がまったくないのだ。

強固な鉄筋コンクリート構造のトンネルから、直に鉄橋へと結ぶことになる。少しの揺れで、鉄橋が落下する危険があった。

謹介は、台湾の地震による影響を心配した。

そこで、当時、地震学の権威であった大森房吉《ふさきち》理学博士に、台湾に想定される最大級の地震加速度を質し、それに耐えられるように橋脚の面積を広くし、約三〇センチメートル平方に受ける重量を二トン以内になるように設計しなおし、施工したのだった。

橋脚が高いために、従来のように「ステージング」（作業台）を構築し、撤去するには多額の経費が予測されるうえに、相当な日時を費やさなければならない。

そこで、デッキの終端を密着させ、上下に「フランジ」を鉄板で連結していく、工法を開発したのである。（内社川鉄橋―巻頭口絵参照）

これには、大阪汽車会社台湾支店の技術力を総動員して、謹介の発想の「ステージ」なしでの架橋工事に成功したのだった。この二鉄橋は一年二ヵ月間の工期で、明治四十年六月に竣工できたのは、長谷川技師長のアイディアの賜物との評価を得ている。また、台湾縦貫鉄道の鉄橋は、すべて大阪汽車会社台湾支店で製造された建設部材をもって施工された made in Taiwan なのである。

この工法は「ステージ」の構築・撤去に要する莫大な費用を節約できたうえに、工期も短くなる一石二鳥の効果を挙げえたことから、以降の鉄橋工事に頻繁に使われるようになった。

工夫五人が生き埋めに、しかし……

第七トンネルは、内社《ないしゃ》川と大安渓のあいだの山地を貫通させるもので、その全長は約一二五七メートルもあり、縦貫鉄道第二の長さを誇るものだった。

この工事ほど、きびしいものは例を見なかった。

トンネル北口掘削から、二一三メートル地点から二五九メートル間の、約四六メートルに集中して、湧水・土砂の噴出が頻発したのである。まったく予測ができない台湾台地の特殊条件との闘いだった。日本一の富士山よりも高い雪山（三九三三メートル）・大雪山（三五二九メートル）・小雪山（二九九六メートル）と連なる雪山山脈からの、地下水の水脈がまったく読めないのである。

したがって、対応策が後手、後手になってしまうのだった。謹介が最も嫌う現象の連続なのだ。その回数は合計十回に及んだ。

謹介は、連日のように向けられる難題を、天が己の意志を試しているように思えてならなかった。

第四回目の湧水のさいには、直径三メートル大の玉石を吹き出す強烈なもので、据え付けの「セントル」（二〇・五メートルの型枠）を、一気に一一六メートルも下流にもち去ってしまうほどの勢いだった。

謹介は点検作業で、再三再四、水をかぶり、右耳に激痛が走るようになっていたが、この現場は一日たりとも、離れられない正念場と考えていた。

これには稲垣技師も驚き、謹介に相談してきた。

「オヤジさん。坑道の変更を検討されてはいかがでしょうか」

「稲垣よ、ワシもよう考えてみたが、ここの現象は、地下水脈の流出とは明らかに異なるぞ。あくまでも溜まり水のしわざのようだ。一定間隔で間欠泉のごとき噴出をくり返しちょる。きのう周辺の山に登らせ、川の流れを一部変更させてみたので、しばらくその効果を見たいと思うちょるのだ」

その直後だった。

トンネル坑内に一八メートルに及ぶ土砂崩れが発生し、約六〇〇立方メートルの土砂のなかに、工夫五人が生き埋めになってしまったのである。

七日間、不眠不休の懸命な救出作業をおこなった末に、どうにか五人の救出に成功したが、医師の話では「死の一歩手前」と言うことだった。頑強な心身でよくぞ耐えてくれたものだ。

鉄道病院に見舞うと、工夫たちはすでにベッドに腰かけており、普通食ができるというのだ。

「よくぞ頑張ってくれた。なにか不足なものはないか。寒くはないか」

「ありがとうございます。技師長のおかげで助かりました」

「いや違うぞ。諸君の頑強な身体と不屈の精神が、奇跡をもたらしたのだ。あきらめない君たちの精神力が、己自身を生かしたのだ。よくぞ頑張ってくれた」

五人は交互に、謹介の手を握り、抱きあい、肩をたたき、共に男泣きした。

「泣くやつがあるか。おまえたちが立派だったのだ」

謹介の眼にも光るものがあり、上着には彼らの涙の跡がハッキリと残った。

爽やかな感動が、謹介の心に沁み、いつまでも消えなかった。

トンネル現場に戻ると、劇的な変化が起きていた。

なんと、生き埋め事故直後に十回目の湧水の噴出があったが、それ以降、ピタッと湧水、土砂崩れがおさまったのである。

明治三十八年（一九〇五）五月三日の湧水発生から一年六ヵ月、大自然の脅威と格闘の末に、「奇跡の女神」が舞い降りてくれたようなのだ。その後は、順調に工程を進めることができた。

明治四十年（一九〇七）八月三十一日、三年間の苦闘の末に、ようやく竣工をみた。一日当たりに換算すると、一メートルも進められない、苦闘の難工事だったのである。

3　大安渓谷に吹く風

北部最長の鉄橋

大安渓への架橋工事は、台湾のなかでも有数な大河に施工するものだった。

縦貫鉄道に架ける鉄橋は、大小合わせると三百一ヵ所、その総延長は約一五三キロメートルに達する。

この大安渓への鉄橋が長さでは第二位だが、工事の難易度では最大のものであった。

謹介はなんども現場に足を運び、綿密な設計と工程表を策定していった。

この地域は河川の密集地帯であり、地層は沖積層の軟弱なもので、鉄橋やトンネルなどの構築には適しておらず、日本での実績は皆無であった。

しかし、ここを通すことが、経費・工期・路線距離・所要時間等を総合して最適と判断したのであり、謹介の意気ごみは並大抵のものではなかった。

大安渓は、平時の流れはきわめて少なく、乙女のようにやさしい表情だが、雨期にはこれが豹変し、河幅が三・二キロメートル以上の扇形大河へと変貌するのだった。しかも、その流れの速さは、日本中のどこの急流よりも激しく、水かさのあるものになる。この激流に、どのようにして橋脚を立てるかが、最大のテーマだった。

「ニューマチック・ケーソン」（気密の作業室を川底に造る工法）、「凍結工法」（水を堰き止め、凍結させる工法）などが浮かんだが、この二工法は、大容量の電力を要するうえに、プラントの価格・設置場所の面積等の条件、そしてなによりも、熟練工の確保が必要であり、大安渓の現場では採用は不可能であると判断した。

そこで、知恵を絞り、創意工夫のかぎりを尽くすことになった。

まずは、上流にダム状の壁を建築し、ここで水量の調整をする。次に、川床が急勾配である特徴を活用して、川底を深く掘り下げて、水の流れを変えることだった。

この二策を組み合わせることによって、橋脚部位の水位を下げることができた。

さらに潜水夫が機械を用いてそこを掘り下げ、川底に厚さ三メートルの基礎コンクリートを打ちこませた。その基礎の上に、大きな鉄筒を据え付けさせて、内部に石垣を築いていく方法を採ったのである。橋脚部分を太く強固に建造できたことで、六一メートルのデッキを十二連の計画を八連に変更し、全長約五〇六メートルの長さの美しい鉄橋が完成できた。

謹介のアイディアによる経済効果が、もっとも端的に示された事例ではなかろうか。

縦貫鉄道最長のトンネル工事

第九トンネルは、約一二六五メートルの長さで、縦貫鉄道中、最長のトンネル工事だった。

災害予防対策には万全を期して挑んだ。しかし、掘削面の崩落、土砂の流出が相次ぎ発生し、大自然が造形の変更を頑なに拒否しているように、思えてならなかった。（第九トンネル—巻頭口絵参照）

そんな折に、作業員十二名が生き埋めの報告がもたらされたが、救出に八時間を費やし、全員無事に救い出すことに成功している。

技師長の指示が迅速、的確だったからと言われたが、謹介にはそうは思えなかった。「運」がよかったにすぎないのだ。的確ならば、生き埋め事故など発生はしない。

さらに綿密な工法を考えなくてはならないと思った。

また、この時期の謹介は、マラリヤ・チフス・赤痢・コレラ・ペストなどの伝染病対策にも神経質と思われるほどの注意をうながし、少し具合が悪い者があらわれると必ず休ませ、医師のもとへ向かわせている。それは家族へも同様だった。

この最大難関工区に集まっている五千人近い集団の健康管理は、最大の課題だった。謹介は竣工まで五年間、従業員の家族を含めての健康管理を鉄道敷設と同等に考え、すばやい対応を続けたのだった。

こうした謹介の配慮は、働く者たちの琴線に触れたようで、技師長への信頼を高めていたのである。

大甲渓への架橋

この工区の最終工事は大甲渓への架橋であり、これこそ最大の難工事だった。明治三十九年（一九〇六）十一月に着工、挑むは稲垣兵太郎所長を中心とする技術集団である。

大甲渓の工事で留意すべきことは「想定する」ことだった。

この河の流れは平時はおだやかなもので、流域も狭い。ところが、雨季には勾配のキツイ周辺の山並みの水流が、一気に合流し、その姿を一変させる広大な川幅へと豹変するのである。

台湾では水資源を大切にするが、激しい雨季の水が留まる平地が乏しいからだ。急峻から貴重な水資源が、一気に激流となって大海へと消え去っていく。

大甲渓へ鉄橋を架けるには、築堤が必須だったが、その工事の最中に、台湾特有の集中豪雨に見舞われた。濁流が一気に下り、その水勢は日本の河川の比較にならないほど、強く激しいものだった。

稲垣は河川の状況を確認し、安全上問題なしと判断して、部下数名と土工が裸になり濁流に飛びこみ、築堤の被害防止作業に夢中で取り組んでいた。

そこへ、長谷川技師長が、血相を変えて駆けつけてきた。

「オーイ、オーイ、上がれ、危ないから上がれ！」

と絶叫している。

稲垣は自分になにかの指示があるのかと、近づくと、

「上がれ。全員をすぐに引き上げさせろ。多少やられてもかまわぬ。上がれ。全員だ。みんな陸に上がれ！　すぐに上がれ！」

ものすごい声で、怒鳴りつづけているのだ。

ずぶぬれで上がってきた稲垣に、早く全員を陸に上げろと、急かせるのだった。

「稲垣よ、川は急変するから、豪雨の時期は慎重にやれよ。ここで降ってはいなくとも、何キロか先の上流は雨かもしれん。それが合流を重ね、思わぬ激流になって、予告もなく突然に襲ってくることがあるのだ。この時期の築堤の点検は、安全第一だぞ。激流にやられても、取り返しができる。取り返しのつかぬことにならんように、以降、気をつけてくれ」

謹介の脳裏には、東北本線の北上川支流、松川での大久保と荒木の無念な姿がよみがえり、必死の形相になっていたのだろう。

よかったなーァ
全長約三七八メートルと北部新線第二の長さの大甲渓鉄橋は、明治四十一年（一九〇八）四月に竣工

した。なんと台湾縦貫鉄道全線開通のわずか十日前のことで、まさに苦闘の一年六ヵ月だった。

謹介は北部改良線最大の難工区を担当した中心技師の稲垣、阿部、菅野、津田をともなって数日かけて巡検を実施した。鉄橋は高所に架けたものばかりなので、列車通過時の橋脚の振動を慎重にチェックして歩いたのである。

長いトンネル内で、レンガやコンクリート壁をハンマーで丁寧に打診して回る点検音が、水琴窟のように心地よく響く。この間、この難工事にたずさわったすべての人びとの苦闘が、謹介の脳裏から消え去ることはなかった。

際どい局面の連続だった。ひとりの犠牲者も出さなかったのが、奇跡のように思えた。この成功は、工事にかかわったすべての人びとへの、神からの贈り物のようにさえ思えた。

もし、謹介に誇れるものがあるとすれば、それは、台湾の美しい大地を切り裂き、緑濃き山々をダイナマイトで砕き貫いたが、最小限の自然破壊で収められたこと程度のように思えてならなかった。

大安渓谷の河原に立った。

北のトンネルから鉄橋を渡り、南のトンネルに消え去る汽車の姿は、千両役者のように凛々しく、力強く美しく見えた。この地の景観にみごとに調和しているようにも思えた。

四人の技師のなかで、絵心をもち「画伯」と呼ばれていた津田技師が言った。

「オヤジさん、この場所は絵描きには最高のポイントですよ。若葉の緑に桐花の白、白百合も見えます。鮮やかな赤き雄大な鉄橋の下を、青き清流が流れる。黒煙をなびかせて汽車が疾走していく。大自然と文明が調和しております。多くの画家が、ここを訪れるようになると思われます。じつにワンダフルであります」

「そうかい。すばらしい景観の鉄橋は他にいくつもあるが、津田画伯の眼にはそのように映るかい。白い花は縁起がよいと、この地に着いた日に聞いたよ。あれからまる九年か……。津田よ、この鉄橋は堅牢であり、強固な軀体で、その使命をはたしてほしいとワシは思うちょる。ワシには列車に乗って、この鉄橋を渡るときのお客さんの歓声が聞こえてくるのだ。おまえさんの言うところの〝雄大な鉄橋〟には仕上がったが、車窓からの眺めのほうが、はるかに雄大だろうよ。どうも、ワシは乗る側からの目線でしかモノを見ないようじゃが……」

そして稲垣にはこう声をかけた。

「稲垣よ。よかったなァ。おまえさんにはさんざん苦労をかけた。ここにいる者の指導よろしきをもって、立派な橋ができた。みんなほんとうにご苦労さんじゃった。今夜はおおいに飲もうじゃないか」

第七章　日露の戦雲のなかで

1　高雄から濁水渓まで

南部線

さて、本章では高雄に視点を転じ、北上していくことにしよう。

南部線は、明治三十二年（一八九九）九月に着工した。高雄を起点として濁水渓《だくすいけい》まで、約一五一・二キロメートルの区間である。

高雄出張所長として、技師の新元鹿之助を任命した謹介は、その施工方針を次のように訓示している。

- 高雄〜台南間の竣工は，明年の九〜十月ごろを予定している。この区間は一部地域の開業はいっさいおこなわず、全区間の完成をまって営業運転を開始する。
- 工区内の小鉄橋や溝渠《こうきょ》（雨水等を流す溝）の構造は、小型機関車の運転に耐える程度の仮設とし、曾文渓《そぶんけい》までの建築資材を運搬するための路線延長を主眼として建設すること。

その主旨は、曾文渓が濁水渓に次ぐ大河であることに加え、それ以降の路線に、四ヵ所の架橋工事が予定されていたからである。

そのために、大量の建築資材を輸送する、資材運搬が最大の課題であることを告げたものだった。営業運転に資するには、たとえ小さくとも堅牢な鉄橋を築く必要があり、それ相当な日時を要するものだ。

小さな川への本格的な架橋は、曾文渓他への架橋工事と同時進行でも、十分に開業に間にあうとの読みからの指示だった。

鉄道によって開拓された港町

高雄は謹介が、良港になると惚れこんだ土地で、ここには淡水線で運び出した士林の安山岩で、立派な資材倉庫を建造した。これは、曾文渓・濁水渓に架ける大鉄橋の建設資材を大量に備蓄しておくためだった。

天候不順な季節には、輸送船をたびたび澎湖諸島に避難させねばならない。

この経費を節減させるためにも、高雄港のある西部地区の気候が、比較的に安定している十月から三月に、集中して建設資材を受け入れ、備蓄しておく必要があった。

縦貫鉄道敷設において、謹介が建設した恒久的な使用に耐える資材倉庫は、台北駅構内に設けた城壁再利用のものと、この高雄の二ヵ所のみで、あとはバラックにトタン屋根の仮置き場で、営業運転開始時にはすべて撤去されている。

一漁村にすぎなかった高雄は、水深が浅く、岩礁も多数あって、艀船による荷揚げ作業が続けられていたが、謹介は鉄道工事で発生する土砂を用いて埋め立てる、港湾整備計画を立案したのである。

この提案にたいして、鉄道部予算を、港湾の埋め立て工事に流用するのは、違法だとの反対論が総督府議会で出されたが、謹介は埋め立て予定地内に、海陸連携の拠点となる「高雄駅舎」の建設をする重要性を説き、二十五万円の予算を獲得することができた。

この工事によって、高雄駅前には三万八〇〇〇坪（一二万五六〇〇平方メートル）という広大な敷地を生み出すことができたのである。

南部線の基幹駅を設けたことから、高雄は一漁村から商社員・船員・鉄道関係者・建設工事関係者であふれ、彼ら目当ての商店・飲食店・旅館などが立ち並ぶにぎやかな港町へとまたたく間に変貌していった。

まさに鉄道によって開拓された港町だったのである。謹介の着眼によって拓かれた港町と言っても過言ではなかろう。

「信賞必罰」

南部線は平坦地を走らせるもので、トンネル工事等の日時を要する工事区間は皆無だった。主要工事は、曾文渓・二層行渓《にそうこうけい》・八奨渓《はっしょうけい》・牛凋渓《ぎゅうちょうけい》・林仔頭渓《りんしとうけい》などへの架橋工事に絞られていたのである。

なかでも、曾文渓は季節による流量変異が著しいことから、謹介は再三再四測量におもむき、架橋位置の確認をおこなっている。

この間、高雄出張所長を短期間に何人も更迭しており、最終的には、

所長　　技師　渡辺英太郎
補佐　　　　　阿部恵三郎
　　　　　　　熊坂鐘三郎
　　　　　　　津田泰彦

の体制とし、万全を期して竣工させている。

謹介は「信賞必罰」で臨んでおり、独自判断の工事・規律違反・衛生管理の不徹底などを不問に付すことはいっさいなかった。

当時の部下が回顧している。

「長谷川技師長は疑問点を質すと、じつに懇切丁寧に教えてくれ、貴重な原書までも貸してくれる。しかし、自分勝手にやって失敗した者を、許すことはなかった」

「長谷川さんの下では、実力のともなわない口先だけの人間は働けなかった。『設計図は書き換えることができるが、現場はそうはいかないのだ』が口癖だった」

現場長へは規律と緊張感の持続をきびしく求めていたのである。

井上長官のねぎらい

明治三十三年（一九〇〇）十一月二十八日、高雄～台南が開通した。

この式典にあわせて来台した井上勝鉄道院長官を、謹介以下、技師・事務官そろって、現場にご案内した。（高雄～台南開通式―巻頭口絵参照）

井上は永年の鉄道にたいする貢献により、三年前に子爵に叙せられており、心身ともに活力がみなぎっていた。精力的に各地を巡視後、旅館の和室に戻った長官は、上機嫌で上着を脱ぎ、どっかりと座布団に腰を下ろした。

二間続きの和室で、長官の前に謹介が正座し、以下は隣室に正座した。

「本日はお疲れさまじゃった。暑かろうに、各自、上着を脱いで膝をラクにしんさい」

「どうか、ご講評をお願い申しあげます」

謹介は姿勢を崩さず、頭を下げた。

「きょうはすばらしい鉄道および関連施設を観ることができた。ここにおられるみなさんの努力の結晶じゃろう。台湾に縦貫鉄道を敷設すると聞いたときに、それができる技術の持主は、ここにおる長谷川君しか私の頭に浮かんでこんかった。よく指揮し、みなはよくその指導に応えてくれた。まだ工事は続くが、それぞれの技能を高めるよい機会でもある。さらなる努力を期待しちょる。吾輩は、長谷川技師長、この男の手でアジア大陸横断鉄道を敷設させたいと思うちょる。本日は、みなさんお疲れさまであった」

その後、にぎやかな宴席となった。

高雄～濁水渓間は、約一ヵ月遅れたものの、ほぼ計画どおりの明治三十七年（一九〇四）十一月に竣工をみることができた。

2　曾文渓への架橋工事

曾文渓への架橋工事

曾文渓への架橋工事は、明治三十五年（一九〇二）九月に起工し、一年五ヵ月後の明治三十七年一月に竣工することができた。

この架橋工事は、再三の洪水に見舞われ、大きな被害を受けている。

最重点工事区間というので、長谷川技師長の巡視も頻繁におこなわれた。最前線の建設事務所に泊まり、現場巡視と家族寮の慰問に出かけている。

菅野忠五郎は常磐線の時代から謹介を「オヤジさん」と呼んで慕っていたが、この時期の謹介について、こんな内容の思い出話を残している。

長谷川技師長が、家族寮を戸別に訪問し挨拶してまわる姿を、耳にするのははじめてのことだった。聞くところによると、子どもたちに鉛筆・ノート・絵本・人形などを配っているという。母親たちにも同様だという。

すべて、ポケット・マネーの行為だと事務方から聞いていた。

「難工事を担う家族への、見えすいた慰撫工作にすぎない」と揶揄する部下もいた。なにしろ、曾文渓への架橋工事は竣工を急ぐ必要があり、連日、早朝七時から夜間十時までの長時間労働が続いていたからだった。

そこへ、長谷川技師長が巡検にこられた。

第一声が「オイ、菅野。予算が定まっているから、夜業をしても一銭も払えないぞ」だった。

雷のような大声だった。

オヤジさんは右耳をわずらってから、一段と声が大きくなったようで、山々に響きわたるような大声なのだ。

みなが懸命に頑張っている最中なので、責任者である自分としては、せめて「ご苦労さん。お疲れさま」程度の声をかけてほしかった。

あまりにも冷酷な言葉のように聞こえたのである。

このときは、現場近くにテントを張り、ムシロを敷いて寝ていたのだが、長谷川技師長も、そこに泊まりつづけるのだった。

朝はみなより一時間も早く現場を見てまわり、夜もみなより遅いのである。

ポケットの手帳に、いろいろと書きこんでいる。

ボルトが一本落ちていた現場主任は、早朝から再点検を命じられた。

「どこのボルトか。この一本が大事故の元凶になる鉄橋工事だぞ。おまえは作業終了時の工材確認をどのように実施しているのか、併せて報告せよ」と、ものすごい説教なのだ。

二十分は直立不動で聞かねばならない。

同じように、怒鳴られる者が数名出てきた。

朝早く、技師長が出かけると、「雷オヤジのアラ探し」と言う者まであらわれたので、責任者としては、頭痛のタネだった。


現場の光景が目に見えるようである。

いまさら前言を取り消すわけにはいかない
菅野の思い出話にいま少しおつきあい願いたい。
一週間後の夜は、みなが車座となり「キャンプ・ファイヤー」のように料理と酒を楽しんでいた。
「菅野よ、おまえさん、この橋をいつまでに架けるつもりなのか」

「〇月×日までに、竣工させます」

「ほんとうにその日までにできるのか」

酔いも手伝って、かなり強気な予測を口にしてしまったと悔いたが、いまさら前言を取り消すわけにはいかない。

大勢の部下がシンとなった。

「ただし、条件がございます。現在のように到着する部材が、マチマチに混在して届くのでは、工程表どおりの作業が進められません。すべての部材が予定どおり順序よく、この現場に到着することを条件といたします」

「よし、わかった。菅野の言う条件は当然のことだ」

そして、技師長は帰られたが、資材置場へ直行したと聞いた。

資材置場と大阪汽車会社台北支店のあいだを、日になんども行き来していたようだ。

この現場で使用する建材は、すべて大阪汽車会社台北支店で製造されるもので、台湾縦貫鉄道の鉄橋はビスの一本まで、すべて純台湾製となっていたからだった。

この間に、家族寮で裁縫中にランプの火をかぶり、やけどを負った主婦のもとに、医者が訪れ診察するとともに、長谷川技師長からと「見舞金」「見舞品」が届けられたと聞いた。

家族寮に暮らす子どもたちには、それぞれの名前が記された品々が届いたとも。

それらは、子どもたちが技師長との話のなかで口にした、コマであり、人形であり、汽車の絵本と、子どもたちの好みどおりだったそうだ。

あの手帳は「アラ探しだけではないぞ」と、言う者もあらわれてきたのも当然のように思われた。

しかし、工事現場にはなにも届かず、ちょっと冷たいと思っていた。

ところが、その数日後から、鉄橋工事の部材が予定どおりに到着しはじめた。

なんでも数日間、技師長じきじきに倉庫に張りついて、現場への部品配送の手順を指導されたと聞いた。

そのおかげもあり、鉄橋は全員の協力のもと、なんとか約束の日時に完成することができたのだった。


謹介の人となりがよく伝わってくるではないか。

「美談」あれば危機あり

菅野の話のクライマックスはこうである。


その日、長谷川技師長が台車に、例の赤い旗をなびかせて、山間を縫うように近づいてきた。

到着すると、自分といっしょに二時間ほど、台車と徒歩で巡検を始められた。

たびたび、例の手帳をポケットから取り出され、なにかを記しておられる。

これは、「マズイことになった」と内心、気が気ではなかった。

巡検を終えられて、戻られた場所には、部下も作業員も高砂族の土工も、関係者が勢揃いし直立して待機していた。

「菅野よ、よくできたなーァ」

長谷川技師長は私の手を握ると、たった一言これだけを言い、その眼からは涙があふれ出ていた。

雷を予測していた自分は感動し、涙声で「ありがとうございます。ここにいる全員の頑張りのおかげです」とお答えした。

聞いていた連中が、手を取りあって涙ぐみ、抱きあう者が出るほど、全員が感動したのだった。

高砂族も日本人もなかった。

工夫たちが「よくできた」と手を取りあって喜んでいるのだ。

そして、「バンザイ！　バンザイ！　バンザイ！」という三唱の声が三度、峰々にこだましていった。

そのときに、私は思った。

長谷川さんは、短い言葉だが、誰にもわかる言葉しか使わない人だと。

「よくできたなーァ」は、全員が理解し、ともに喜べる最大の賛辞だと思った。最高の〝贈り物〟だと思った。

私は喜びで、足が震えていた。

長谷川さんの片言隻句が、あのとき、あの現場では、最高の褒め言葉だったのだ。

ただし、こうした「美談」だけではない。思いがけない大危機にも遭遇している。それは明治三十六年三月のペスト発生騒動だった。

この架橋工事現場従業者の居住地を設けた抜仔林庄《ばっしりんしょう》にペストが発症したのである。建設作業員百二十名を隔離し伝染予防に努めたが、健常者までもが感染を恐れて、次々に遁走してしまうのだった。

うわさがうわさを呼び、親族・縁者が作業員を連れ戻し、暗夜にまぎれて数十名が列をなして逃散する事態まで起った。

このため、謹介は台湾全土に作業員の募集をかけ、補充を続けながらの架橋工事となったのである。

こうして完成した曾文渓鉄橋は、全長が約七〇八メートルの威容を誇るものだった。

濁水渓鉄橋と鳳山支線

濁水渓は、全長が約六十七・六キロメートルとなる台湾では長い河だ。この渓谷で採取される羅渓石は、硯石として珍重されていた。ここに架ける鉄橋は、縦貫鉄道中最長のもので、約八八七メートルに及んだ。

謹介は、ここでも三叉渓でおこなったと同様のダム壁方式を採用している。架橋位置の上流約一・六キロメートルのあいだに三ヵ所のダムを設け、激流の調整をおこなった。

明治三十八年（一九〇五）十月に着工し、明治四十年六月、一年九ヵ月をもって竣工させた。

高雄から屏東《へいとう》平野へと向かう路線は、開拓鉄道として重要であることはわかっていたが、それには台湾第一の大河である下淡水渓に、架橋しなければならない。

建設資金・工期を総合判断して、当面の策として鳳山支線を敷設することに留め、次の機会を待つことにした。

高雄から下淡水渓西側の九曲堂《きゅうきょくどう》までの約一六キロメートルで、技師津田泰彦が任され、明治四十年（一九〇七）四月に起工し、同年九月に竣工し、十月には早くも営業運転を開始した。

この鳳山支線は先に述べた台北からの淡水支線と同様に、当初の縦貫鉄道計画には含まれておらず、したがって予算も付いてはいなかったものである。

平坦な地形で、平易な工事と想定していたが、台湾南部の集中豪雨に見舞われることが多く、この地域は、労働力が得にくいところだった。

しかも、雨が降ると雨具がないからと、工夫が休んでしまうのである。そこで、募集要項に「採用者には雨具を支給する」の文言を特記させた。

それでも、雨が降ると休む者が続出し、工事を中止せざるをえなくなるなど、労務管理面の取り組みと建設資金の確保に精力を傾注した、鳳山支線の敷設だった。

中部線敷設の最大問題

濁水渓から豊原にいたる約七二・四キロメートルが、台湾縦貫鉄道の最終工区となった。この工区は、台中平野という台湾随一の穀倉地帯を通すもので、米はもとより、バナナ等の農産物の輸送に寄与するものである。

明治三十七年(一九〇四)四月、彰化《しょうか》出張所を設置し、所長に技師菅野忠五郎を任命した。平野に敷設していく、鉄道敷設工事としては比較的に安易なものだった。

菅野は、濁水渓から大吐渓《だいとけい》の中間から着工した。菅野にすれば大吐渓への架橋工事、約六〇八メートル以外は、技術的にとくに問題となるところはなかった。

最大の問題は、建設資材の確保だった。

この年の二月、ついに日露開戦。鋼鉄材の使用は、軍事用が最優先となったのである。橋桁は松材で建造し、駅舎はこの地方特産の大桂竹(タイワンマダケ)を使用した。みごとな竹林がほうぼうにあり、いくらでも調達できた。この地方では古くから竹材を使った建造物が多く、建築法も古式にならい、小屋も屋根も台湾風の駅舎が建造されていった。

3　一日も早く南北をつなぐべし

バルチック艦隊

明治三十七年十月に入ると、日露戦争の勝敗の帰趨は、ロシアのバルチック艦隊の東洋回航にあるとの見解が、定説となっていった。

旅順はようやく制したとはいえ、バルチック艦隊とウラジオストク港にいるロシア太平洋艦隊とが合流すれば、日本の連合艦隊に倍する戦力になる。そうなったら勝ち目はない。合流前になんとしても撃滅しなくてはならない。

対馬海峡をめざすか、津軽海峡や宗谷海峡にまわるか、いずれにせよバルチック艦隊は台湾近海を通過する。戦略的な意味から台湾の地理的重要性が高まってきた。これにともない台湾縦貫鉄道は、軍事用としての重要度が増大したのである

連合艦隊の補給基地である舞鶴鎮守府には、謹介の長女・千代の夫である中濵慶三郎が経理課長として赴任している。孫も男児二人となり、舞鶴の官舎に居住していたが、旅順口鎮守府開設にあたり単身で赴任したと知らせてきた。

国民すべてが大国ロシアとの決戦に備えているなか、鉄道技術者としてどうやって自分はお国にご奉公するか……。

一日も早く台湾の南北を鉄路でつなぐ必要がある。「台湾の開拓鉄道」であるとの当初方針も、祖国

日本あっての話だった。

速成の方針かくのごとし

この時点での、縦貫鉄道の敷設は以下のような状況だった。

- 三叉から濁水渓にいたる、約二二三キロメートルが未開通である。
- 三叉から豊原間の竣工には、今後四～五年の期間を要する見とおしである。

はたせるかな日本政府は、長谷川技師長にたいして南北連携の速成依頼をおこなってきた。これを受けて謹介は、次のような方針を提示している。

① 工事中の濁水渓～大吐渓を速成すること。
② 大吐渓～豊原に仮設鉄道を速成させること。
③ 豊原～伯公坑の軍用軽便線を単線から複線に改め、併せ約一・八メートル幅の行軍用歩道を付設すること。
④ 洪水時の交通途絶に備えるために、濁水渓・大安渓・大甲渓の三ヵ所に鉄索運搬線（ロープウェイ方式）を仮設すること。

⑤　これら工事に要する経費六十四万四千円は、臨時軍事費用から支出すること。

この条件は、政府から無条件で承認され、速やかな着手を要請された。

謹介は、彰化出張所長の技師菅野忠五郎に命じ、縦貫鉄道の全体速成計画書ならびに必要資材調査をおこなわせた。

三叉河建設事務所長の技師稲垣兵太郎には、豊原〜伯公坑の軽便鉄道化を命じている。

高雄出張所長の技師新元鹿之助には、濁水渓への仮橋の急設および高雄港の埋め立て地内へ運搬線の敷設を命じた。

これらは、速成工事材料の陸揚げから、現場への搬送を速めるためのものだった。

そして、事務官の大瀧岩次郎を日本へ派遣し、工事材料の購入と輸送の任務に当たらせた。

こうした準備が整った明治三十七年（一九〇四）十二月二十三日から、いっせいに速成工事に着手させたのである。

不眠不休の突貫工事

準備がなるのを固唾を呑んで見守り、緊張しながら待ちかまえていた係員・建設工夫たちは、正月返上、昼夜兼行で取り組んでくれた。

台湾の工夫たちも、汗にまみれ、ドロだらけで工事を進め、誰ひとりとして文句を言う者があらわれなかった。謹介は現場をめぐりながら、彼らには頭がさがる思いだった。

明治三十八年三月には、早くも濁水渓～彰化間の約三七キロメートルが開通し、彰化～大吐渓間の約四・八キロメートルも竣工できた。

大吐～豊原間にある橋は、すべて木造の仮設とし、レールは三六ポンドの再使用のものを用いた。停車場他の建物は、すべて仮の構造物へと変更させた。

明治三十八年は異常気象の年だった。

二月から四月にいたるまで、やむことなく雨が降りつづき、建設資材の運搬は、それこそドロまみれで、不眠不休の夜業の連続だった。

謹介は自分が育てた人材たちが、最高に近いレベルに育った時期であることに、そして、働く者たちの結束が固く、一言の苦情も出ないことに感謝せずにはいられなかった。

大吐渓～豊原と豊原～伯公坑の複線工事が開通したのは、五月十五日だった。

そのわずか十日後、台湾海峡をバルチック艦隊が通過したのだが、謹介たちの知る由もなかった。

すべては突貫工事であったが、濁水渓・大安渓・大甲渓に建設したロープウェイだけは、入念な設計の下に建設した。

五月二十七日の日本海海戦で東郷平八郎ひきいる連合艦隊はバルチック艦隊を撃滅していた。

濁水渓は六月十日から測量を開始し、二ヵ月後の八月十日には、早くも完成させている。

濁水渓のロープウェイは八八二メートルを結ぶものとなる。南北両岸に水面から一五・八メートルの位置に鉄塔を建て、中間には八ヵ所の支柱を設けた。

強く太いロープで結び、二十馬力の石油による蒸気機関を備え、運搬器は一個の荷重量が三〇キログラム、一日十時間の稼働時間で五五トンの資材を搬送できる本格的なものとしたのである。雨の多い現地での木造架橋の流出を懸念しての対策だった。

まさに天佑

軍用路線は予定どおりにできあがったが、ここで大吐渓の木製橋を本格化する工事が問題となった。内地に派遣した大瀧事務官は、長谷川の依頼文を手にして京浜・阪神はもとより盛岡・青森まで、日本各地を飛びまわり、木材・セメント・石炭など二万トンの建設資材を購入することができた。と言っても、謹介の知人・友人の伝手《つて》をたどらなければ、建設資材が入手できなかったのである。きびしい統制のなかで、なんとか工面してくれる友情がうれしかった。

しかし、台湾へ搬送する商船が、皆無だった。ほとんどの商船が、軍用として徴発されていたのである。外国商船は、鉄道関連資材は戦時禁制品であるとして搭載・搬送を拒否した。

この影響は計り知れず、新設どころか、在来線の保線用枕木さえ、入手できない窮状に陥ったのである。この状況下で、大吐渓を本格的な鉄橋に架け替える工事は、可能かどうか技師長に判断が任されたのだった。謹介はこれまでも、古いレールの再使用などで、なんとかしのいできていたが、ここでも工事着手の決断をした。理由は雨期になれば、おそらく架橋は流出すると判断したからだった。

六月中に橋脚工事を終えるべく、昼夜兼行の工事が開始された。

内地の大瀧事務官から、用船三隻の回航が許されたとの電文がもたらされた。

工事中七回におよぶ洪水に見舞われたが、八月二十日に完成をみた。木製の架橋の撤去、建設機器の片づけを終了したのは、午後九時をすぎており、南国の夜を照らす裸電球の光に、男たちの泥だらけの顔には、眼と汗が鈍く反射していた。

「終わったな。ご苦労だった」

「ありがとうございました」

部下がいっせいに発する声は、じつに爽やかなのだが、その言葉は、謹介が彼らに伝えるべき内容だと思った。

泥まみれの手で全員と握手を終えたのは、午後十時をまわっていた。

直後の九月十三日、暴風雨が襲来した。激流は五メートルを超える高さまで水かさを上げて逆巻いた。

謹介は激流を見つめながら、みずからの幸運に思いをいたしていた。暴風雨が例年よりも遅くやってきたからである。まさに奇跡であり天佑であった。

思えば日本自体が困窮にあえぎながらの対露戦争であり、鉄道敷設だった。

建築重機も資材も、ないないづくしのなかで、男たちの結束がキラリと輝いた速成工事。謹介たちもみずからの仕事を賭けて戦った。それは超大国ロシアにたいして戦いを挑み、ギリギリのところで勝利することができた日本陸海軍と同じ奮闘ぶりであったといえよう。

第八章　児玉源太郎と後藤新平、そして謹介

1　最大の理解者

苦難の幼年時代

謹介にとって、最大の恩師が井上勝だとするならば、最大の理解者は児玉源太郎だった。

児玉は、嘉永五年閏二月二十五日（一八五二年四月十四日）、周防国都濃郡徳山村（現・山口県周南市）に生まれた。謹介よりも三歳の年長であり、しかも隣村の生まれといっていいくらいである。

生家は、毛利の支藩、徳山毛利藩の中級武士の家柄で、父親の半九郎は、吉田松陰の影響を受け、熱烈な尊王攘夷思想の活動家だった。

馬関戦争の無謀な戦闘により、長州藩の財政は極度に逼迫し、長州征伐の幕府軍にたいして、抵抗の意志さえ示せず屈服の道を選ばざるをえなかった。

福原越後、国司信濃など家老三名を含む重臣たちに切腹を命じ、その首を差し出し恭順を示すという屈辱を味わったのである。

この粛清の嵐は、家臣の末端までにおよび、支藩である児玉の父、半九郎へも自宅蟄居《ちっきょ》が申し渡され

たのだった。

燃えるような熱情家の半九郎は、この処置を嘆き悲しみ、悶々とした日々をすごしていたが、藩の行く末を案ずるあまりに、憤死してしまった。

長男の源太郎は満四歳になったばかりで、年齢が家督を継げる藩の規定に達していなかった。そこで、児玉家では長女のヒサに婿、次郎彦を迎え家督を継がせたのだった。

ところが、その次郎彦も過激な尊王攘夷運動へと走り、藩が差し向けた刺客によって自宅玄関先で斬殺されてしまったのである。姉は動転し、その場で動けなくなってしまったそうだ。

外出先から帰った源太郎が、母と二人で血まみれの遺体を片づけた。源太郎が満十一歳のときのできごとだった。

藩からの仕置きは、執拗をきわめた。児玉家は禄を没収されたうえに、武家屋敷から追放される処分を受けたのである。罪人の母子にたいする世間の風は冷たく、縁者を頼り流転の赤貧生活が始まった。子どもたちは、ときには大人よりも残酷となる。昔の遊び仲間が、「家なき子」「浪人者」と源太郎に罵声を浴びせた。

しかし、源太郎はくじけなかった。生来の明るさを失うことなく、「いまに見ておれ」と勉学に励んだ。

母も賃仕事に精を出し、息子を長州藩の支藩である島田藩の塾に通わせてくれた。

生活は極貧状態だったが、母は源太郎に「心豊かに励むように」と諭すのだった。

転機は、向こうから飛びこんできた。幕末の「尊王攘夷」の動乱は、徳山毛利藩にもおよび、幕府への恭順派が失脚し、尊王派は児玉家の名誉を回復させてくれたのである。そして、源太郎を十五石の中小姓に取り立てたのだった。

毛利本家のいわゆる長州藩とその支藩にあって、高杉晋作が組織した奇兵隊の活躍は大きな変化をもたらした。武士・町民・農民のあいだの差別がほとんどなくなり、実力主義が芽生えてきたのである。

実戦で学んできた男

源太郎の初陣は慶応二年（一八六六）のいわゆる「四境戦争」（第二次長州征伐）である。このとき安芸口の戦いに加わった。ときに十四歳。さらに戊辰戦争では箱館まで従軍した。彼は学校ではなく文字どおり実戦で軍事を学びはじめたのである。明治七年（一八七四）の佐賀の乱で負傷したとき、階級はすでに大尉だった。

児玉が名を上げたのは明治九年（一八七六）から明治十年（一八七七）のことである。熊本鎮台で准参謀、参謀副長の任にあった彼は、神風連の乱と西南戦争に遭遇する。とくに西南戦争では熊本城に立て籠もり、司令長官の谷干城少将とともに薩摩軍の猛攻を凌ぎきった。

このあと軍令・軍政の両面で順調に昇進していくが、なかでも明治二十年（一八八七）陸軍監事部参謀長と陸軍大学校校長を兼任し、ドイツの軍制・戦術の移入紹介につとめたことは特筆すべきことである。明治二十五年には陸軍次官兼軍務局長となった。

明治二十七年（一八九四）の日清戦争では、大本営が広島に移動したが、児玉は宇品に通じる鉄道の完成に力を注いだ。陸軍少将にして大本営参謀となった児玉は、すでに軍事において鉄道輸送がいかに大事かを理解していたのである。

児玉は衛生の重要性にも気づいていた。下関条約締結後、彼は多くの軍兵の引き揚げにおける検疫・防疫の必要をとなえ、臨時陸軍検疫部長も兼務した。

船舶数が六百八十七隻、総人員二十三万二千人の検疫を早くすませ、一日でも早く故郷へ送り返してやりたいと、児玉は考えていた。このとき検疫の実務で的確な対応をおこない、わずか二ヵ月で完了させたのが事務官長の後藤新平であった。

日清戦争で日本は台湾を得た。新たな植民地経営のため児玉が第四代総督に任ぜられたのは明治三十一年（一八九八）のことであった。児玉は後藤新平を総督府の民政局長（後に民政長官と改称）の地位につけ、徹底的に任せた。そして児玉と後藤が台湾の民生の安定と発展のため、いまでいうインフラの構築のために迎えたのが長谷川謹介だったのである。

とにかく気があった

台湾で襲撃を受けた土匪を説得し、使いこなす謹介を、児玉はすっかり気に入った。自分がこの地に着任したときからの大方針、すなわち民政を中心に据えて台湾の発展をはかるべきだとの考えと一致しているとみたからだ。

土匪と呼ばれ低く見られている者たちも、それは教育が行き届かぬためである。むしろ憐れむべきことで、卑しむべき事柄ではない。そのことを謹介が身をもって示してくれていると児玉は思うのだった。

やがて総督は謹介の官舎を訪れるようになったが、それは夜間にかぎられていた。
四、五人の部下を連れて来訪し、食堂での懇談となった。総督が単独来訪のときは、護衛の兵を玄関脇に待機させた。
話題は、児玉の少将時の訪欧体験（明治二十四年十月〜二十五年七月）の話が多く、そこに謹介が欧州出張の記憶を重ね、にぎやかに西欧談義を楽しむのだった。

幼少期から少年時代の共通の記憶は、二人の距離を縮めるのに時間を要さなかった。育ち盛りに食べものや瀬戸内での遊び、村の祭りや年末年始の風習などは、まったく同じだった。

とにかく気があった。

議会答弁

台湾縦貫鉄道敷設の予算に、きびしい眼が注がれていたことはすでに記した。児玉総督とともに謹介は東京の帝国議会へたびたび出席している。

議会には、児玉か後藤民政局長のいずれかが出席したが、鉄道が議題のさいは必ず「長谷川技師長同行のこと」との辞令が下された。

議会では原則として児玉や後藤が答弁するが、、技術的・金額的な面の質問が出ると「長谷川、おまえやれ」と言われる。あるところまでくると、児玉・後藤から「そこまで」と制せられ、答弁が引き継がれるのが通例だった。

児玉・後藤ともに、長谷川の鉄道にたいする技術論、経済比較論、将来的な展望などには、絶大な信頼を寄せていた。ただし、正直すぎる性格、数字を明確にする説明を危惧していたようだ。話が機微にわたると自分が代わって、高度な政治的な判断を加えた答弁をしていたと思われる。

謹介は少人数での懇談は軽妙洒脱で、座持ちがうまく人気があったが、挨拶や演説となるとまるで別人だった。声は大きくよくとおったが、内容は技術論が主で数字が多く並び、聞く者の関心・感動などはとても望めなかったようだ。謹介は、演説が下手なのを自覚していたが、世間では七不思議のひとつに挙げられたそうだ。

鉄道屋としての本分を尽くすのが使命とわきまえ、議会では児玉や後藤の「そこまで」の声の早いことを願っていた。そもそも本論からはずれた不毛の議論を長々とくり返す議員族には辟易していたようで、議会の日程を聞くと、そのスケジュールに重要な工事日程を組みこませ、「重要工事有之、議会出席ノ儀不可ニ候」の電文を打たせた。

政治家には、とてもなれなかったであろう。

内地に戻れる唯一の楽しみは、母や妻子に台湾の果物などの「おみやげ」を持参して語らうことだった。しかし、日露開戦と同時に議会に呼ばれることは、ほとんどなくなった。

「情報力」

児玉が譴介を評価する理由はもうひとつ、「情報力」にあった。

日本語の演説は「ただの棒読み」の譴介だったが、英語のスピーチはユーモアとウィットに富んだものので、在台の外国人のあいだでも評判になっていた。

譴介は、台北の中心街、大稲堤《だいとうてい》にある「外国人クラブ」の会員となり、ビリヤードを通じ会員相互の交流を深めていた。工事現場から台北に戻ったとき、彼の足は必ずといっていいほどクラブに向かった。

このクラブは、英・仏・独・米・露の外交官や商社員・銀行員、台湾の富豪たちで構成されており、会費は月額十円、二名の会員の推薦と理事会の承認が入会の条件となっていた。英語が堪能な彼は、すぐに会員たちと親しくなった。軍人や役人ではなく、鉄道技師という職業は好感をもたれており、若いころに英国人技師と働いた経験が、交遊に活かされたのだ。

話題はごくふつうの、彼らが本国から入手する人事異動等の情報だったり、日本や台湾統治の評判だったりした。

しかし、そんな譴介の英語力と技術者としての冷静な観察眼、正確な聴く力に総督は着目し、「この男は使える」と判断したのだ。これらは天性の能力であり、あとからなかなか身に付くものではないことを、誰よりも「情報」を重視する戦略家だった児玉は知っていた。

日露戦争勝利の因に、日本周辺の海底に張りめぐらせた「児玉ケーブル」と呼ばれる電信網の敷設があったと言われている。兵站総監を兼務した児玉が、構築したのである。

これだけ広範囲の電信網をもっていたのは、当時は日本だけだった。このネットワークによって、日本の陸海軍の情報伝達は、迅速・正確となり、作戦遂行に遺漏を来すことがなかった。

維新を経て、憲法を定めてからわずか十年、東洋の末端に位置する島国の指導者は、世界の最新情報の収集によって、弱肉強食の時代を生き抜く知恵を備えていた。彼らは「情報」の貴重さを重視しており、その質量は、もたらす人材によることを十分に認識していたのである（海軍は海軍で、至宝・秋山真之の少尉時代「洗濯屋」に変装させて、中国大陸に送りこみ「情報」の収集に当たらせている）。

まなざしは対岸へ

日清戦争後の清国は、列強の「草刈り場」の様相を呈していた。

日本が返還に応じた遼東半島には、ロシアが租借地を広げ、シベリア鉄道は着々と敷設を進めていた。イギリスはアヘン戦争で得た香港からの拡張を企図し、フランスは植民地ベトナムからの北上を狙っていた。ドイツもアメリカも、東洋への布石とする租借地の確保や、各種の権益の確保に熱を入れて、水面下で激しく動いていたのである。

こうした列強の動きに、清国の統治能力は十分に機能せず、国家意識の希薄な地主たちは、いとも簡単に租借に応じていくのだった。

遼東半島と台湾海峡の直上の広東省・福建省は地政学上、日本防衛の生命線だった。

日本は、広東省のドイツの権益を譲り受けるとともに、福建省については、不割譲を清国政府に約束させていた。

しかし、列強の思惑が交差し、情勢は混沌としていたのである。

このような情勢のなかで、児玉は鉄道敷設で多忙な謹介を、まずは、香港・マカオ・シンガポールへ向かわせるのだった。

2　福建・江西視察

隠密行動

明治三十四年（一九〇一）十一月、謹介は児玉の内命を受けて、清国の福建、河西両省の視察に出かけた。目的は両省内において日本人の手による「開拓鉄道敷設」の可能性があるかどうかの調査だった。福建省は、日本が清国政府に不割譲を約させたところで、大陸内では比較的に安全な地域と言われていた。しかし、鉄道敷設の権益については英国と、フィリピンに進出したアメリカが狙っていたのである。

児玉は軍事力を使わずに、開拓鉄道の敷設によって親日感情を確固たるものにし、ここを、日本防衛に寄与する土地にしたかったようだ。

隠密な行動が求められる情勢だった。謹介は、随行者として技師の菅野忠五郎と、旅館の主人である松本亀太郎を選んだ。

松本は、台湾の温泉地・北投で一流旅館と言われている「松濤園」の経営者だった。若いころに福建省で暮らしたことがあり、現地の言葉や風習に精通していると聞いて、同行をお願いしたのである。

松本の助言を容れ、三名で旅行することになった。荷物の運搬は、滞在先で苦力・ボーイを雇ったほうが、現地の地理・習慣にくわしく役立つとの忠告にしたがったのだ。

淡水港から厦門《アモイ》・泉州・興化を経て福州に出て、閩江《びんこう》から船で延平を経由して南寧という小さな村に入り、ここで正月を迎えた。

ここから分水嶺を渡り河西省へと入った。南昌・九江・揚子江・漢口から上海へと下り、蘇州・杭州を経て二月末に台湾に戻っている。

南京虫の襲撃

同行した菅野の「追想記」等から、謹介たちの旅の模様を追ってみよう。

謹介は、バロメーターとベドメーターという高低・距離の測定機と大鍋ひとつを、分解してもたせている。

日本人の旅行者としての視察旅行なので、大鍋以外は分解し、リュックに隠して運搬し、誰もいない山中で組み立て、測量を実施した。それができない土地は、目測で判断したのである。

移動は川沿いの街は小船にゆられ、川のない街は、狭隘なデコボコ道を歩くしか方策がなかった。

歩くのは疲れるだけで我慢ができたが、上海・漢口の港町以外では、宿泊が最大の苦痛となったという。「木賃宿で食事はつかない」と聞いていたので、毛布・缶詰などを持参したが、とんでもない難敵に遭遇したのである。

南京虫の襲撃である。

宿泊から出立までの、典型的なパターンはこんな具合だった。

疲れた足で宿に着くと、まずは汚ない部屋を掃除し、石炭酸を散布して消毒を実施する。これを怠ると、夜中にたいへんなことになる。

それから夕飯の支度だ。現地で雇った苦力やボーイに、米・肉・魚・野菜などの買い物に行かす。その間に、大鍋で湯を沸し、三人が洗面と身体の汚れを拭き取る。

それから、大鍋で飯を炊いて飯盒に移す。

大鍋で、晩のオカズを作る。

大鍋は三回使われて、やっと、お役御免となるのだ。晩飯にありつけるのは、早くて午後九時、だいたいが十時ころになった。

食事が済めば、すぐに寝る。

ところが、いかに消毒しても、隣室の阿片や小便の臭気が、壁の隙間からジワジワと侵入してくるのだ。なんとも不快な臭いをこらえていると、石炭酸に免疫をもった屈強な南京虫に襲われるのだった。

翌朝は未明に起きて、大鍋を三回使用して洗面・朝食を終えて、宿を出ると救われた気分になった。

空気の味が違うのが、明確にわかるというのだ。

夫人の数

要人との面会もはたした。

厦門では、林本源家の当主である林維源と会見した。

彼は台湾第一の大地主で、当時の価格で資産総額が二億円といわれる大富豪だった。なぜか、家族は全員台湾に住んでおり、当主の彼だけが厦門に居住していた。

この人物は、容貌魁偉《かいい》で白髭をひねりながら、朗々と響く声で質問し、堂々とした態度だった。また、適切な質問を投げかけてきた。

「台湾の縦貫鉄道は、なぜ、鳳山を経由せずに高雄へと直通させるのか」

「鉄道用地に編入される土地に墓地があるが、どのような対応をとるのか」

懇切丁寧に説明したところ、「よくわかった」と、理解も早く友好的な雰囲気で、面会を終えた。

厦門の日本領事は、上野専一だった。領事官補として、芳澤謙吉がいた。

芳澤に、この地で大活躍している邦人として紹介されたのが、三五公司（野村財閥の南方事業展開の一社）の愛久澤直哉《あくさわなおや》だった。

「芳澤と愛久澤とではエライ違いだ。良しと悪、善玉と悪玉のように言われて、はなはだおもしろくない」

と、ぼやいてみせる愛久澤と謹介とは、初対面時から気脈が通じた。

その後、愛久澤からは、潮汕鉄道敷設権の獲得に当たって多大なる協力を得ることになる。また、芳澤は外相にまで登用されていくなど、貴重な出会いの機会となった。

厦門と泉州のあいだの、同安縣という土地で、知県（日本でいう知事）に面会できた。

台湾の産業・経済・財政についてさかんに質問してくる。行政に熱意をもって取り組んでいるようすだった。その一方で、謹介に、

「ところで閣下は、何人の夫人を有せられるや」

と両手を広げている。

「ひとりのみです」

と謹介が答えると、物足りないようすで両手を下した。

会談後、

「あの仕草は、彼の夫人は六人以上九人未満だな」

と菅野が言ったので、爆笑となった。

泉州の東に位置する、恵安県の知県との面談では、思いもしない願いごとを託された。

「本県は辺境の地で、知県の収入がまことに少ない。福建省に行かれ巡撫《じゅんぶ》（知事）に会見されるさいに、自分を、もう少し豊かな地方へ転任させるように頼んでほしい」

会談後、謹介はいまいましげに吐き出した。

「初対面の外国人に、意気地のない願いごと、あきれてものも言えぬボンクラ野郎だ」

田舎を実地見聞

延平は閩江沿岸の街だが、想像していた以上に、拓けてはいなかった。

宿舎の便所は、一室のなかに丸い穴が五、六個並んだ板が置かれ、河原に突き出しただけの簡単のもので、同時に穴の数の人数が使用するものだった。

夜に使った謹介が、下を見るとなにかが、うごめいているようなのだ。菅野を見に行かせたところ、豚が片っ端から平らげていたそうだ。

この街にいるあいだ、謹介は豚肉を口にしなくなり、鶏か鴨・家鴨を求めさせて、調理させた。街の料理店に入った際も、「これはなんの肉か」と、苦虫を噛みつぶしたような顔で確認させた。

田舎はどこも衛生状態が劣悪だった。

福建省を陸路で移動中は、宿泊した宿屋を聞きつけた病人が、治療を求めて訪れてくるのだった。多いときは、十数人が押しかけてきた。菅野がにわか仕立ての医者となり、風邪・腹痛・皮膚病・切り傷などを診断し、携行してきた薬剤や包帯で処置をしてやった。

それが、次々と宿場送りに伝わって、菅野は医師兼薬剤師として、忙しさにてんてこ舞いするありさまとなったのである。

韓江の支流では、数十隻の漁船が鵜を使った漁をしていた。日本の鵜飼は夜におこなうが、ここでは昼間のみだという。

河西省の首府である南昌は、にぎやかな街だった。骨董店に入ってみたが、何百円という高価な品物ばかりだった。案内を頼んだ松本の話では、骨董品を買うのは一週間が必要だという。

百円の品ならば二円程度の値を付ける。翌日、先方から五十円でどうか、と言ってくる。その翌日は双方が五円程度、引き下げる。互いに譲歩を繰り返し、一週間後には十分の一、十円程度で手打ちになるのだそうだ。

張之洞との会見と調査報告

韓江の対岸、武昌の湖広総督府に張之洞《ちょうしどう》を訪ねた。張之洞はいわゆる洋務派官僚として知られ、曾《そう》国藩《こくはん》、李鴻章《りこうしょう》、左宗棠《さそうとう》とならぶ清朝の大物廷臣である。

当代一流の政治家なので、豪奢な建物を想像していたところ、知県の館よりも格段に簡素だったが、どこかに気品が感じられる佇まいだった。応接室も卓子と椅子だけで、なんの装飾もない部屋だった。

張之洞は、小柄で痩身な、風采のあがらない爺様にみえた。

ところが、政治・財政・教育・産業の日本の現状を質してきた。謹介が手短かに説明をしたが、逐一、頷きながら聞いていた。

その後、清国の官吏たちが、私腹を肥やし、民を虐げておると、憂国の思いにあふれた自説を、情熱をこめて話しはじめた。

彼はこの地に各種の学校を興し、幾多の製造工場を建て、歳入は公益のために使用していると言う。みずからは、このように倹約に徹していると。

もっともなところが多く、謹介は、この老人こそが清国の大忠臣だと思った。

目的の鉄道調査は、内密におこなうようにと指示されていたことから、計器を使った正確な測定ができず、高低・距離は概測によったが、橋梁・トンネル・停車場に位置等を定め、着手の順序・工程期間、鉄道敷設への布石等に併せ人口、商業、水陸交通網、地形、地質、産業、貨物量の調査報告書を児玉総督に提出した。

その内容の根幹は、福建・江西省を跨ぐ大鉄道は需要が見こめず、銀行資金活用の観点から時期尚早と思われること、鉄道需要が見こめる韓江沿岸中心に敷設し、漸次延長を期すべきであるとの見解だった。

台湾鉄道部が日本の資材を使って敷設するが、資金は野村財閥の三五公司が銀行等から調達する。

鉄道技師は三五公司に出向させて、敷設に当たらせる。

したがって、この鉄道は民営とすることが望ましいこと。

これは、英・米等、内外の摩擦を回避させる方策であること。

鉄道敷設権の獲得交渉には、三五公司の愛久澤直哉を用いるべきである。愛久澤は信頼に値する紳士である。

このような進言を添えたのだった。

児玉は、この報告書を読み、さっそく、後藤民政局長に計画の推進を指示した。

謹介は台湾鉄道部から、三五公司に出向させる人選を内定した。

児玉総督は、これら内定した鉄道技師を官邸に招き、一夕の宴を催す異例な配慮を示し、この鉄道にたいする期待の大きさを示してくれたのだった。

これからというときに……

しかし実際のところ、児玉は後藤や謹介にほとんどすべてを任せざるをえない状況にあった。彼の頭脳は、対ロシア戦にフル回転していたのだ。

時の国際情勢は、戦争回避の日本の懸命な外交努力も空しく、もはや日露開戦必至の様相を呈していた。

ところが、日本陸軍の戦略を担い、「今、信玄」と称されていた田村怡与造《いよぞう》参謀次長が五十歳の若さで急死したのである。対露戦略の構築に没頭している最中の死だった。

困ったのは、陸軍大臣の大山巌だった。

日本の危機に当たっての戦略を担える人材は、内務大臣兼文部大臣兼台湾総督の児玉源太郎以外に大山の頭に浮かんでこなかった。しかし、陸軍参謀次長のポストは、児玉には二階級も格下げの人事となり、前例がまったくないのである。

それでも大山は児玉に頼んだ。児玉も快く引き受け、台湾総督に在任のまま明治三十六年（一九〇三）

十二月十二日付で参謀本部次長となり（文相、内相は辞任）、翌年二月に大本営参謀次長兼兵站総監に、四月には満洲軍参謀長に親補され、男爵から子爵となった。

注目すべきは、児玉が兵站総監を兼務したことである。日本陸軍には、兵站に関する意識が希薄で、現地調達主義的な思想が根強くあったことを懸念したのであろう。

日露戦争における児玉の活躍は割愛するが、明治三十九年（一九〇六）五月、台湾において戦勝および児玉の子爵への陞爵《しょうしゃく》を祝う会が催された。四月に参謀総長に転じた児玉の後任総督は、山口県出身の陸軍大将・佐久間左馬太《さまた》が任ぜられていた。

台湾総督府鉄道部長に昇進していた長谷川謹介の祝辞が終わり、会場には盛大な拍手が鳴り響いた。静まるのを待って、来賓の椅子に座っていた児玉が、その場から大きな声でこう言った。

「私が台湾にいたときといちばん変わったことは、それは長谷川部長の挨拶が格段にうまくなったことである」

会場は笑い声に包まれ、このひと言で陽気な雰囲気にあふれていったそうだ。

児玉は南満洲の統治対応で、多忙のなかでの訪台だった。

日露講和条約（ポーツマス条約）で、日本はロシアが清国から得ていた鉄道に関する権益、長春〜旅順・大連を獲得し、明治三十八年（一九〇五）十二月の日清条約で確定させていた。

これを、満洲の開拓鉄道とするために、明治三十九年七月十五日、児玉は南満洲鉄道株式会社を設立したのである。

七月二十二日、後藤新平に、この鉄道会社の総裁を要請した。

しかし、その翌日、児玉源太郎は五十四歳という若さで、鬼籍に入ってしまったのである。

大日本帝国はその大黒柱を失ったと同時に、台湾近代化の礎を築き、さらに発展させる推進役をも失ったのだった。

台湾での華やかな祝宴で、「台湾には未来がある」と力強く話したのは、わずか二ヵ月前のことだった。台湾総督府に掲げられた半旗は、炎暑のなかに重く垂れ下がり、頭を下げる人びとの心中の悲しみの大きさは、計り知れぬものがあった。

3　民政長官と潮汕鉄道着工

連日のように

譲介が台北にいるときには、後藤新平が連日のように官舎に顔をみせた。後藤は和子夫人をともなって毎朝、定まった時間にあらわれるのだった。

これは、後藤夫妻が未明に「台湾神社」を参拝し、その後、譲介の官舎に立ち寄るのを日課としていたためで、季節によって多少のズレはあったが、訪れるのは、午前六時三十分から七時までのあいだだった。

勝手門から、その名のとおり勝手に入り、庭から中二階の和室へとやってくるのである。紅茶を飲みながら三十分ほど懇談してから、帰宅するのだった。

後藤新平は、安政四年六月四日（一八五七年七月二十四日）生まれ。謹介よりも二歳年下である。台湾総督府民政局長を拝命したのは、明治三十一年三月で四十一歳のときだった。謹介が台湾に着任したのは明治三十二年三月十日のこと。台湾生活では後藤が一年先輩となる。

後藤は陸中国胆沢郡塩釜村（現・岩手県水沢市）の武家の長男として生まれている。

少年時代は、手がつけられない暴れん坊で、村のガキ大将だった。本家に高野長英がいたことから「謀反人の子」とからかわれ、反骨心の強い生来の性格に、拍車がかかったようだ。

長じて福島洋学校に入った。少年期から気宇壮大だったが、コツコツと勉強するタイプではなく、英単語を覚えず、洋学校に在籍しながら、肝心の英語がまったくできずに中退してしまった。

その後、須賀川の医学校に転校している。ここで、近代医学と出会ったことが、彼の探究心をいたく刺激したようで、寄宿舎の舎長に選ばれるほど頭角をあらわしている。

とはいえ、そのころの新平は政治家になりたかったらしい。しかし祖父が高野長英のまたいとこであり、母も侍医の長女と縁者には医者が多く、新平も医者になるようにと勧められ、医の道へと進んだ。

強烈な自信とコンプレックス

内務省の衛生局に勤めドイツに留学する。ドイツでは医学、社会政策の研鑽を積むが、ここでもドイツ語の会話は、まったく駄目だったようだ。

次のような逸話が残されている。

あるパーティーに招待された。そこの令嬢からダンスに誘われた新平は、「ジー・ジント・バルバーリッシュ」と答えたがために、令嬢が激怒し大騒ぎになったと言う。「あなたは野蛮だ」の意で、自分は野蛮な育ちゆえに、貴女のお相手ができる柄ではありません、と言わんとしたもので、私と貴女をまちがえる会話のレベルだったようだ。

医学は修めたが、外国語にたいするコンプレックスを身につけて帰国している。

日清戦争後、帰還兵の検疫の実務で水際立った手腕を示したことで児玉源太郎の信任を受け、児玉台湾総督の下で民政局長の地位に就いたことはすでに述べた。

後藤の東北訛りは、晩年になっても抜けなかったが、色白・小柄な外見とは異なり舌鋒鋭い、強面な自信家だった。謹介も相当な自信家だったが、それは鉄道・建築・英語にかぎられていた。後藤はあらゆる分野に一家言を披瀝する、幅広い知識を身に付けていた。

夫人の和子（肥後熊本藩士で男爵の安場安和の二女）は、バランスのとれた才媛だった。夫婦に子どもはなかったが、さすがの新平も夫人には頭が上がらず、たんなる髭の生えた坊ちゃんにすぎなかったようだ。

謹介の官舎でも、話が長引きそうになると、和子は「長谷川さんはお忙しいお方、この辺で……」と三十分をメドに声をかけてくれる気遣いをみせてくれるのだった。謹介も後藤の性格を知り抜いていたので、丁寧な応対を心がけていた。

とやかく言われる前に

三叉渓の難工事中に、後藤が現場を巡視すると言い出した。

巡視の前日に三叉クラブを訪れ、謹介や鉄道技師たちとの懇親会は深更まで続いた。

翌朝、まだ薄暗いうちに、長谷川技師長が履物を突っかけて、手にはランプと油差しをもって出かけたのである。

いつでも御用に対応するためにと、徹夜で待機していた技師が「こんなに朝早くから、技師長はなにをするのか」と、不審に思い秘かに尾行した。

なんと、現場巡視用の台車のブレーキをなんども確認している。その後、車軸への注油、その他の点検をし、最後に座席をきれいに布で拭きとってから、クラブへと戻っていった。

巡視は後藤と謹介が、台車に横一列に座って始まった。

「作業着のボタンがはずれておるぞ」

「腰にブラブラと手ぬぐいをさげるでない」

この日の謹介は、いつになく技術以前の些末なことを、大声で怒鳴るのだった。

「きょうの技師長はえらくご機嫌が悪いぞ」

現場の連中がささやきあったほどである。

巡視後、後藤民政局長から講評があった。

「きょうは、私がなにか言おうとすると、すぐ隣から技師長が雷のような大声を発するので、一言もなしに終わってしまった。諸君は連日のように、あの雷鳴では、さぞたいへんであろうが、身体には気をつけて頑張ってもらいたい」

三叉渓は、北部新線でもっとも神経を使っている現場だった。

後藤に工事内容について、とやかく言われると、その後の処置が面倒なことになるので、謹介が採った戦術だったのである。

後藤の講評以降、「雷親父」のあだ名が自分に定着してしまったのは、唯一、想定外のことだったが……。

無名庵一件

後藤新平が男爵に叙せられ（明治三十九年四月）、上京するにあたって、

「自分が帰台するまでに〝無名庵〟を、台北近くの温泉地の北投に、建設しておいてほしい」

と謹介に依頼してきた。

後藤夫人が会長を務める「台湾婦人会」の資金で、賓客を接待する目的の建物を建築したいというのである
後藤が帰台し、基隆港に降り立つと、そこは出迎えの人があふれていたが、そのなかに謹介の姿はな

かった。

「忙しい者は出迎えなど無用のことだが、長谷川は吾輩に報告する一件があるはずだ」

と、ご機嫌斜めである。

謹介には、緊急要件で出迎えに行けぬ事情があったのだった。この事情を知らなかった小池技師が、気を利かせたつもりで言った。

「長谷川技師長は、まもなく到着するでしょう」

しかし来るべくもない。やがて後藤は、

「長谷川のヤツ、なにをぐずぐずしておるのか。遅いぞ」

と怒り出した。

そこへ新元技師が、ご挨拶にと顔をだした。

「新元、長谷川に頼んだ家は、できあがっているのか」

「ハイ、立派にできあがっております」

「長谷川に言っておけ。吾輩が観て、気に入らんかったならば、焼いてしまうからなと。マッチを用意しておけと、そう伝えておけ」

と、叙爵直後の高揚感も多少は手伝ったのか、エライ剣幕なのである。

新元技師は、その言葉どおりを技師長に伝えた。

謹介はひそかに和子夫人を訪ね、長官不機嫌の件を話し、よろしくとお願いしておいた。

和子夫人は微笑しながら、快諾してくれた。

数日後、後藤は和子夫人をともない、謹介に案内させて北投温泉の「無名庵」の検分に出かけた。後藤は、きょうこそは長谷川の度肝を抜いてやろうと、内心ワクワクしていた。

現場に到着すると、後藤の機先を制して和子夫人が判定を始めたのである。

「まァ、まァ、じつによくできましたね。あすこの構えがたいへんによろしい。こちらの柱も気に入った。お庭も申し分ない。なんとも素晴らしいできで、これは婦人会のみなさんも、さぞ大喜びすることでしょう」

この夫人の機転ある対応で、後藤は「イッチョ、ぎゃふんと言わせてやろう」との腹づもりが、不発に終わってしまった。

翌朝、いつもより早く起床した後藤は、夫人をともなっての神社参拝の前に、謹介の官舎に立ち寄った。

午前五時ごろだった。

早朝の長官来訪の知らせに、これは現場で緊急事態が発生したのかと、寝間着姿のままで飛び出していくと、夫人同伴の後藤が大笑いしている。

「長谷川は、ネボスケだな。まだ寝ちょったのか。とっくに起きとるものと思って寄ったまでだ。こりゃあスマン、スマン。特段の用件はないのじゃ」

「驚かしてごめんなさいね。子どもじみた悪さをして、宅がやることは、長谷川さんのとはちがって、ユーモアがないのよ」

「いやね、ちがうんじゃ。吾輩の留守中、長谷川がえらく忙しかったと聞いたもんでじゃ。そんなに多忙ななか、少ない予算でよく庵が建てられたと、礼を述べに寄ったまでなんじゃよ」

東北訛りと長州弁を、ごった煮にしたような口調で、嬉々としているのだった。

夫人の一言がなければ、文句のひとつも言っていたことだろう。

「事故発生かと心配しました。お礼のご挨拶でホッとしております」

賢夫人

後年のことである。

後藤が鉄道院総裁を拝命した明治四十一年（一九〇八）十二月、謹介は東部鉄道管理局長に転任していた。

共通の友人である、台湾総督府土木局部長を務めた長尾半平が訪ねてきた。彼の話は、次のようなものだった。

後藤の鉄道院総裁を祝って、葉山の別荘を訪ねたときのことだった。なにかのはずみで宗教論争が始まった。長尾も言い出したら譲らない性質だ。

双方が口角泡を飛ばす激論となり、収まる気配さえない、えらい騒ぎとなったのである。そこへ、襖をスッと開けて和子夫人が座った。

「いらっしゃいませ。宅と長尾さんとの元気のよいお話は、台湾以来、久しくうかがいませんでした。少し、ここで傍聴させていただきます」

両人の大論争はピタッと治まったという。

謹介は長尾の話を聞きながら、台湾での和子夫人の臨機応変、みごとな対応を懐かしく思い出していた。

短くともその意義や大なり

潮汕《おうすう》鉄道は、清国の南部の広東省の東北端にある港町、汕頭《すうとう》から潮州府を経由して、意渓《おいゆい》にいたる約四二キロメートルである。

児玉総督は後藤にこう命じていた。

「日本人の技術者が、国産品を用いて広東省に鉄道を敷設するように、以て台湾防衛と南清進出の橋頭堡としたい」

潮州府は広東省の中心都市であり、清国各地および海外貿易の拠点であり、韓江右岸に広がる森林地帯の木材の搬出港でもあった。

港につながる韓江を、艀船が雲霞のごとく浮かぶ風景は、横浜・神戸に劣らない賑わいを見せていた。列強各国も注目し、鉄道敷設権を競っている港町だった。

したがって、潮汕鉄道の四二キロメートルは、清国の鉄道としては短いものだが、そのもつ意義は途方もなく重いものだったのだ。

明治三十六年（一九〇三）末に、華僑の大富豪である張煜南《ちょういくなん》が、清国中央政府から、鉄道敷設の特許を得るや、外国系の資本が「待ってました」とばかりに、張のもとに殺到した。

児玉を経て、後藤からの命を受けた謹介は、三五公司の愛久澤直哉を通して、張煜南と幾度となく折衝し、工事は台湾鉄道部でおこない、竣工後の鉄道経営は三五公司を含めた民間会社でおこなうことで、合意を得ることに成功したのだった。

明治三十六年十二月六日に、契約書が作られ調印式がおこなわれた。後藤はこの成功を喜び、契約資料を大声で読み上げて叫んだのだった。

「これは、日本経済発展の礎になるものだぞ」

謹介はただちに現地入りし路線を決定したが、路線用地の確保は困難をきわめた。

言葉、習慣、宗教の違いや、着工までの秘匿に関する件で、三五公司の愛久澤には、十数回にわたり交渉に同行してもらっていた。

彼自身の単独折衝を含めれば、この三倍の回数は重ねたに違いなかった。

愛久澤の努力なくして、潮汕鉄道は陽の目を見なかっただろう。

グラスを握りつぶしても

しかし、日露戦争が勃発したこともあり、潮汕鉄道の見積書を提出し、地鎮祭が執りおこなわれたのは、契約から二年半後の明治三十九年（一九〇六）六月になってしまった。

長谷川謹介は、明治三十九年十一月十三日付で、台湾総督府鉄道部長に昇任していた。

潮汕鉄道については、担当技師たちの人選を終えており、いつでも着工できる体制で、後藤の指示を待っていたのだった。

そこへ、三五公司の愛久澤が訪れ、「後藤から潮汕鉄道計画の中止を打診されて、いまさらのことで弱っている」と言うのである。

「なんという不義理を……」の一言を残し、長谷川鉄道部長が席を蹴って飛び出して行かれたと、愛久澤はのちに語っている。

後藤のもとを訪れた謹介は、鋭く追及した。

「潮汕鉄道について、閣下に迷いがあるように思われますが、その原因は、いったいなんなのですか。いたずらに着工を長引かせているように見受けられます。このような状況は、清国の関係者に多大な迷惑を与えています。

台湾鉄道に協力を約した個人・会社・銀行、多数の部下も、今日まで大きな理想を抱き、この大事業に取り組んできました。なかんずく、清国において、無償で土地を提供してくれた現地の人びとの期待に、閣下はどのように応えるのでしょうか。

あらゆる視点から検討した原案であることは、閣下もご存じではないですか。

現下の世界情勢を勘案したとしても、この事業の放棄は絶対に許せません。

自分は粉骨砕身、たとえ死んでも、この人たちの期待に報いる覚悟でおります」

謹介は、手にしていたグラスを握りつぶしていた。

児玉あっての民生局長か

謹介には、後藤が「児玉総督あっての民政局長」だったように思えてならなかった。

このところ、発する言葉にキレがなく、モゴモゴと何事も決断できないでいるのだ。それほど、児玉総督の存在が大きかったのだ。

いまや後藤は佐久間新総督に逐一、報告・相談するのも億劫なようすだった。

巷間言われている、和子夫人あっての後藤で、いなければ「髭の生えた坊ちゃん」に、なってしまったのかと、危惧したほどの不安定な精神状態に見えるのだった。

後藤はドイツ留学時にも、ドイツ語での会話がまったく身につかずに鬱状態になったと聞いていた。

こうした体験が、西欧にたいしてのコンプレックスになっているのだろうか。日英同盟下での鉄道敷設が、イギリスの感情を害すると、恐れているように思えてならないのだ。

その件は、児玉総督と十分に煮詰め、後藤も承知のうえでの今回の計画だったはずではないか。なにをいまさらの懸念なのだ。

後藤は、やっと重い腰を上げ、佐久間新総督に「長谷川部長は、言ったことは必ず実行する人間でして……」と潮汕鉄道工事着工の是非を伺い出た。

佐久間が多忙な児玉に、恐縮しながら相談すると、あっさりと「長谷川の言うとおりに進めてよいのでは」との即答だったそうだ。

後藤は、長谷川に着工を指示するとともに、乾杯の用意をさせて言った。

「きょうのグラスは特注品なのでな、握りつぶそうにも、たやすくは壊れぬぞ」

潮汕鉄道は、やっと動き出せたのだった。

こういうこともあったが、その後も、謹介と後藤との仲は、不思議な縁で結ばれつつ、終生にわたる親交が続いていくのである。

第九章　民生安定のために

1　縦貫鉄道全通

鉄道網構築の夢

謹介の口癖は、

「台湾鉄道は縦貫鉄道を以て、満足してはならない。東海岸線および東西の連絡・循環線、中央山脈横断線を敷設して、各路線を相互に連携させなければならない」

事実、明治三十三年（一九〇〇）四月には、渡辺英太郎に台東から中央山脈を越えて、鳳山にいたる路線の調査に当たらせている。

渡辺は十数名の測量技師を連れて、海から台東地域へ入った。地理不案内の高山における測量は困難をきわめた。突然、通行不能の断崖絶壁に出会って、引き返すなど一ヵ月を要して、ようやく屏東《へいとう》に達することができた。

計画路線は約八二キロメートル、トンネルも多く、最長のものは六キロメートル以上になった。次いで、台北から宜蘭《ぎらん》にいたる横断線の調査を、川津秀五郎に命じている。

その報告を受けた長谷川部長は、明治三十九年五月、笠野英三郎、岩田五郎に技師・測量工と工夫を多数引率させ、実測をおこなわせている。

十ヵ月後の明治四十年（一九〇七）二月に、測量は完了したが、密林・断崖に加えて山間部に住む蕃族の襲撃にも見舞われる災難を受けている。

分水点は、海抜九一〇メートル、多数のトンネルと大部分が1／40の勾配となる全長約八四・一キロメートルの難工事の計画図となっている。

明治四十年一月、第五代台湾総督の佐久間左馬太が台東地帯を巡視するに当たり、長谷川鉄道部長が同行した。

船上から、宜蘭・花蓮の地勢を目測し、花蓮港からは徒歩で壺東《ことう》を経て巴ロ衛《ぱろえい》・仿寮《ほうりょう》を視察し、この区間に軽便鉄道を敷設することを決定している。

明治四十一年（一九〇八）一月に、長谷川部長は鈴木善八に命じて、台中から東海岸への横断鉄道の調査をさせていた。

分水嶺は海抜三〇〇〇メートル以上あり、歩道を作るだけでも容易ではないとの報告だった。

長谷川謹介が在任中に、台湾の大地を見つめつづけ、さまざまな構想を抱いていたことがわかるだろう。

明治四十一年十月二十四日

かくして、いよいよ縦貫鉄道の全線が開通できる見とおしとなった。予定は明治四十一年四月二十日前後。これを記念する「全通式」を、内外から賓客を招待し、十月二十四日（土）台中公園において盛大に挙行することが決定された。

その準備のために、総督府は「全通式委員会」を設置した。鉄道部長の長谷川謹介が委員長を拝命し、委員には総督府各部全部長以下六百名が任命された。

この間の三月四日から九月八日まで、謹介は南アフリカ鉄道視察の命を受けていたことから、各委員が周到な準備をおこなってくれていた。帰台後、謹介が取り組んだのは、全通式に列席される貴賓方の宿泊施設となる、鉄道ホテルの建設促進役程度だったが、どうにか全通式前に竣工することができた。

あとは、当日が晴天であることを、神に祈るのみとなった。

十月二十四日の全通式の模様および縦貫鉄道計画から開通にいたる経緯は『台湾日日新報』（二十四日付の鉄道全通式記念号［八ページの特集、第三一四六号］と二十五日付［二ページ、第三一四七号］、二十六日付号外）に、詳報されている。同紙から式典と、市中のようすを追ってみよう。

記念号は、企画記事で構成されている。

台湾鉄道の始祖から、児玉総督の官営による敷設決断の大英断、長谷川技師長の招聘に始まり、技師の新元鹿之助、渡辺英太郎、稲垣兵太郎、菅野忠五郎、事務官の赤松嘉春、原吉太郎、笹川義雄、井岡喜一郎（嘱託）らが計画当初から努力して、今日を迎えたと賞賛した内容である。

その後、起工から開通までの経緯を詳細に記し、台湾産業・経済・文化の発展のためには、この路線に留まらず、以下の支線計画の実現が必要であると提案している。

- 西沿岸の支線
- 東西両岸連絡線
- 台北曾宜蘭線
- 宜蘭鉄道

敷設の理由および起工予定順序までが論じられ、これを「台湾鉄道計画大成」と名づけている。

一方「来賓宿泊所」の見出しで、ホテル・旅館・官舎・局長邸・台湾銀行頭取邸・個人宅の名称と宿泊者予定者名がズラリと掲載されている。個人宅に二〜三名が宿泊する例も見られ、宿泊施設が少なかった実情を示したとも言えよう。

次いで、当日の台北駅発の列車の時間、台中駅の到着予定時間が報じられている。

これらの情報開示は、植民地である台湾の治安に、少しでも不安があればできないことで、当時の治安のよさを示すものと言えるだろう。

昨今、テロのむごたらしい報道に接する者としては、無防備と思えるほど新鮮に映る記載である。

宮様の臨席のもとに

さらに『台湾日日新報』から要約するが、現場からの電信によって、順次、紙面が構成されているので、場所・発信時間が臨場感を強めている。

明治四十一年（一九〇八）十月二十四日、土曜日。

午前四時四五分発の列車にて、台北を出発する。随員は同十時十八分発。（主語の記載がないが閑院宮《かんいんのみや》載仁《ことひと》親王殿下と推察される）

台中以南の島内来賓は同十時二分、内地来賓および台中以北の島内来賓は同十時五十三分、台中駅に到着する。

午後零時五分に到着する貴賓列車を待って、午後零時四十五分から全通式を開始し、午後一時五十五分に式を終了する。

式終了後、午後二時二十五分から、一同食卓に付き、同四時三十分、閑院宮殿下の公園ご発車ののちに、来賓は随意退散の予定とある。

翌日の同紙は、殿下が台北駅を出発するもようから報じている。

殿下は予定どおりに、騎兵聯隊旗を朝風に翻し、騎兵第一聯隊奨士の儀容姿で台北駅に到着した。喇叭《ラッパ》楽隊の演奏が響きわたる。長谷川鉄道部長の先導でご乗車、花火が数発打ち上げられ、「君が代」演奏のなかを、午前六時五十分台北駅を発車された。なお、来賓列車は午前五時二十五分、約八百名の来賓を満載して台中に向かったとあるので、当日の予定時間が、大幅に変更されたことがわかる。

殿下の乗車した貴賓列車を、途中の各駅は美装を凝らし、苗栗駅では花火を打ち上げ、「バンザイ」の歓呼をもってお迎えした。

台中駅には午前十時五十三分に到着。ただちに謹介の先導で馬車に乗りこみ、全通式会場に臨まれた。沿道は「日の丸」を手にした奉迎の市民であふれていた。

零時二十五分、式場に到着された。本日、天気晴朗。温度は華氏九〇度（摂氏三二・二度）、あたかも盛夏のようである。

式典会場の台中公園は、新たに植樹された樹木と花々が美しく、特設された二層の楼は五色の布で、壮麗に飾られていた。内外からの来賓千三百余名が閑院宮殿下の到着を待つなかに、「君が代」が演奏され、佐久間総督の先導で殿下が登壇された。

ようやくここまで……

新元技師の挙式宣言で式典が始まった。

まずは、佐久間総督が式辞を朗読。内容は次のようなものだった。

児玉総督、後藤民政長官が新領土事業発展の基礎とすべく、縦貫線を計画、長谷川鉄道部長、当時技師長の指導・経営のよろしきをえて、本年四月に全線二七二マイルを全通させ、完成一年にいたっていないが、九十万円の収入を上げるまでになっている。

思えば、自然災害、難工事の連続、土匪の襲撃、明治三十七〜八年戦役（日露戦争）での物資不足等の困難は、この鉄道沿線に残る戦病死者記念碑が、万世に伝えるであろう。

続いて、長谷川鉄道部長から鉄道工事報告がおこなわれた。

風水害、土匪の襲来等々で、工事の工程の乱れはあったが、大きな蹉跌なく事業の完成をみたのは、携わった者の結束によるものであり、小官の最大の喜びである。

縦貫本線二四七マイル、支線二四マイル三分、全線二七一マイル三分、橋梁三百一ヵ所、総延長三万八七七三フィート余。隧道十九ヵ所、総延長二万四七六五フィート余、停車場七十三ヵ所、目下の機関車五十二輛、客車百六輛、貨物車六百九十五輛を有するまでになった。(主な数字のみ記す)

今後は、これらの運用に努め、この鉄道敷設の趣旨をまっとうすることを期していきたい。

次いで、閑院宮殿下のお言葉をたまわった。

台湾がわが帝国の版図に帰してから、すでに十有余年、産業は盛況であり業績もおおいに上がっている。なかにあって、全島の気脈を貫通し、物資を輸送する鉄道がなかった。

万難を排して鉄道を計画した、児玉前総督、後藤民政官は竣工を見るにおよばず、変わられたが佐久間総督がその後を引き継がれ、今日、縦貫鉄道全通式を挙げえたことを喜ぶ。また、長谷川部長、当時技師長以下が英知を集め、予定よりも早く竣工し、当初計画を上回る成績を上げていることを、故総督が知れば心を安んずるであろう。台湾全土の経営は前途なお悠遠であるゆえに、諸子はさらに努力せよ。

佐久間総督がふたたび進み出て、答辞を述べた。

来賓祝辞は岡部司法大臣が代表し、人民代表として台湾銀行副頭取下阪藤太郎が祝詞を朗読した。

続いて閣僚からの祝電が四本披露された。

内閣総理大臣　桂太郎
逓信大臣　後藤新平
内務大臣　平田東助
海軍大臣　齋藤實

奏楽のなかを殿下が退場し、食堂に移り、開宴となった。

佐久間総督の殿下への御礼、万歳三唱がなんどかおこなわれた後、余興となった。

京劇が演じられた。美少女・美少年が五隻の船に乗ってあらわれ、三名の道化師が花道で笑わせた後、台湾全島の風俗舞踊が披露された。殿下は破顔一笑して、ご覧になっていた。

その後、西遊記が演じられ、午後三時五十五分に模擬店に移られた。

喜びは夜になっても

余興会場の左手に出ると、池をめぐる十数ヵ所に草葺き造りの模擬店が設置されていた。台北から呼び寄せた芸妓百余名、数十名の仲居たちが、鉄道部の徽章を染め抜いた浴衣、前垂れを身につけて賓客をもてなした。

来賓の数が少なくなるころに、現地の人びと三百余名が入場し、ひときわにぎわいを増した。和服を身につけ、日本髪を結った台湾の芸妓と、内地の芸妓が美しさを競い合うような光景も見られた。

午後四時四十分に模擬店は終了。殿下はここから、教育展覧会に臨み、生徒の作品をご覧になり、本島人の教育の発達を賞賛されたのち、台中クラブへ向かわれた。

午後五時すぎ、式場はようやく人が少なくなったが、市内各所は人の山となっていた。

夜になり、いくぶんか涼しく感じられるころ、大小無数の提灯をもった人びとが、台中公園に集まってきた。

広い池のまわりを四周もする長い列となった。生徒たちは国民唱歌を歌って池の周りをめぐり、名物の仕掛花火がはじまる。提灯行列は殿下の御座所に向かって唱歌などを唄って進む。商店は赤い提灯で飾り立て、それがイルミネーションのように輝き、その前には台湾名物の露天が延々と並ぶ。

市民は「バンザイ」の大声援で提灯行列を迎え、狂喜したという。新聞は、「今夜の光景は、おそらく空前にして絶後なるべし」と、いささかオーバーとも思える表現で伝えている。

「この晴れやかな式典を、縦貫鉄道にかかわった現地の工夫・土工たちに一目見せてやりたい」と謹介は考えた。しかし、客車が足りず、一部は貨車・台車しか用意できなかった。これが「現地人は貨車だった」との批判になった。

これに対して謹介は言った。

「苦労をともにした者たちを、無料で乗せ招待したのだ。言わせておけ、吾輩らと一緒になって炎天下、手押しの台車に乗って、ドロと汗にまみれ仕事をしていたことを、招いた彼らがいちばんよく知っておるのだから……」

成功の三大要因

このほか新聞には、長谷川部長談として「鉄道苦心談」が四段半にわたって掲載されている。大要は以下のとおり。

心配もし、苦労もしたけれど、全通の喜びで大方は忘れてしまった。自分が台湾の地を踏んだのは、明治三十二年の年度初めで、二百万円の予算が付いていたが、当面の使い道があるのか心配したほど、建設に必要な資材は、なにもこの地には存在しなかった。

そこで、雨のザァーザァー降るなかを、五堵の山中を駆けまわった。それが、五堵のトンネルの変更に、結びつけることができたのだ。

建設資材は枕木さえないので、なにからなにまで東京へ買い入れに行ったが、これの運搬を請負うところがない。そのころの基隆も高雄も、二マイル沖までしか船が着けられない。そこで、海運業者に見本を示そうと「南洋丸」「東英丸」「台湾丸」に八千トンを積んで来た。貨物は付いたが、陸揚げの設備も経験もない。

艀船・引き船・小蒸気船まで用意し、苦力《クーリー》に運びかたから教えたのだ。（中略）

五堵のトンネル工事は、変更した新トンネル工事だったが、土質が悪く三回も崩落した。すでに三十万円の巨費を投じていたので、はなはだ残念だったが、永久のことには変えられないので、別の方向に変更したが、決断が求められたときだった。

最大の難工事は、大安渓の第六トンネルだった。

下は固い岩盤で上部は砂利層だった。掘り進むと、砂利層が下にずれこみ、突然、砂利と水が噴出してきた。三～四ヵ月も減水しないという事例は、いままでになく、再三の土砂水の噴出で、工夫が生き埋めにまでなった。

次は大甲渓の工事だが、これはあらためて語る必要はなかろう。苦労話をせよとのことだが、苦心談は際限がない。

そして、縦貫鉄道成功の三大要因として、次の三点を挙げている。

① 競争入札から随意契約への変更

経験も資金力もないところが入札に成功し、信用できない請負人に任せるという無責任きわまる商習慣があった。随意契約によりこれが改善できた。

② 後藤新平の信頼

前任の鉄道部長だった後藤男爵が、深くわれわれを信用し、「大事の他はいっさい相談に及ばない。独断専行でやれ」と言ってくれたことである。これが工事進行の大きな力となった。

③ 部下に人を得たこと

赴任した当時は人間の掃き溜めのようだった。これが真面目で、腕利きの者ばかりに自然淘汰されていった。給料分だけ働けばよいといった者は皆無となったのだ。最後まで残った者は、自分の事業であるとの信念で働いてくれた。

給料で働いているという考えの者では、とてもできる仕事ではなかった。この全通が、お金と労力とでできたと考えるのは大きなまちがいである。

彼らは引きつづき、この大地の発展のために、大きな力となってくれるものと確信している。また、ここにいたるまでに、高く尊い犠牲が数多く払われている。

人の住まない山中に事務所を置いての作業だ。部族民の襲撃、マラリヤ・コレラ・赤痢等の疾病等の犠牲者を多く出した。とりわけ三叉渓での犠牲者は多い。この全通式が済みしだい、お参りと慰霊祭をおこないたいと思っている。

『台湾日日新報』は次のように総括し、記事を結んでいる。

明治三十二年度以降十年計画、二千八百八十万円の予算で起工された縦貫鉄道を九年間で完成させた。その間、土匪の襲撃、暴風雨、疫病等内地では、想像できない困難が山積していた。そのような状況にあって、予定外の南北両支線の建設、高雄港の改良、鉄道ホテルの建設を次々に成し、約百三十万円の剰余金を残した。本島の縦貫鉄道は幹線二四七マイル、これに二支線を加えても二六九マイル余にすぎない。しかし、今後は本島の開発、産業の発展に大きく貢献していくことはまちがいがない。

これは世界の植民地の模範となるものである。

本日の開通式にあたり、鉄道関係者への感謝をもって祝辞とする。

2　阿里山から檜を積みだせ

ふたたび汕頭へ

福建省と広東省のあいだに汕頭港《すうとうこう》がある。港内の水深は深く、四～五千トンの貨物船が直接着岸できるうえに、広東・香港に近いという絶好の位置にある貿易港だ。

第八章で述べた調査で謹介が着目したのは、この港への流通が、韓江の水運に全面的依存しているということだった。水量の減る冬季には、流砂の影響をまともに受けて、河底が浅くなり、集荷に多大な支障を生じてしまうのである。

現地の資本家の張煜南、三五公司の愛久澤直哉の努力になんとしても報いたいと考えていた謹介は、三五公司に出向させた技師の津田泰彦・新見喜三・芦田信一をともない、汕頭から実測に入った。前回調査の経験から、宿泊は韓江に浮かぶ船中とした。この地の南京虫の執拗な攻撃に辟易したからだった。

着岸地点からは、徒歩で測量を実施し、一日の作業を終えると、朝の出発地点に戻り、宿泊できる船を探しては、移動する旅となった。

日本人による鉄道敷設の測量作業は、イギリス・アメリカ・現地民に秘匿し、進めることが求められていたため、ベドメーター、磁石などは船や街中の便所で使わせ、精密な地図の作成に努めた。

韓江に沿って鉄道を敷設する案が、張煜南から提案されていたが、韓江を下る船便と競合するのでは、運賃の優位性が発揮できない。加えて、治水事業が未整備なところが多く、聞き取り調査によると、雨期には堤防の決壊が多発しているとのことだった。

山の上から観察すると、眼下に広がる田園地帯の端に、小高い丘を築いた村落が点在して見える。謹介の判断では、この一帯は雨期に韓江が決壊し、たびたび水没するために、村人の永年の知恵が丘を築かせて居住しているものと思われた。

津田技師と通訳を、四～五ヵ村を訪問させたところ、図星だった。過去に堤防決壊をなんども経験し、大被害を受けたので、丘を築くようになったということだった。いったん、水没すると一～二週間は水が引かない地域でもあるそうだ。

そこで、予定路線を韓江の河岸から四キロメートル程度隔離させることにして、大平原を突っ走る広軌（国際標準軌の一・四三五メートル）の図面を作成した。つまり、この路線の延線を大陸横断鉄道へとつなげる大構想が謹介の頭にはあったということだ。

工事請負は大倉組が受注し、岸本順吉と小林秀茂が担当に決まったが、三五公司の愛久澤から、さらに技術員・事務員・工夫・職工等の出向を求められた。

日本人の〝志〟

明治三十九年（一九〇六）十一月十五日には、汕頭～潮州を開通、明治四十一年（一九〇八）九月十日に潮州～意渓を開通、全線約四一・八キロメートルを完成させることができた。距離こそ短いが、この路線は将来性豊かな基幹路線となるものだった。

謹介は、全線を広軌道で敷設した、はじめての日本人技師となった。

工事中は日露戦争の影響もあって、国産品の入手が困難となり、機関車は米国ボールドウイン社製、レールは米国のカーネギー製鉄所のものにせざるをえなかった。また、鉄道に反対する者、建設資材を狙った盗賊等の出現で、資材運送の邦人一人が犠牲になるという痛ましい事件も発生したのだった。

経営権は張煜南と三五公司が折半、三五公司は経費のすべてを横浜正金銀行の融資で賄えたということだった。

運営・運行は日本に学び、管理方法から切符一枚まで、純日本式を採用した。規則正しい運行で、集荷・集客ともに、予想を遥かに上回る人気鉄道となった。

張はこの成功を喜び謹介に言った。

「日本の技術力はすばらしい。貴殿になにかお礼をしたいのだが」

「日本は四十年前まで、貴国からさまざまな文化を教えていただいた。貴国は大きな国で、近代化には時間がかかると思われますが、この路線を出発駅として、活用いただければ幸いです。個人的にはなにもいりませんが、もし、そのお気持ちがあれば、一人の犠牲者が発生しております。その遺族宅に、献花でもしていただければありがたいことです」

三五公司の愛久澤が言った。

「長谷川さん、私はあなたに〝日本の武士〟の志を感じておりました」

「いや、あなたの努力なくして、潮汕鉄道は陽の目を見なかったでしょう」

謹介は、愛久澤にこそ、商売を抜きにした、みずからの行動に責任を取る、日本人の心意気を感じていたのだ。

それは、アジア地域の開発は、日本人技術者の手を以て為すという〝日本の商人《あきんど》の開拓魂〟のようなものだった。

森は広大であり、質のよい檜が林立している

明治三十二年（一八九九）、台湾総督府は台南県の技手、小池三九郎に台湾南部の探索を命じている。その結果、阿里山《ありさん》一帯に、檜の一大森林地帯があるとの報告を受けた。

しかし、その搬出方法については、小池には皆目見当がつかないとあった。

これを知った謹介は、技手飯田豊二を派遣し、再調査に当たらせた。謹介は、台湾の自立経済の基盤として、林業を立ち上げるチャンスだと思ったのである。

檜は建築資材として価値があるばかりでなく、家具や浴槽等への用途も考えられ、地元民の雇用が創出できる。すなわち、一次産業から二次産業への、広がりが期待できるのだった。謹介の発想の根底には、つねに地域開発・地方発展という視点があった。

しかし、飯田からもたらされた報告は、小池のそれの域をなんら出るものではなかった。

森は広大であり、質のよい檜が林立している。ただし、伐採後の搬出は至難と思われ、小生にも方策が浮かばないとあった。

阿里山の檜がどうしてもあきらめきれない謹介は、明治三十四年（一九〇一）に大倉組の本社を訪ね、土木組代表者の岸本順吉に相談してみた。同社では、林業の第一人者である竹村栄三郎を台湾へ派遣して調査させると約束してくれた。

岸本は地図を眺めながら、阿里山から流れ出ている曾文渓へと、水運で搬出する方法があるのではないか、竹村に伝えておくと言う。

謹介は、専門家の調査に期待していた。しかし、竹村報告書の所見は、

・曾文渓は河底に巨岩が多数存在している。

・通常は水量がきわめて少なく、この巨岩が障害となる。また、雨期には逆に水勢が激しすぎて、巨岩によって木材に傷がついてしまう。

・台湾特有の地形である高山から海までの距離が短い急流は、木材の搬出には適さない。

というものだった。

明治三十五年（一九〇二）の五月、総督府では林学博士河合市太郎を阿里山へと向かわせた。やはり良質・優秀な檜が豊富であるとの報告だった。ここに至って総督府は決断する。明治三十六年秋、後藤新平民政局長は、長谷川技師長に阿里山鉄道敷設計画を調査・策定するように命じた。鉄道による檜の搬出を企図したのである。

酒と煙草と猟銃と

南国とはいえ冬季の阿里山へ、連日の調査は、謹介の身体に相当の負荷をかけるものだったが、狩猟が趣味の謹介だ、久しぶりの山歩き、しかも手つかずの大自然は、魅力に富んだものだった。

ところが、ある日、頂上付近で急に息苦しくなり、倒れこんでしまったのである。その場に大の字に寝転んで、しばらく抜けるような青空を眺めていた。

そこには、翼の青色の二羽の大鷹が悠然と旋回していた。みごとな鷹だった。

その雄姿を見ていると、胸の動悸は嘘のようにおさまり、嘉義《かぎ》停車場には自力で下山することができたのだった。

「技師長倒れる」の報は、台北の鉄道部に届き、驚いた幹部が集まり、急遽、会議が開かれた。取り急ぎ、菅野忠五郎と津田泰彦を、嘉義停車場に向かわせることに決まったところに続報が届き、「技師長は自力で下山された」と知らせてきた。

大事な身体を悪化させぬために、このさい、鉄道部の総意として、迎えの両名が技師長へ進言することになった。

「酒と煙草をおやめになるよう」懇請するというものだった。

託された伝言の機会をうかがっていた両名は、台北に戻る車中で申し出た。

「このたび、部内の総意を託されてきました。技師長殿、今後は酒・煙草を控えて、ご自愛され、部下一同を安堵させていただきたいのであります」

襟を正し、真面目な態度で傾聴し、しばらく考えているようすだった。

「よしっ。俺も決心した」

キッパリと宣言した謹介に、

「ありがとうございます」

と、揃って頭を下げた菅野と津田だったが……、

「まだ礼を言うのは早いぞ。ワシは酒・煙草をやめぬことに決心したのだ。せっかく、諸君一同が私

の健康を心配してくれたものを、無にしてまことにすまないと思う。しかし、酒・煙草をやめて、これから先、なにを楽しみとせよと言うのだ」

みごとにうっちゃりを喰わされてしまった。

しかし、医者の見立ても、禁酒・禁煙に加えて休養の勧めだった。

「突発性の狭心症ですね。中耳炎の慢性化もみられます。これらは、過労が原因でしょう。まずは、煙草はやめられるように。接待・宴会での飲酒は葡萄酒を三杯まで、これを限度として生活されるようにご注意ください」

以降、煙草はパイプ・葉巻・紙巻煙草のなかから、葉巻のみを選択した。

ゆっくりと、くゆらせてはいるが、手から葉巻が離れることは、めったになかった。

そして、宴会・打ちあわせ会議などは、夜間の開催がやたらと増えた。これは、会議後の懇親会で葡萄酒三杯に、ありつくためだったようだ。

その後も謹介は、阿里山に登りつづけた。

ある日、部下に猟銃をもたせて歩いていた。頂上近くで、空を舞う大きな鷹に狙いを定めた。

「ダーン」と一声を発し、玉を抜き猟銃を部下に戻した。

発砲は、しなかったのである。

不審がる部下に語っている。

「いまのはな、腹のど真ん中に命中しておるぞ、たしかに命中だ。しかし、あの鷹は、なにをも恐れず、なんとワシに腹を見せて、悠然と舞い降りてきよった。挨拶にきたようなのだ。あの鷹はな、この森の王として、長くこの大空を舞うべき王者の風格を備えておった。いま、死なせるわけにはいかん。大事にせんと、大切にせんとな」

藤田組とのトラブル

できあがった計画路線は、現存の阿里山鉄道と、ほぼ同様のものである。

全長約六七・六キロメートル、建設費二百三十万円の見積書を提出した。

殖産局も独自調査に入り、針葉樹、濶葉樹の材積多しと報告し、総督府で大綱をまとめ、年間七十五万円の純益を生み出しうるとの収支計画書を提出した。

明治三十七年（一九〇四）十月、後藤民政長官は祝辰巳殖産局長、長谷川鉄道部技師長、河合林学博士他、多数の関係者で、阿里山森林鉄道の視察をおこない、事業計画案を年末の帝国議会に提出することになった。

しかし、日露戦争で財政に余裕がないと、内閣の同意は得られなかった。後藤は官営での建設を断念し、大阪の藤田組に経営を任せることにした。

明治三十九年（一九〇六）五月、後藤から謹介に技師派遣の依頼があり、菅野忠五郎を藤田組に推薦した。

菅野は着々と工事を進捗させていったのであるが、明治四十一年（一九〇八）一月、あろうことか藤田組が突如、工事中止を申し出てきたのである。すでに発注済みで、各社では鋭意製作中の建設資材や機関車を、どのように処置するというのか、見当もつかない事態となってしまった。

謹介は、この後始末に飛びまわることになった。彼は、発注済みの建設資材は、受け入れるべき道義的な責任があると思った。そこで、阿里山森林経営を、台湾総督府の事業とする運動を展開したのだった。

明治四十三年（一九一〇）四月、藤田組には補償金を交付し、総督府の事業として工事は継続されることで決着をみることができた。

ねぎらいの墨書

ふたたび、菅野忠五郎が工事を担当し、大正元年（一九一二）十二月に竣工、みごとな檜が嘉義停車場へと搬出できたのだった。

構想段階から十二年の歳月が経過しており、謹介はすでに鉄道院西部管理局長として転出していたので、菅野は電報で開通を伝えたのだった。

墨書が届いた。こんなねぎらいの言葉が綴られていた。

みごとにやり遂げたのは、貴君の技術力によるところ大である。あの路線は台湾経済におおいに貢献するものとなるであろう。貴君には長期間にわたりご苦労をおかけした。台湾にすぐにも行って、阿里山鉄道をこの目で観たいと思っている。

菅野は当時を思い出し、懐かしい恩師の声が聞こえるように思えてならなかった。

当時は、連日のようにみなで相談したものだった。

「このまま、長谷川技師長を阿里山問題で追いまくると、命にかかわる」

「誰かが、止めねばならない」

しかし、その情熱を止められるべくもなかった。

阿里山鉄道にこめた技師長の想いは、台湾の開拓・発展と財産づくりにあったのだと、菅野は手紙を読みながらあらためて思うのだった。

3　官舎とホテル

官舎の間取り

謹介の台北官舎は、地元の富豪の別荘を改築したもので、彼が台湾を去ったのちには、台湾総督府鉄道寮になっている。

鉄道関係者の懇親の場で、海浜寮、山荘といった類の厚生施設である。

玄関を入ると応接間があり、その隣は大きな食堂があった。食堂の前は、土間の廊下があり、進むと数段の階段がある。それを登るとちょうど、中二階のようになるのだ。ここに和室が、二室並んでいた。暑さきびしい土地なので、風通しをよくするために一段高くしたのだろう。

庭からは心地よい風が、吹きこんできた。

玄関脇の勝手門を開けると、庭伝いにこの中二階の和室に通じていた。和室の他に召使いの部屋と台所があった。さらに廊下を奥へと進むと、離れの座敷があった。

このいちばん奥の純日本式の座敷が謹介の部屋で、読書・部下との対談・就寝に使っていた。

生活リズム

謹介の朝は早く、午前六時には朝食を終えていた。台北での朝食はパンと紅茶程度の軽いものだった。土曜日は半ドンで、午後一時には帰宅、日曜は休日。

開通当初は、土・日は乗車率が低いことから、列車も運休させていた。外国航路の汽船が入港する日が、休日にぶつかったときだけは、日に二本程度を運行させるようにしていた。

面子よりも経営重視の謹介の方針だった。

休日は午後三時から一時間程度の昼寝をし、四時からは愛犬を連れて、まだ暑い西日のなかを散歩し、帰宅後に一風呂浴びてから、外国人クラブに出かけ玉突きをするのを楽しみにしていた。

散歩には愛犬とステッキ、手帳をもち、途中で鳥を見つけると、ステッキを猟銃のようにかまえるのだった。趣味の狩猟に出かける余裕は、まっくなかった。

そこで、猟銃を構える姿勢とトリガー《ひきがね》のタイミングを忘れぬための練習をしていたのだが、傍からは見れば、さぞ、おかしな動作に映ったことだろう。

手帳は歩きながら思いついた着想を、その場でメモするものだった。

歩きながら浮かぶアイディアには、机上のそれよりも、数段と伸びやかさを感じるものが多かった。

大乱闘もまたよし

謹介の部下たちにとっても、台北での生活は「命の洗濯」の機会だった。

夜に日本人が出かける店は決まっていた。

ある夜、そこで鉄道部員と陸軍兵士、双方七～八人が大乱闘を演じたのである。巡査が出動する大騒動になった。

警察から事件にかかわった者の氏名の連絡が入り、「鉄道部において、なんらかの対処を取られたし」と言ってきた。

事務官が謹介に聞いた。

「いかがいたしましょうか」

「どっちが勝ったのか」

「陸軍の兵隊は逃げ帰ったようで、店に居残って飲んでおったのは鉄道部の者だけで、名前は……」

「そうか、勝ったのか。元気があってよいではないか」

「警察への報告は、どうしますか」

「うっちゃっときんさい。そのくらいの元気がなければ、山のなかで暗闇のトンネルに入り、ハッパなどはしかけらりゃあせん。そのままでよい」

この問答は、鉄道に携わる者すべてに瞬く間に伝わり、「親父さんに迷惑をかけられない」と陸軍兵士との和解を成立させた。

以降、陸軍の兵士と鉄道部員は、夜の飲み屋でなかよく杯を交わし親交を深めるようになった。

鉄道ホテルの建設

台湾には、近代的な設備を整えたホテルが一軒もなかった。

鉄道部長の長谷川謹介が、高級ホテル建設計画を言い出したときには、またもや、鉄道部がおこなう事業ではないとの反対論が、総督府の部長会に提出された。

「台湾の近代化を進めるためには、これはあの部、あれはこの部と言う輩は、けっきょくのところなにも考えず、なんの行動も起こさぬ、たんなる評論家にすぎん。遠来の旅客に満足を与えるホテルがあり、快適な鉄道があってこそ、人びとはこの地を訪れようと思うだろう。温暖・風光明媚な、この地の魅力を上げるのに、なにを憚れというのか。総督府の仕事として、ワシが指揮を執るまでのことだ」

鉄道部の収益を、港湾・殖産・病院・学校建設に使うことに、異論を唱えた鉄道部幹部に、もっと視野を広くもてと諭していた謹介だった。

この地に必要なものは、総督府の使命と捉えるべきである。その使命を効率的に果たすために作ったのが組織だ。

仕事をおこなうために、自分たちの手で作ったのが組織なのだ。その組織論で、阻止するのは本末転倒であると、反論している。

敷地は台北駅前の広場一万一四三平方メートル（約三〇六九坪）の一部に、二〇六五平方メートル（約六二五坪）の三階建ての純西洋式ホテルの建設を決断したのだった。設計は総督府技師野村一郎と鉄道部技師福島克巳に命じている。

明治四十年（一九〇七）六月二十一日に起工式がおこなわれた。

謹介の指示は、台湾縦貫鉄道全通式までには、鉄道ホテルとして営業が開始できるように、工程管理をおこなってほしいというものだった。

ところが、連日の降雨と職工・人夫の不足を理由に、建設が遅れ予定期日の落成が困難な情勢となった。

南アフリカ視察から戻った謹介は、終日、ホテル建設現場に臨み、陣頭指揮を取り明治四十一年十月二十日、落成式をおこなうことができた。

全通式の四日前のことだった。

イギリス風に

謹介は、三十歳のときに歴訪した西欧各国、なかでもイギリスの街並みに鮮烈な感銘をうけていた。木と紙で作った家に住み、馬がいちばん速い乗り物だった時代から、わずか十年である。青年謹介は、「いつの日にかこの国のようになりたい、そのための力になろう」と誓ったことだろう。

ホテルはイギリス風に、赤レンガを積み上げた、ルネサンス様式の佇まいで、調度品はすべてイギリス本土から取り寄せさせた。

二百五十名の晩餐会が開催できる大ホール、一～二階には大小の会議室を設け、三階はすべて客室にしている。

レストラン・カフェ・ビリヤード場を設け、台北市民が日常的に憩《いこ》える場としての、先人の知恵も取り入れた、きわめてモダンなものだった。

この美しい建物が建ったことにより、台北駅前の殺風景な景観が、近代的な街並みに一変したことは言うまでもない。

4　南アフリカ視察

内閣府からの派遣

明治四十一年（一九〇八）年の四月、台湾縦貫鉄道が全通できる見通しが立ったこともあり、長谷川謹介は内閣府から、欧米各国と南アフリカへの視察を命じられている。

公文書に「欧米各国及びアフリカ南部へ派遣に付手当支給の件」が残されており、台湾総督府からではなく、内閣府が経費を負担して派遣したことがわかる。

同年三月四日から九月八日までの六ヵ月間の視察だった。

目的は、イギリスの植民地である南アフリカの政治・経済・鉄道等インフラの現況視察だった。

帰国後に行った「南アフリカ視察談」（講演、明治四十一年九月二十四日）、鉄道協会の記録から要約する。

冒頭で次のように述べている。

「出張先で集めた図面・書類は、船便で日本へと送り、自分はシベリヤ経由で帰国しました。視察談はその荷物が届いてからと提案しておりましたが、海野（力太郎）君が「届いたところで、どうせ碌な話は出来まい。それよりも、余熱が冷めぬうちの方がよろしかろう」と申します。したがって、細かな数字等は記憶でお話しますので、記憶違いがあるかもしれません。あらかじめご承知おきください」

三月四日、横浜港を「日本丸」で出帆し、サンフランシスコ、ニューヨーク経由で、四月上旬にロンドンに到着した。（以下、長谷川謹介の講演から記す）

マディラ島にて

四月八日にロンドンからサウサンプトン港へ、そこから一万四千トンの貨客船に乗船し、十六日にポルトガル領マディラ共和国のマディラ島に着いた。

この島はリスボンから千キロメートルの大西洋上に浮かぶ五諸島の一つで、日本の佐渡島よりも少し小さな面積の島である。

亜熱帯にあり年間を通し気候温暖、風光明媚なことから、西欧人の避寒・保養客が多く、ホテル・別荘が海岸線に林立していた。

マディラ・ワインが有名だが、果物・草花が年間を通して絶えることがないという美しい島だ。

標高五五〇メートルの山に、アブト式の鉄道があり、観光目的の敷設と思われた。

葡萄畑、花壇の間を、この鉄道で登って行くと、子どもたちが車内に花束を投げ込み、小銭を投げろと叫びながらどこまでも列車に付いてくる。

山上にはホテルと植物園があり、眺望が素晴らしかった。

下りは石畳の小道を、トボガン（木製のソリにバスケットを載せたもの）に乗り、屈強な二人の若者がロープで制御して一気に下った。

市街全体が小石で畳まれた道路で、牛の引くソリで、全ての荷物が運搬されていた。

通学途中の子どもが、旅人と見ると直ぐに小銭をねだる。汽船の両側には大人たちが、水中に潜るから銀貨を投げろとねだる。同じ光景をシンガポールでも見たことがあるが、大人がやる行為ではなかろう。気候のもたらしめるためか、人民が怠惰で少々活気に乏しいように感じた。子どものときから、働いて収入を得るという気風を身に付けさせないといけない。亡国の兆しの表れのように思えてならなかった。

南アフリカの別荘地

三月十六日、午後十一時にマディラ島を出帆し、十九日の早朝、ケープコロニーの首都であるケープタウンに着いた。

イギリスの植民地としては、最も古い街である。

湾口の南に小さな島があり、防波堤が築かれ、桟橋・倉庫・船渠等と、鉄道の連絡が完備された良港だった。

背後にはテーブル・マウンテンがそそり立ち、寒暖の差が少なく、樹木が繁茂し、オークの並木道が街中を通し、ビジネス・タウンとして、資産家の別荘地として繁栄していた。

首都から三マイル程（約四・八キロメートル）のソルトリバーに、鉄道の修繕工場があったので視察したが、特に目新しいものはなかった。

四日間滞在し、四月二十三日、午前十一時に汽車に乗り内陸部に向かった。山裾を回る急勾配を三時間登り、翌朝の十時にデァーに着いた。道中は葡萄畑が多く、葡萄酒製造所が随所にみられた。

ディアーはタルと呼ばれる岩石の多い町で、一見すると原野のようだが、一朝雨が降ると、一週間程度で質の良い牧草が生い茂るそうだ。そこで、綿羊と駝鳥を離し飼いしていた。

駝鳥の卵が一個二〇〇円もする。高価になった理由は、アメリカのカリフォルニアでも、駝鳥の飼育を始めたので、競合先への受精卵の輸出を抑えるための対策とのことだった。

ディアーは東西に行く列車の分岐点であるが、民家が五〇〇件程度の小さな街並みだった。

近くのマダ・リバーは、上流で初めてダイヤモンドが発見されたことで有名であると同時に、イギリス軍がボーア人と激戦を演じたボーア戦争でも知られる河でもある。

この河に沿って列車は進むが、英軍の石造歩兵舎が川岸に点在していた。

キャンバレーには、午後六時四十分に到着した。

ダイヤ鉱山を見学

この地はレベア会社のダイヤモンド鉱山が有名で、翌日に見学することができた。広さは四キロメートル平方程度であった。

ダイヤは、ブルロックと呼ばれる鉱脈に存在する。

楕円形の直径一八二メートルから九一メートルのシャフトで、一五メートルから二一メートルを掘り、鉱石を得る。

鉱石はシャフトへ通じるトンネルで坑外へ運ばれ、二重囲みの鉄柵内に二、三ヵ月間、曝露しておく。

すると鉱石以外は溶滓する。それをトロに積んで工場へ運び、鉱石を洗い大小のバンに入れて、回転・上下動を繰り返す。大きなダイヤは人間の手で、小さなものはグリースを塗った「通し」に水と共に流す。ダイヤのみがグリースに付着するという工程だった。これらの装置は、スチーム・タービンによる電気力で運転されていた。

工夫は原地の人だったが、宿舎には酒保、病院、運動場、寺院等が完備されていた。工場と宿舎は結ばれているが、宿舎と外部は遮断されていた。

ダイヤの販売先、第一位である米国の景気低迷と人造ダイヤの出現で、大変な打撃を受けており、昨年から生産規模を縮小したそうだ。

また、掘出したダイヤも売りに出さず貯えていた。この措置によって、ダイヤ価格は維持され、このところは多少高価になっていた。

この地にダイヤの売買市場があり、ここ以外での売買は許されていない。

磨かれていない原石の所持には、警察の証明書が必要となる。以前は小さな会社が幾つもあったそうだが、セシルローズ氏によってレベア会社に統合された。この会社で使用するダイナマイトは、自社の製造所をケープタウンに持つ等、経営の効率化を図っていた。

金鉱の市街地

その夜の八時にキンバレーを発って、トランスバールのヨハネスバーグに向かった。

フォーテンストリームでローデシァに至る線と分岐している。この近くに大きな石炭山があった。ヨハネスバーグは、有名なトランスバール金鉱の中心に位置する。

僅か二十年で、市の面積は八〇キロメートル四方に広がり、家屋は四層・五層の大理石、堅石で建築されている。ホテル等はロンドンですら稀な、立派な造りだった。市街はアスファルト・石で敷詰められ、電気・鉄道が諸方に連絡していた。

金鉱はヨハネスバーグから四八キロメートル前後に広がっている。つまり、長さは九六キロメートル、幅は一・六～四・八キロメートルもある。

採掘の有利なものは、地下七六〇メートルに達するものもあった。

概ね二三のシャフトの中心に精錬所が設けられており、無数に存在している。昼夜を分かたず操業しており、機械の運転音でほとんど眠れなかった。金の産出高は一ヵ月で約四〇〇ポンドとのことだった。

次いで、中央アフリカ鉄道の本部を訪問した。

何処へ行くにも、主な列車は、ここを起点としている。

貨物の配達も鉄道庁で扱っていた。重要な物品は自動車で配達する。数十台の自動車が置かれていたが、配達料は半径二マイル半以内が、一ポンドに付き五シリング、一マイル増す毎に二シリングと高価であった。

ミユール（馬の一種）が五〇〇頭、配達用に飼育されていた。良いミユールは一頭一〇〇〇円もした。二階建ての厩舎で飼われており、配達から帰り放すと、自ら小屋に帰って行く。獣医・病院・隔離室等、行き届いた設備が整えられていた。

鉄道修繕工場の視察

首都のプレトリアに入り、トランスバール第一の鉄道修繕工場を視察した。工場には格別に新しいものはなかった。

ワゴンを塗るのは、スプレーを使い、カストスチール・ボックスを皆が持ち、客車はワニスを用いて塗っていた。清掃には女性を使う等、経済性を追求していた。

ポルトガル領のデラゴアベーに向かう途中に、クォーターオープンという停車場がある。ここは勾配が急で、従来はアブト式だったが、最近、1／40勾配に直す難工事を施した景気の良い場所である。是非、一見を勧めるというので、列車を降りてトロリーで見学にいった。さしたる難工事にも、景観もさほどのものとは思えなかった。

ここから、海岸に至る山々には、樹木が生い茂り、河もある。その土地の人の家は大きな蟻塚のようで未開発地帯だ。マラリアが流行する地域で、発展しないそうだ。それでも、最近は綿花の栽培を始めたので、今後の開発が期待されていた。

この一帯は猛獣が多く、駅長はタンクから漏れる水を飲みに来たライオンを観たとの話をしてくれた。河の近くには、クロコダイル・リバー停車場があった。

その後、ポルトガル領の施設を見学したが、労働力としてインド人・チャイナ人を入れたが、これをポルトガル領内の人たちと入れ替える策が採られていた。

商業はイギリス人・ドイツ人で経営されており、ポルトガル領内の植民事業には見るべきものは何もなかった。

南アフリカ英領各地の政治・経済

ケープコロニー・ナタル・オレンジ自由国、トランスバール等の英国植民地については、本国から派遣されたハイコンミッショナーの下に、上下両院がある。外交に関する事は、英本国政府、ハイコンミッショナーが行うが、それ以外は干渉せずに、下院で多数を占めた党派が政治を司っている。

製造業は葡萄酒の醸造、ダイナマイト、製糖業程度で見るべきものはない。鉱業資源は豊富で、ダイヤモンド・金・銀・銅・錫・鉛が産出されていた。石炭・岩塩の産出も多い。

農業は海岸線に近い地域では葡萄が、内地では果物・玉葱など、牧畜で綿羊・駝鳥・牛馬の飼育が盛んであった。

私が訪れた五月は、日本の十一月の気候で、朝夕はオーバーコートを着て、ストーブを焚かなければならなかった。

海の連絡と鉄道

交通の便は、欧州からの連絡が主になっている。一週間に一便、英国政府の保護を受けたメールラインが機能していた。

英国のサウサンプトンから一七日間で、ケープコロニーに着く。なお、社外船が隔日・三日目程度に一便あるのに加え、豪州航路の船が寄る。ドイツ船がアフリカ西海岸の植民地経由で東海岸に寄り、スエズに連絡している。電信・電話は大いに発達しており、盛んに利用されていた。

鉄道の組織は、英国よりも寧ろ米国式に近かった。ゼネラル・マネージャーの下にチーフ・トラフィック・マネージャーおよび技師長並びに汽車課長が配置されていた。地域により、多少の差異があるようで、トランスバールでは、トラフィック・マネージャーの下に保線・運転・運輸が属していた。新規に敷設する線路は、技師長の職務に属し、工場には工場長を置いていた。

ケープの鉄道経理は、植民地政府の会計官が兼務していた。

全体の鉄道網は約一万マイルで、本線は一三六センチゲージ、農産地に行く支線は七五・六センチゲージだった。鉄道は全て国有であるが、一九三～二〇九キロメートルが六〇・八センチゲージの私営であり、近々に政府で買い上げると言っていた。

パイオニア鉄道として

鉄道建設は各植民地が、独自に計画し敷設していた。それらの全てが国を拓くことを目的としているので、なるべく建設費用を掛けずに、線路を延長することに力を入れていた。

例えば、難所でも急勾配と屈曲を勝手に使用して、工費を節約している。財政に余裕が生じたときに完全なものに改良する方針なのである。現に、本線の数ヵ所では、改良工事に着手していた。

主たる幹線は、ケープタウンからローデシァのブロークン・ヒルに至るものである。

この幹線から東海岸に分岐している四支線がある。
①デァーから分かれて東海岸のエリザベス港に至るもの。
②キンバレーで分岐しオレンジ自由国を通り、ダーバンに至るもの。
③一四スティリームで分岐しトランスバールを経てポルトガル領のデラゴアベーに至るもの。
④ブルウエーで分岐し、ローデシァの首都ソルスベリーを経てバイラー港に至るもの。
以上の他に、ヨハネスバーグからオレンジ自由国に達するものと、同所から直接ダーバンに出る路線がある。

豪華な客車

前述した通り、海岸の背後は高い山なので、いずれにしても険路は避けられない。ケープコロニーから内陸に行くには1／40勾配、ダーバンから行くのには1／30勾配で、随所にスイッチバックが設けられていた。曲線は最小五チェーン、トンネルや橋梁は少ない。

レールは当初は六〇ポンドで敷設し、追々八〇ポンドに、現在、重要区間は一〇〇ポンドレールを使用していた。枕木などは、日本とほとんど同様だったが、木の質は非常に堅いオーストリア産かクレオソートした物を使っていた。

機関車はほとんど全てがテンドル付で、最大のものは一二五トン、一対のドライビングフィルの重量が一六トンになっている。この機関車が、急勾配の線路を二、三輌編成で運行していた。

客車の構造は、地方列車は日本と同様に一車を通じて、横に座る形だった。遠距離列車は概ね四人一室の個室になっており、中には手洗いとテーブル・椅子が置かれ、十分な余裕があった。寝台車・食堂車があり、家族室・病室が付けられている。

浴室はかなり広く、パイプに細かな無数の穴を開けたものを、下部に配置し、お湯または水を噴出させる。上部にはシャワーバスが設けてあった。

食堂車では本格的な料理が楽しめ、個室、寝台車の造りも豪華だった。

遠距離旅行者には宿屋に泊るのと変わらない寛ぎが得られるように、良く工夫されていると思った。

その他、宣教師専用・会計官専用・鉄道会社重役は専用列車を持っており、使用時に連結させるとのことだった。

貨車は主に四輪車で、石炭運送のために三〇・三五トンを使っていた。

カップリングはピンコネクション、燈火は電燈になっている。速力は早いものが、日本と同じレベルで停車時間を加えて約四八キロメートルである。

直通列車に乗車しても内陸地に入れば、ほとんど各停車場に停車する。停車場の外にはサイジングが設けられている。そこでは旅客があれば停車し、なければ通貨する。

主要な路線では一日三回程度、地方列車はサイジングで通過する場合は、駅員が居ないために、車長自身が列車を降りて、ポイントを開け列車を通過させて、ポイントを鎖錠して出発する。

主要駅は広大・堅牢な建物で、英本国と変わらない造りだが、地方の小さな駅にはプラットホームも設けていない。

主な駅の信号機は、インターロッキングになっている。ただし、電力等は使用していない。

旅客・貨物ともに、スルーブッキングすることは、今日でも行われていた。

一、二、三等級があり、運賃は一ペニー／マイルと聞いた。二等は三等の二倍、一等は三等の三倍に設定されていた。トランスバールでは、白哲人種《はくせき》（ヨーロッパ系の人）は二等にしか乗車できない。他の地域はそれほどでもなかったが、三等車に白人と黒人を同乗させないという人種差別を行っていた。

貨物賃金は割高に設定されていた。これは、トランスバールの金山に運ぶ石炭の荷扱いが最大のためである。八〇キロメートルまでの運賃が一トン、一・六キロメール、一六セントで、これを超えると、たしか八セントと聞いた。輸出する貨物は優遇処置により、一・六キロメートル、二セントで運送していた。

人口・産物が少ない地域のために、トランスバール・ナタルを除いては、利益が上がらないようだった。

最後に立ち寄ったダーバンは南アの中部に位置する港町で、東海岸では最も美しい街並みだった。この地は綿羊・革類・砂糖・穀類・石炭等を産し、ダーバン港から輸出されていた。

ここに、ナタル鉄道の本部・工場があった。この港が英国便の終点になっていた。

この地から乗船し、イーストロンドン、ポートエリザベス、モズールベー等に寄港し、喜望峰を回り、ケープ経由でロンドンに帰った。

まとめとして

総括すると、目下の南アフリカは、非常に不景気に陥っていた。

その原因の主たるものは、南ア戦争後に金鉱・宝石・その他農業が有望であるとの情報に飛びつき、一時に多くの人間が移住したことにある。

一時的に諸物価、労働力ともに騰貴したために、インドやチャイナから労働力として雇い入れた。ところが、その後二年続きの旱魃があった。農作物は採れず、多くの家畜を失うという打撃を受けたのだ。その最中に、アメリカの不況に加え、人造ダイヤの発明が重なり、南アではダイヤモンド鉱山の減産に踏み切ったのである。当然のこととして労働力は過剰となり、東洋人排斥の運動が起きたのである。

加えて、多数の英国人が独占していた議会が、昨年末の選挙でボーアが政権党についたことである。主たる産業は、英国人の巨大資本によって、経営されている。その者たちが投資への不安を感じ始めているのだ。

長期的に南アの基礎を築こうと、基礎を固める経営者と、早期に莫大な利益を上げようとする経営者の意志の乖離が大きいことも、経済政策に多大な影響を与えている。この影響を直接に受けているのが鉄道事業だった。トランスバール鉄道以外は、利益がないので赤字経営であった。

鉄道事業の収益は、各植民地政府の収入源であったことから、全鉄道の合併論が持ち上がっていた。今回の視察は三週間ほどで、昼は視察・見学、夜は列車で移動という強行スケジュールであった。いまだ資料も届いておらず記憶で、大略のお話しをしたので、定めしお聞き苦しかったものと思っているが、よろしくご賢察頂ければ幸いである。

第十章　夢は鉄路を駆けめぐる

1　鉄道管理局長として

局長就任と井上勝の死

日本の鉄道は、度重なる所管官庁の変更、管理部門と現業部門の分離、国有と私有が混在しながら発展してきた。こうした情勢にたいして、井上勝鉄道庁長官は、日本の鉄道のあるべき姿として「重要地域を結ぶ幹線鉄道網の構築」を急ぐべきである、と考えていた。

その理由は、概略すると次のようなものだった。

国防・政治・経済・殖産興業面での、鉄道の重要性を考慮すると、地域によっては、収益を度外視しなければならない長期的な展望が必要になる。しかるに私鉄各社は、不採算路線を建設しようとは思わない。したがって、よろしく官営鉄道を基本に据えた全国幹線鉄道建設計画を策定し、場合によっては私鉄の買収もおこなうべきである。

これにたいし、民権の拡充を叫ぶ政党が中心となり、国有論は官権の拡充につながると、政府や井上個人を攻撃したのである。

その結果、鉄道敷設権が政争の具になる混乱の時期が続いた。こうした政治の混乱は、やがて、鉄道を国有化すべきとの世論となり、社会問題となっていった。そこで、政府は鉄道局と帝国鉄道庁を統合して、内閣鉄道院を設置し、内閣の直属機関としたのである。

明治四十一年（一九〇八）十二月五日、内閣鉄道院が発足し、初代総裁は逓信大臣になっていた後藤新平が就任した。副総裁は工学博士の平井晴二郎が任ぜられている。

その下に、総裁官房と総務、運輸、建設、経理の四部と鉄道調査所が置かれ、さらに全国を以下の五鉄道管理局に分担させ、地域の事務・保線・工場を統括させた。

- 北海道（北海道および青函航路所管、本部札幌）
- 東部（東北線所管、本部上野）
- 中部（東海道線および中央線所管、本部新橋）
- 西部（山陽線・四国・関門・関釜航路所管、本部神戸）
- 九州（九州所管、本部門司）

この他に、関東庁・拓殖局とともに満鉄の監督を担わせている。

この改革にともない、長谷川謹介は同日付で、東部鉄道管理局長に就任した。謹介はここに九年九ヵ月にわたった台湾赴任を終えることになった。（東部鉄道管理局長時代―巻頭口絵参照）

一方、井上勝はいっさいの政府関係の役職から退き、後藤の要請した帝国鉄道協会長職のみを受託している。

井上は国内外の鉄道を視察しては、自分が育てた部下たちが、技術者として、台湾・朝鮮・満洲で活躍する姿に接するのを、無常の喜びとしていたと伝えられている。

明治四十三年（一九一〇）五月、井上は南満洲鉄道・東清鉄道・シベリヤ鉄道経由で、欧州視察旅行へ出かけた。

若き日に鉄道を学んだ思い出の地、ロンドンに着き、恩師であるウィリアムソン博士の夫人を訪ね旧恩を謝し、次の視察中に病を得て、ロンドンへと戻り、八月二日に病死してしまった。

満六十六歳「日本鉄道の父」の死だった。

井上は東海道線と山手線に挟まれた品川の「東海寺」に眠っている。日夜、鉄路の響きに耳を傾けていることだろう。

東北へのお礼視察

謹介は二年ぶりに、後藤新平の下で働くことになった。しかも、自分が手がけた東北本線が管轄だった。

各拠点に挨拶に出かける後藤と謹介が、車中で台湾時代を懐かしんで談笑する姿は、じつに楽しそうだったが、ときには人を遠ざけ、真剣に議論する姿が印象的だった。

謹介にとっては、この東北各地の視察は、お礼の訪問でもあった。

日露戦争の勃発によって、台湾縦貫鉄道の建設資材調達がまったく滞ったときに、損得を抜きにして、鉄・木材資源の提供を受け入れてくれた昔なじみに、感謝のことばを伝えたかった。

あのときは東京・大阪と部下を走らせたが、いかんせん質・量が足りない。最後に青森・秋田・仙台・福島へ向かわせて木材を、そして、釜石の鋼材を手に入れることができた。あれがなければ、縦貫鉄道の開通は大幅に遅延したことだろう。

彼らは縦貫鉄道の完成を、心から祝ってくれるのだった。東北の人びとの熱い心が、酌み交わす杯に溢れんばかり注がれる。忘れがたいお礼の巡視となった。

よい家庭環境が安全運行の前提条件

謹介が最初に手がけたのは、家族寮の改善だった。

現場巡視の途中に立ち寄った、三河島駅近くの家族寮は、鉄条網に囲まれた広大な敷地に二棟が建築・入居済みで、一棟が基礎打ちの状況だった。

広い庭には、細かな砂利石が敷き詰められており、外から見ると殺風景な、軍隊の兵舎のようだった。

室内には四畳半の台所と六畳が一室だった。便所・浴室は共同使用である。

随行した総務担当に聞くと、家族寮は厚生施設であり、十〜十五年で持家にさせたい。あまり良好な施設だと、入寮期間が長くなり回転率が下がるというのだ。

「馬鹿もん！」

謹介は怒鳴りつけ、以下を最低条件にして、建て替えるように指示した。

•鉄条網を木の塀に変えること。

•周りに桜の木を植えること。

•家族寮の前には花壇を造ること。

•家族寮には各戸に便所と寝室を加えること。

謹介は言った。

「なにも贅沢をさせようとか、外見を気にして言っているのではありゃあせん。私が言っておるのは、肉体的・精神的な衛生面で必要なことなのだ」

しかし、なおも担当は国会の承認が必要だと言う。

謹介はふたたび怒鳴った。

「私が国会へ説明に行く。国鉄で働く者には昼夜の別がないのだ。夜行列車勤務の運転手・車掌は、昼間に睡眠を取りゃあならん。保線係は列車が走らん夜間の仕事が主体なのだ。駅員だって終電前に帰宅できず、始発前には勤務についちょる。安眠できる家庭環境は、安全運行の前提条件なのだ。狭くてもかまわん。子どもがいる所帯でも、昼間に睡眠が取れる部屋を設けるべきなのだ。結婚後の十年から十五年は、人生でいちばん楽しい期間ではないか。その人生の花の期間を、諸君は、あの殺風景な兵舎で、共同便所を使えと言うのか」

「君たちは、大学で学ぶことができた。そして、現在は下の者と比較すると割合に高い報酬をえている。したがって、日常の食事に困りゃせんだろう。だがな、ワシは日給が一円、二円の者たちには、心から同情しておる。せめて、米・味噌だけくらいは心配せずに、職務に傾注できるようにしてやらんと、鉄道事業はけっしてうまくはいかぬ。自分は台湾から戻った現在、痛切に感ずるのが、現場第一線で働く者の食と住の問題だ。これだけは、私の任期中に基礎を固めたい」

燃えるような気魄だったそうだ。

半年後には、国鉄家族寮の基本設計が大幅に改善され、鉄道省の購買組合制度が拡充されるなどの対応がはかられた。これには、台湾総督府の購買組合運営の知恵（大量仕入れによる廉価販売、伝票による信用購買等）が随所に活かされていたのである。

荒川鉄橋でのできごと

局長として実質二年目となる、明治四十三年（一九一〇）。

八月に入るや、井上勝子爵の死去の知らせが届いた。その悲しみの涙も乾かぬ中旬ごろから日本全国に降り出した雨は、東北地方を中心に暴風雨となり本邦鉄道創始以来、未曾有の大災害をもたらしたのである。

なかでも東北本線の被害がもっとも甚大で、上野〜盛岡間約五三一キロメートルでの不通区間は合計で約二五七キロメートルに及んだ。

東部鉄道管理局管轄地域の被害がもっとも多く、常磐線・奥羽本線・高崎線などほとんどが復旧の見当もつかないありさま。新聞では「東管全線全滅」と報道したのである。

謹介は、連絡係数名を残し、局内の総員を現場に投入し、ひとり局長室に籠り、連日徹夜で指示を出すと同時に、最大の被害現場の督励に出かけ、復旧に努めた。

この大災害時の回顧談から、三例を抜粋し紹介する。

笠松慎太郎は、教習所の生徒を含め百二十名を引率して、赤羽駅付近、荒川鉄橋から蕨《わらび》駅までを、船で連携させるために派遣された。

現場に着くと、一帯はすべて水没しており、作業員が休憩する場所さえなかった。

荒川鉄橋際に貨物列車二両を停止させて、筵《むしろ》を敷き詰めて、代わる代わるゴロ寝をしての、十日間にわたるつらい仕事になった。

八月の日ざしは射るように強く、喉の渇きが辛い。二、三人の教習生を街に出して、スイカをしこたま買い入れさせて、喉を潤しつつ作業する日が続いていた。

そんなある日の午後、下り列車が到着したので、乗客と荷物を三十五隻の艀船に乗せ換えて、順次出発を指示していた。

三十六隻目を出発させる寸前に、長谷川長官が歩いてきて言った。

「オイ、ワシの乗る船はどれだ」

「これが最後の船で、局長さんの乗る船はございません」

問答をしているうちに、かなり激しい雨が降ってきた。

「馬鹿もんが。なにをしておる」

局長の随行者が申し出た。

「局長は今日中に重要案件で軽井沢まで行かねばならない。荷物もたくさんある。乗客を次便に廻してはもらえまいか」

「いったん乗せたお客さんを降ろして、制服姿の職員を先に渡すことは断じてできません」

雨が降りだしたこともあり、乗客が騒ぎだした。

「なにをゴチャゴチャしておるんだ。早く船を出さんかい」

「定員は八名ですが、局長おひとりで、乗船ください」

大急ぎで局長の荷物を積みこみ、船を漕ぐのも、とくに力の強い教習生を選んで出発させた。

局長は怒り心頭である。

「バカッ！　今後はもっと気をつけろ」

八人乗り船の九人目となり、最終便は出発していった。

百二十着の雨着

定員以上を乗せて、転覆の危険がある。ずいぶんと無理を言う局長だと笠松は思ったし、馬鹿呼ばわりには腹がたっていた。

二十五分ほどたったころ、あたりは真っ暗になり、バケツをひっくりかえしたような土砂降りになった。この雨では、局長もずぶ濡れだろうと思った。

その後、四十分ほど経過したときに、蕨駅から電話がかかってきた。局長からだというので、急いで電話に出た。

「馬鹿。オマエはいったいなにをしておるのだ」

「私には、お叱りの理由がサッパリ理解できません」

「あの船に乗りこんでいる教習生に、なぜ雨具を与えておかんのか」

「それはまことにありがたいお叱りです。教習生は今日のような大雨に、連日、びしょ濡れになっています。なんどもやかましく雨具の貸与方を倉庫係へ要請しても、教習生には雨具貸与の規定がないと言って、送ってくれず困っています。局長さん、なんとかしていただけませんか」

「馬鹿が、そんな馬鹿なことがあるか」

と、言って電話は切れた。

局長のご機嫌があまりにも悪かったし、周囲は「笠松さんは、長谷川局長のおぼえ抜群だったが、きょうで一巻の終わりか」などと言うので、さらに憂鬱な気分になっていた。

その日の夕刻に、なんの連絡もなく突然に、倉庫係から真新しい雨具百二十着が送られてきた。

その後一週間ほどで、赤羽〜蕨間は復旧・開通したので、生徒一同を連れて事務所に戻った。

すると、局長室から電話があった。

「ちょっと来い」

いよいよ危機来ると感じながら、局長室のドアをノックした。

ニコニコ顔なのである。

「オイ、君、先日はご苦労だった。蕨駅から電話をして、教習生用の雨具を送らせたが届いただろう。船の件は君が悪いのではなかった。局の馬鹿どもが、私が行くこと、そして次の予定を君に報告するのを忘れていたことがわかった。いや、ワシが悪かった。君はほんとうによく働いてくれた。教習生に病人は出なかったか。教習生へは、私が感謝していると君から伝えてくれ」

笠松は感激し、両眼から涙がポタポタと湧き出しながら聞いた。

この局長のためなら、どんな苦労もやりとげようとの気持ちになっていた。

桂総理への連絡、臨機応変の伐採

筧《かけひ》正太郎事務官は、信越線の視察に同行を命じられた。事務局内は数人の事務官を残し、課長以下すべてが現場に投入されており、筧ぐらいしか同行できる者は残っていなかったのだ。

視察を終えたが、宿泊するところがなく、本庄製糸工場の女工寄宿舎に頼みこんで、一泊させてもらった。

翌日、軽井沢まで行ったが、築堤はいたるところ崩壊していた。烏川の鉄橋は落ちて、レールの下が洗われており、まるで縄梯子を架け渡したような状態になっていた。

その上を局長と慎重に渡っていったが、私ははじめてのことなので、足がすくんで遅い。局長は苦笑いしながら、手をさしのべて言った。

「ゆっくり行くから、ワシの後に続け。足跡を踏むように続くんだ」

十五号トンネル付近の橋桁は、流されて影もかたちもなかった。

復旧班のいる現場に着くと、約二千人近くの避暑客が取り残されているとのことだった。夏休みと重なったこと、外国人も相当数含まれているらしい。

局長は本復旧班と台車線構築班に分けて、作業指示を出すとともに、屈強な若者を選び、水・食糧を届けさせた。帰りには、女・子ども・外国人の順に、背負って連絡にあたらせたのである。

外国人の手荷物が多く、晴れた日の炎天下の徒歩連絡は、生やさしいものではなかった。

局長は野宿で指揮し、約二週間で仮復旧にこぎつけた。

その初期段階のことだった。

筧は局長に呼ばれた。

「君、この手紙をもって、今夜中に向こうへ行ってくれ。もし、なにか聞かれたならば、ありのままを伝えてこい」

総理大臣の桂太郎が、別荘に滞在中だったのである。

筧がランプを下げて、ジャブジャブと進むと、ものすごい閃光が走り、雷鳴がとどろき、土砂降りの雨となった。

いたるところに、土砂崩れがあり、民家が埋没しており、自分は死ぬかとさえ思ったものだ。

その夜の一時ごろに、桂公の別荘に着き報告すると、総理が直々に受け取り、二、三の質問をしたあとに言った。

「ご苦労であった。休んでいったらどうか」

「私には復命する責務がございます」

戻って長谷川局長に報告すると、

「たいへんな任務だったたな。ご苦労さんだった。こうした状況下でもっとも必要なことは、正確な情報なのだ。君、よくやってくれた。ありがとう」

と言われた。

伊佐山伝次郎は、碓氷《うすい》線の崩壊現場の復旧に派遣された。

同線はアプト式の鉄道で、平時においても維持のむずかしい路線なのだが、未曾有の暴風雨で完全に不通の状態だった。修理するにも、どこから手をつけたらよいのか、だいいち材木を必要とするが、これを得るところがない。

付近にある立木を伐採するとしても、所有者も管理者もわからず困窮していた。長谷川局長へ、復旧には相当の日数を要する旨を報告した。

「鉄道は公の機関である。火急の場合、イチイチ所有者の承諾など求めなくてよい。使用後に通知して賠償すればよいのだ。全責任はワシが取るから、崩壊現場近くの使えそうな立木を伐採し、復旧を優先せよ。君は技師として、最良の方法を考えて進めてくれたまえ」

この指示によって、沿線の立木を使い、急速に修復することができた。

彼らは局長の指導はきびしいが、つねに責任は自分が取るとの明確な指示と、自身がわれわれと同じように徹夜、野宿をされながらも、部下へのやさしい思いやりの気持が伝わってくるので、頑張ることができたと語っている。

お鹿との再会と明治の終わり

明治四十四年（一九一一）二月十七日、西部鉄道管理局長、工学博士岩崎彦松が逝去した。これにより人事異動により、同二十七日付で、謹介は西部鉄道管理局長に転任した。（巻頭口絵参照）

この時期、謹介にとって思いがけないことがあった。ある日、謹介は幹部を引き連れて、新任地の巡視をしていたが、そこで台湾の鉄道寮の賄職をつとめた吉住夫婦（第二章および第五章参照）と再会したのだ。夫婦は兵庫県下の垂水に居を移していた。

妻のお鹿が門の前を掃除していると、鉄道員の制服を着た十人ほどが歩いて来たという。珍しくもないので、そのまま掃除を続けていたところ、いきなり、

「お鹿、お鹿じゃないか」

という声がした。

驚いて振りむくと、懐かしい「長谷川の旦那さま」ではないか。

「まぁ、旦那さま、どうしてこんなところへ」

「こんどは田舎入りすることになったので、視察だよ」

そう言ってサッサと行ってしまった。お鹿は懐かしさと同時に、なんでいままでのお礼の言葉を伝えなかったのかと、悔やんだ。

ところが、一行のひとりが引き返してたずねてきた。

「あんたは、どうして長谷川長官をご存じなのか」

お鹿は盛岡時代、台湾時代を通じ、やっかいになったしだいを語ったという。

「そういうことなら、好都合だ。じつは長谷川さんは、このたび、西部管理局長として来任された。お住まいは、さしあたり伏見宮殿下もご休息されたことがある家を官舎とすることにして、きょう、ご覧いただいた。ご新任のこととて、ご気性も、ご嗜好も承知した者がおらず心配していたところだった。そのような関係ならば、また、お世話をしてくれまいか」

こんな偶然の出会いがあるのが、人の世の面白さでもある。お鹿は、こうして三度、謹介の近くで、賄いをすることになったのである。

管理局長は北部・野村弥三郎、東部・山口準之助、中部・古川阪次郎、西部・長谷川謹介、九州・藤田虎力、の配置となった。ベテラン揃いで、局長会議の審議は熱を帯び、中央集権ではない現場感覚での結論が出された。

そのうちには、高等官の人事異動も年二回の局長会議で決定されるようになった。

明治四十五年（一九一二）七月三十日、明治天皇が崩御された。大正元年（一九一二）九月十三日、神宮外苑で大葬の儀が執りおこなわれた後に、十四日に柩は霊柩列車で東海道本線にて、京都南郊の伏見山稜に埋葬された。

この大葬のために、桃山駅の改装・設備改善が求められた。かぎられた期日のなかでの工事と御大葬だったが、西部鉄道管理局長在任の四年六ヵ月中、もっとも神経を使った駅の改修工事となった。

工冨准と稲垣兵太郎

大正四年（一九一五）六月二十三日、謹介は中部鉄道管理局（中管）に異動した。

同日付で、所轄区域の改編があり、中管は本部を芝区汐留に置き、山手線、米原以東の東海道線、北陸線、中央線、関西線、名古屋～亀山間を所管し、関内の新橋・名古屋・甲府・金沢に運輸事務所および保線事務所を置くことになった。

同日付で、国府津～沼津間に新線建設が決まり、鉄道院直轄の熱海線建設事務所が東京に置かれた。これが、のちに謹介が丹那トンネルとかかわる端緒となった。

また、この年も各地に水害により、鉄道が寸断される事故が起きた。甲府運輸事務局長だった工冨准が、被害状況の報告に併せ、交通が途絶している長野市内の米の価格動向を知らせてきた。謹介はこの報告を喜び、職員に訓示している。

「工冨の報告には決め手がある。気配り、目配り、手配りが入っておる。報告はなんでもすればよいというものではない。しかし、決め手の一言追加で、現状況がつかめるものだ。必要ならばこちらから、追って聞けばよい。今後の参考とするように」

また、台湾時代の部下だった、技師の稲垣兵太郎を呼び寄せている。

彼は東大土木科在学中に常磐線の実習生として参加し、卒業後、入社した北越鉄道の渡辺社長に勧められたと、台湾にきてくれた好青年だった。台湾から帰国後は、北海道建設事務所の勤務が、六年以上も経過していた。

三年程度の間隔で全国を歩かせてやることが、知見や人脈を広げる意味で大切なのだが、昨今は、できる人間を離さない傾向が見られる。

失敗を恐れる上層部が、人材を抱えこむからである。

国有化によって巨大化した組織の弊害があらわれはじめているようなのだ。

稲垣は、仕事はできるのだが、その進めかたを注意すると、持論を展開して食ってかかる純な男で、謹介とはなんども議論をした。

謹介は、そういう稲垣を中管の工事課長に配属したのである。

折しも、昭憲皇太后の崩御で延期されていた、天皇の即位の大典が大正四年（一九一五）十一月十日、京都御所でおこなわれることになった。

御大礼列車の運行計画の策定が、稲垣の中管での初仕事となったのである。

稲垣が局長室を訪ねてきた。

自分は長く北海道におり、東京・京都の事情にうとい。御大礼列車の運行になにかの支障が生じた場合、長谷川局長の顔に泥を塗ることになるので、適材者への変更をお願いしたいとの申し出だった。

「稲垣よ、誰にでも失敗はあるものだ。失敗しない人間など存在しないのだ。考えて、工夫して、努力してみようじゃないか。それで、失敗すれば、任命権者の責任なのだ。稲垣、台湾時代の覇気を失うてはいかん。こんなめでたい列車の運行計画なぞは、めったに経験できないチャンスじゃありゃせんかい」

局長室から出たときに。稲垣には闘志がよみがえっていたそうだ。

謹介は、中堅幹部を萎縮させている、些少なミスをあげつらう傾向にある現状を、活性化させる時期だとあらためて考えるのだった。

中管管理局長は一年六ヵ月の在任となった。

2　鉄道技術者の頂点に

技監昇進

大正五年（一九一六）十二月九日付で、謹介は鉄道技術者の頂点である技監に昇進した。

時の鉄道院総裁は内務大臣の後藤新平が務めており、謹介にとって仕えるのは三度目である。人生における出会いの不思議さだった。

日本の鉄道ゲージは狭軌で推進してきた。日本の鉄道建設を請負ったイギリス人技師が、大隈重信大蔵大輔に軌道の間隔を訊いたところ、狭軌のままでよいとの回答だったので、その後、日本のゲージは論議されることなく、狭軌になったとする説もある。

広軌（国際標準軌）のほうが、運行の安定性・機関車の能力・輸送の能力から優位であることは、創生期の鉄道技術者は、誰もが理解していたことだった。井上勝が狭軌で建設を進めたのはあくまでも財政的な理由によるもので、少ない予算で早期に鉄道網を構築したかったからにほかならない。

謹介は福建省の鉄道に広軌を採用したが、後藤総裁も幹線は、広軌への改装を進めたい意向をもっていた。

ところが、憲政会が広軌への改良、政友会は狭軌による新規敷設を主張し、鉄道が利権がらみの政争の具になった。政治家にとっては選挙区に鉄道を引くことは、なによりの利益誘導となるのだ。いまや純粋な技術論からの検討が置き去りにされていた。

とはいえ、技監の職掌は絶大なものだった。

建設・改良・補充等、工事設計および計画路線の選定および変更。工事・工作および電気に関する材料準備、技術上の研究事項、技術に関する諸規定の改廃等である。

謹介は、鉄道技術の伝承と革新の調和、変える勇気、前に進む覇気を技術職に求めていた。しかし維新から半世紀、英国などで開発された技術の習得に努めた時代の熱気は薄れ、後進が万事消極的なように思えてならなかった。

たとえば、台湾総督府土木局に勤務し、台北水道水源地の鉄筋コンクリート倉庫の設計をした中村鎮《まもる》が、早稲田の理工科建築科に復学後に考案した「中村式鉄筋コンクリートブロック造」は材料の軽減・保湿・耐震性等にすぐれていた。こうした新規に開発された日本の風土・気候に適合した技術・工法の採用に、鉄道も前向きに取り組むべきだと謹介は考えていた。

ところが、どうも鉄道技師も請負業者も、慣れた旧来の工法にこだわるようにみえた。失敗のリスクが少なく、事故の場合には言いわけも立つからだろうか……。

国府津～沼津

技監就任直後に、熱海線の建設事務所が完成し、起工式がおこなわれた。謹介はこれにも、ある種の奇縁を覚えていた。

常磐線の技師長の時代、部下を引き連れ箱根で合宿をしたことがある。温泉にゆっくり浸かって、休養をと目論んで参加した者は、手弁当で夏の箱根の山を駆けまわらされた。

箱根の測量が目的だと、気づくのが遅かったと、参加者は愚痴を言ったが、毎夜の酒席は無礼講で、記憶に残る一週間となったという。

当時は国府津《こうづ》駅からは、船で熱海に到着後に、列車で名古屋に向かっていた。謹介の頭には、常磐線敷設後の仕事として、国府津以西の鉄道敷設が腹案としてあったのだろう。その後、東海道本線は御殿場回りで開通するが（今の御殿場線）、迂回せずに鉄路を西進させることが鉄道マンの課題だった。

構想された新本線内には、延長七八〇〇メートルの丹那トンネルを初めとして、国府津〜沼津間など急勾配な箇所も多く、在来技術に頼ることなく、新技術・新工法を取り入れるイノベーションの重要性が強調されていたのだった。

この難工事の完成には十八年一ヵ月を要し、謹介没後の昭和九年（一九三四）十二月一日に全通することができた。これにより、国府津〜沼津間は、御殿場経由よりも、普通列車で三十分、貨物列車で一時間短縮されたのである。

松野トンネルの惨事

大正六年（一九一七）三月二十六日、磐越西線の喜多方〜山都間の松野トンネルが、地滑りによって崩壊するという災害が発生した。

復旧に努めたが、土砂の崩落が続くため、これを放棄して新路線を敷設したいが技監のご判断を、との要請がもたらされた。

謹介は身体中から力がみなぎるのを感じていた。

やはり、現場がいちばん似合う。現場こそが彼の居場所なのだろう。

翌年の一月七日から、杉浦工務局長はじめ那波・曽山課長、若手技師らと現場におもむき、積雪の現場を歩きまわるのだった。

夜には東山旅館に幹部を招集して会議を開いた。

翌、一月八日からは、猛吹雪となり、ラッセル車を先発させて進んだが、上戸にいたるのに四時間を要した。それ以上は一歩も進めず、やむなく上戸駅構内の車中で、一泊するほどの悪天候だった。

新路線・新トンネルの構築を決定し、松野トンネル崩壊後、一年四ヵ月後に同線は完全復旧をはたすことができたのだった。

半年足らずの副総裁

大正七年（一九一八）四月一日、丹那トンネルの起工式がおこなわれた直後、後藤新平の妻、和子が病死してしまった。

その悲しみも冷めぬ二十三日付で、後藤は外務大臣に就任することになった。これにより、鉄道院総裁は副総裁の中村是公《これきみ》がもちあがり、同二十六日付で、長谷川謹介が副総裁、技監には工学博士、島安次郎が就任することになった。

ところが、同年九月二十一日に、寺内正毅《まさたけ》内閣が総辞職し、九月二十九日、全閣僚を政友会で占める原敬の日本初の本格的政党内閣が発足した。これを機に謹介は、九月十八日付で副総裁の辞任を申し出ている。

副総裁は、二年程度は務めるのが通例だっただけに、突然の辞任劇には誰もが驚いた。在任がわずか四ヵ月、引き止めの説得にいっさい応じず、最短在任記録の道を変えようとはしなかった。

謹介は政争議論を好まず、鉄道技師としての己を貫きたい一心だったにちがいない。

「ゆっくり読みたい本がある。家内を台湾の温泉へ連れていく約束もある。わがままは承知のうえでのお願いである」

謹介が、中村総裁に語った辞任願いの言葉である。

十月、多年の功を特旨され、正三位に叙せられた。

また、翌年六月二十八日、文部省より、工学博士の学位が授与されている。

お祝いの言葉に「いまさら博士でもあるまいが、文部省で博士号許可証を渡すとのことだったので、代人を出した」と言い、工学博士を名乗るのは、あまり好まなかったようだが、幼少時から「末は博士か大臣に」と督励された時代だ。

多少のテレが言わせた様子も伺えるのである。

叙位叙勲

ここで、謹介の位階勲等について、時系列に記しておく。

明治十九年五月三日…………正七位に叙せられる（三十一歳）。

明治三十二年三月十日…………正五位に叙せられる（四十三歳）。

明治三十四年六月二十七日……勲四等瑞宝章を受章（四十五歳）。

明治三十七年九月二十日………従四位に叙せられる（四十九歳）。
明治三十八年六月二十四日……勲三等瑞宝章を受章（四十九歳）。
明治四十年四月一日…………勲二等旭日重光章受章（五十一歳）。
明治四十二年十月二十日………正四位に叙せられる（五十四歳）。
大正四年七月二十日……………従三位に叙せられる（五十九歳）
大正四年十一月七日……………勲一等瑞宝章を受章（六十歳）。
大正七年十月十日………………正三位に叙せられる（六十二歳）。

叙勲の位置づけはともかくとして、賢兄愚弟と言われた長谷川兄弟の兄・為治は、正四位勲二等で生涯を終えているが、為治の永年の造幣への顕彰である胸像は、いまも大阪造幣局内にあって恒例の桜見物客に親しまれている。

謹介は正三位、勲一等で、生涯を終えた。

明治三十七年の従四位は、陸軍医監医学博士森林太郎と同時の叙位だった。明治四十二年の正四位も陸軍軍医総監の森と同日の叙位となった。森林太郎が陸軍軍医の道を歩みながら、作家森鷗外として活躍したのは広く知られている。

じつは謹介とは姻戚である中濵東一郎（万次郎の長男）は東大医学部の一回生として森林太郎と同期（同期生八名、東一郎は第三位、林太郎は第七位で卒業）である。森は明治十四年（一八八一）卒業後、明治十七年に陸軍省からドイツ留学を命じられ、ライプツィヒ大学のホフマン教授に師事している。一方、中濵東一郎は、福島県医学校、岡山、金沢医学校の教授・病院長を歴任後、明治十八年に内務省から、ドイツ留学を命じられ、森と同じ大学のホフマン教授に師事している。明治二十四年八月二十四日に、博士号を取得したのも同時だったように、中濵と鷗外との交遊には浅からぬものがあった。

鷗外の影響か、東一郎も『中濵萬次郎傳』（一九三六年、冨山房）を上梓する他、漢詩の作品が多い。また、彼の日記『中浜東一郎日記』も編纂・刊行されており（全五巻、中浜明編、一九九二年、冨山房）、万次郎の日常生活や医学界のようすを知る貴重な資料となっている。

いまも昔も叙位叙勲は大きな名誉であり、お祝いも、返礼も気をつかうものである。

東一郎は弟・慶三郎の妻の父である長谷川謹介と、大学を通しての友人の森の同時の叙位で、忙しい祝いの日々をすごしているのだった。

属した組織は

このほかの謹介の公職、名誉職について記しておこう。

明治三十一年（一八九八）十一月に創立された帝国鉄道協会には、謹介は発足当時からの会員だった。明治四十五年（一九一二）、鉄道院西部鉄道管理局長のときに、謹介は同会の理事に選出された。以降、大正九年（一九二〇）まで、五回連続で理事を務め、この間に帝国鉄道会館が建議され、無事に建設にいたっている。大正六年からの一年間は副会長を務めた。

英国土木協会にも属した。この会は会員厳選主義を貫き、入会条件として論文の提出が求められていた。謹介は明治十八年（一八八五）三月三日、準会員として入会が承認されている。入会条件としての論文は全文、得意の英文で提出されている。それはあの柳ヶ瀬トンネルについての「The Yanagase Yama Tunmel on the Tsuruga-Nagahama Railway Japan」であった。このほか日本土木会工業クラブにも属しているが、入会歴は比較的に浅く、土木学会の副会長を二年間にわたり務めていた任期の途中であったために、とくに精力的な活動はしなかったようだ。

東亜鉄道研究会

重要なのは東亜鉄道研究会である。

この会は明治三十八年（一九〇五）十月、東亜の鉄道普及の方法を研究することを目的に発足した。

一、鉄道経営に関し、諸般の調査を実施すること。

二、鉄道問題に関し、当事者の質問に応ずること。

三、鉄道発起者の依頼に応じ線路調査、実測、設計、施工および運輸営業の順序方法を指示し、技術者・工事請負者・材料提供者等を紹介すること。

四、内外国人の鉄道教育に関する便宜をはかること。

正員は二十八名、客員七名の構成だった。まさ重要な地位にあって学識経験に富んだ者にかぎられ、客員も本会員の推薦者に限定された。

明治四十三年四月の総会において、謹介は同研究会の理事に選出されている。

この年の六月に清国郵電部鉄路考察委員の端錦、技師の徐驪良の両氏を迎え、翌四十四年二月には、清国郵伝部特派員の権量ら一行七名が来日した。

謹介は理事として、彼らの視察に細やかな配慮をおこなっている。

孫文との交流

大正二年（一九一三）二月二日には、中華民国の孫文一行十二名を迎え、研究会主催で東京精養軒において、歓迎会を開催している。

中華民国の建国二年目のことでもあり、日本駐在公使の汪大燮、参事官の郭左洪を招き盛大な饗宴となった。

謹介は通訳を介さずに、英語・中国・日本語で孫文をねぎらい、なんども「カンペイ」「乾杯」を交わす親密ぶりだった。

発音をほめられた謹介が、若いころに多少英語を学んだこと、英語の発音と中国語の発音が類似していること、台湾の鉄道敷設に九年以上携わったことを述べると、孫文は笑顔でなんども大きくうなずき「貴殿こそが、新民国の鉄道学校の校長先生の適任者だ」と、旧知の友人のように見えたという。

この席での、孫文の演説を以下に要約する。

わが国の鉄道敷設には、四点の問題点が存在する。それは条約・経済・人材・民意である。

第一は、鉄道敷設権の問題だ。これまでの条約により、敷設権のほとんどを外国人が独占している現況にある。今後、鉄道を敷設するには、これらの条約上の支障を排除しなければならない。

第二は、目下の民国は、自己資本のみで、鉄道を建設することが困難な財政状況にある。

第三は、民国の科学教育の発達は、これからの課題である。したがって、大鉄道の建設に必要な技術者が不足している。

第四は、わが一般国民の思想は、きわめて幼稚で保守的である。四十年前に敷設された鉄道さえ、人民の反対で破壊したほどなのである。

しかし、今回の革命は国民の思想上に、大変動をもたらした。

いまでは、鉄道の普及を希望する者が、大多数を占めるにいたった。

されば、余が尽力している鉄道事業は、一に国家の必要にもとづくものであり、二には民心の希望に応ずるものであるから、余は外国資本を歓迎して、民国鉄道を完成したいと希望している。外国資本を利用すれば、人材問題も自然解決できるし、条約的な支障も多少緩和されうる利点があると思う。

この鉄道建設の実行方法として、おおよそ四通りの道がある。

① 施設を全部、外国人に委任し、所有年限を定めて、期限内でも自由に買収できる約定をなすこと。

② 民国人と外国人との共同出資による会社を組織すること。

③　内国資本のみによること。
④　外国借款により敷設すること。
①の方法は、余のもっとも主張する処であるが、国民の多くは、これに反対である。
②の方法は、国法が未整備なために共同出資の会社組織に、不安をいだかせる欠点がある。
③は、内国資本のみによる敷設は、自国の現状では不可能と言わざるをえない。
残るところは、④の方法、すなわち、外国借款によって、鉄道を敷設することである。

これについての、余の考えを述べたい。

今日の鉄道総公司を会社組織にあらためて、その会社名義で外資を輸入し、政府がこれを保障する。これによって、全国の幹線を敷設する。各地方の支線は、各地方それぞれに会社を興させて、鉄道敷設をさせることである。

今日、世界の富国は米国を第一とするが、米国の今後の発達は従来の率では進展しないであろう。これにたいして、中国は未開発で前途はおおいに多望である。鉄道の便が、縦横に開発されれば、今日の百倍、千倍の富を得るにいたるであろう。しからば、中日両国の貿易はいよいよ発展せざるをえない。

中華民国の鉄道計画は、もちろん自国の発展のためではあるが、また、一面では、東洋全体の発展をはかるゆえんでもあるのだ。されば、前述したように、欠乏している人材、資本等の点について、願くば、ますます貴国上下の援助を期待するものである。（『工学博士　長谷川謹介伝』から要約）

この演説は、たんなる外交辞令ではなく、中華民国が日本に期待するところが、些少ではなかったことを、うかがわせるものと言えるだろう。

これに応え、東亜鉄道研究会の理事会では、原口要博士を中華民国の鉄道視察に派遣し、中華民国政府の要請には、平井晴二郎博士を交通部顧問として派遣することを決定している。

かつて、井上勝に「大陸の横断鉄道を敷設させてみたい」と言わしめた長谷川謹介だった。理事として派遣者の選考を協議しながら、歳月の流れの速さに、さぞや感慨深いものがあったことだろう。

3　空高く舞う大鷹のごとく

念のための入院

大正七年九月十八日に鉄道院副総裁の職を辞した謹介は、顔の表情や言葉づかいが、じつに柔和になった。台湾時代には「長谷川さんの歯は、白いのか、黒いのかわからない」と言われたほど、きびしい顔をしていたようだ。

一方「言葉は烈火のごとく厳しいが、眼を見ると微笑んでいる」とも評されていた。

いまは、東京は牛込区東五軒町の自宅庭園の花を愛で、娘や孫たちとの食事を楽しむ、悠々自適の生活を送っていた。

妻の蝶子を台湾の温泉に連れていく約束を果たしたい。しかし実行にひとつだけ心配があった。それは、慢性化した中耳炎の症状だった。

台湾の湿気と暑さに耐えられるだろうか……。乾燥した空気の冬場は、比較的に楽なのだが、梅雨時の湿気がこたえるのだ。

大正十年（一九二一）四月二十八日、鉄道病院に入院を決意したのも、梅雨どき前の完治を期したからだった。

まずは、秋に予定されている「日本鉄道五十周年祝賀式典」に出席し、その後に、夫婦そろって台湾に出かけ、さらには追分にある別荘の改築に備えようとの思いだった。

この日、迎えの車を玄関先に待たせ、謹介は庭園に咲いた、つつじの花の前にしゃがみこんで、食い入るように見つめ動こうとしないのである。

蝶子が声をかけた。

「そろそろ、お出かけになさってはいかがですか」

「さぁて、行くとするか。ワシの出かけるのを知っておったようなのだ。きょう、白のつつじが、満開になった。台湾では、白く咲く花を縁起がよいと愛でるのだが、ワシの退院を願っていっせいに咲きおったようじゃ」

二週間程度の入院・加療のつもりのようだった。

親族もそれほど深刻な病状とは認識していなかった。

急に寂しくなっていかん

中耳炎の治療にあわせておこなった諸検査の結果、長年の飲酒と痛み止めの服用の影響か、腎機能の劣化がみられたという。

食事は塩分が控えられ、酢を使った料理が多くなった。食にはうるさい謹介が、文句のひとつも言わず従順だったのは「一日も早く退院したい」一心からだったに相違ない。

子どもや親戚一同も、ひととおりの見舞いの後は、蝶子と三女の静子が、病室の世話をした。

長男の敬三は外国出張中、中濵に嫁いだ長女の千代は四男二女、山川に嫁いだ二女の柳子は、四男五女を授かっており、見舞いに訪れると、「ワシの心配よりも、幼い孫たちの世話がたいへんだろうに、早く帰りなさい」と言う。

帰った後は「おまえたちが帰った後は、急に寂しくなっていかん」が、決まり文句になった。

二女の柳子が最後に見舞ったときの、父の言葉が残されている。

「小さくてもよいのだ。自分の山と田をもち、その収穫によって生活するのだ。信州の追分に所有する土地を、夏の家族団欒の場に開放して、子ども、孫たちを集め、大自然のなかで思いきり楽しみたいなぁ」

思いのほか長引く入院・加療は、謹介の神経を内向きにさせていたようだ。

長男敬三夫婦の一人娘を加え、男八人、女八人、合計十六人の孫たちと、夏休みを楽しむ願いは、あるいは、謹介の本音だったのかもしれない。

一歩でも前に

江崎に嫁いだ三女の静子は、子宝に恵まれなかった。夫が台湾に出張中だったことから、連日、父の話し相手となっていた。

家族との想い出は、盛岡の官舎と、大洗の別荘時代がすべてと言ってよく、台湾赴任以降の父は「鉄道一筋」の道を歩んできた。

したがって、話題はつねに盛岡、茨城、小石川だった。

その日は、珍しく鉄道の話となったという。

「ワシのこれまでをふりかえると、つねに〝一歩でも前に、一日でも早く進めよ〟だった。いまは鷲のように大空を舞い、上空から国内と台湾の二筋の軌道を追ってみたい」

と話題を締めたそうだ。

夕食を終え、午後十時ころに就寝、やがて雷鳴のようなイビキをかき出した。

静子が、いつもよりもイビキが大きいと言ったが、蝶子は、

「お父さんの、お酒を飲んだ後のイビキは、いつもあの雷でしたよ」

二人とも熟睡を疑わなかった。

八月二十七日の午前三時ごろ、あまりにも静かなので蝶子がベッドに見に行ったときには、すでに呼吸をしていなかった。

当直の医師・看護婦が駆けつけ、心臓マッサージ、カンフル注射等の処置をおこなったが、ピクリとも動くことはなかった。

寝具に乱れはなく、安らかな寝顔は、なんら生前と変わりなかったが、ふたたび目を覚ますことはかなわなかったのである。

心臓麻痺による死亡と告げられたのは、大正十年（一九二一）八月二十七日、午前三時三十五分。享年六十五。

窓の外は、いつしか緑濃い樹木を濡らす雨に変わっていた。

父には何もできなかったからと、母には尽くした謹介だった。台湾からはバナナやパイナップルを、浅草の「雷おこし」、京都の「生八ツ橋」など、赴任地の名産品を携えては母のもとを訪ねていた。

実家の九十五歳になる老母に急報すると、「そうか、昨夜、謹介が会いにきたから、たぶんそうだろうと覚悟をしていました」と語ったそうだ。

東亜鉄道協会の理事に再選され、十月十四日に開催予定の「鉄道五十年祝典」の企画書に目を通すなかでの突然の死をだった。

しかし、謹介の魂は大鷹のように空高く舞い、日本各地から山口の実家に向かい、そして、遠く台湾へと向かったことだろう。

鉄道界を本気で叱る男が亡くなってしまった

大正十年八月二十七日、午前十一時、謹介の遺体は東京市牛込区東五軒町の本宅に到着した。故人の親友、古川阪次郎を葬儀委員長として、各委員の分担が決められた。古川は工部大学土木科卒後、工部省入り。日露戦争に鉄道隊技師長として従軍。また笹子トンネルを担当。鉄道院技監を経て副総裁、大正六年（一九一七）退官。当時、数少ない工学博士のひとりだった。

葬儀委員長　古川阪次郎
式場係　岸本順吉／渡辺英太郎／落合瓶男／太津田泰彦／菅野忠五郎
応接係　大園栄三郎／遠藤剛太郎／杉浦宗三郎／西大助／稲垣兵太郎／米山熊次郎／張令紀／朝倉政次郎／吉田浩
受付係　海野力太郎／塩川敬吉／中野伴九郎／真崎半二／高橋宇吉
墓地係　稲垣兵太郎／砂田精次郎／久野節／今村竹次郎／清水勝次郎／陶山直次郎／宗像仁輔
会計係　熊城鐘三郎／中村由道／水谷新吾
雑務係　杉浦宗次朗／渡辺良之／戸田英雄／信田雄三／三俣惣之進／本橋安蔵

葬儀は神式により、牛込築土八幡社宮司久保白愛が斎主を務めること、告別式は八月三十日の午前八時から十時まで、自宅においておこなうこと、墓所は小石川音羽護国寺境外共同墓地に、個人の素志にしたがい、土葬とすることが、周知された。

八月二十八日午前一時二十分に納棺式がおこなわれた。

宮中から祭粢料《さいし》が下賜され、花輪十六個、生花・榊・菓子・玉串料等が霊前に供えられた。

八月三十日、午前八時から告別式がはじめられ、近親・知己約八十名が参列した。

十時十五分まで、告別の参拝客は絶えることなく続いていた。

十一時三十分、出棺。近親、葬儀委員等の自動車十五台が霊柩車に続き、音羽護国寺に向かった。

墓地において、祭官二名による埋葬式をおこない、十二時四十分、地下七尺の石室に安置し、周囲に木炭を充填し、花崗岩の蓋石を覆い並べ、セメントでその隙間を密封した。その上に、墓誌銘を蔵する石函を置き、土饅頭を築き墓標を建てた。

一同は、これに礼拝し辞去したのだった。

墓地係の稲垣兵太郎は、参拝客の列に向かって深く頭《こうべ》を垂れていた。

「稲垣、稲垣ッ」

声に顔を上げると、後藤新平伯爵だった。

「寂しいのぉ。オマエも叱ってもらえず、これからは、さぞ困るだろう。鉄道界を本気で叱る男が亡くなってしまった」

後藤はしみじみと語り、ゆっくりと歩きはじめた。各委員も同じ気持ちのようで、無言で伯爵の後ろに続き、護国寺西側の坂を下っていった。

後藤の言葉に鉄道関係者の別離の心情は凝縮されていた。

台湾と同じような晩夏の太陽が、燦々と沈黙の列に降り注いでいた。

台湾での追悼会

長谷川謹介の訃報は、台湾にも電信で速報された。

ただちに新元鹿之助鉄道部長、賀来佐賀太郎総務長官（民政長官を改称）、高木友枝台湾電力会社社長、服部仁蔵新竹州知事、渡辺英太郎鉄道部技師が集まり、「日本の葬儀日程に合わせて追悼会を実施。祭主は新元鉄道部長が務めること」が決定された。

八月三十日、午後三時から台北の陸軍偕行社において、神式の追悼会が開催された。

謹介が台湾を去ってから、十三年もの歳月を経たにもかかわらず、夫人同伴の弔問客は百五十名にも達した。

台湾総督府関係はもとより、行政・電力・銀行・商工会議所・医学界等、参拝者は幅広く、故人の遺徳が偲ばれた。

謹介の長男長谷川敬三の謝電が披露され、四時に式を終了後、新元祭主が一同をお連れし、台北駅頭の「長谷川謹介の銅像」に拝礼し、散会となった。

この日、銅像の上空を三羽の大鷹が、鋭く鳴きながら旋回するのを何人もが目撃したという。もしかしたら、阿里山のあの大鷹が、妻子を連れて別離を告げに飛来したのかもしれない。

その功績を忘れず

大正十年（一九二一）十月十四日。

明治五年（一八七二）九月十二日に新橋〜横浜が開通してから五十周年を記念する祝典が、札幌・仙台・東京・名古屋・大阪・門司の六会場において、盛大に開催された。

この日、これまでの鉄道功労者七十四名を顕彰した。そのうちの一名として、長谷川謹介の名があった。

功労者の選考に携わっていた当人にとっては、想定外のことであったにちがいない。

昭和六年（一九三一）八月には、長谷川謹介没後十周年祭が、東京・大阪・台湾において、相前後しておこなわれた。

東京では八月二十五日、帝国鉄道協会会館三階の大集会室にて、午後六時から開催され、参会者は百余名に及んだ。

日枝神社宮司を祭主の式典後、食堂に席を移しデザート・コースとなった。

野村龍太郎が発起人を代表して挨拶、これにたいし、故人の長男、長谷川敬三が謝辞を述べ、古川阪次郎、国沢新兵衛、中川正左、益富政助の各氏が故人の想い出を語った。

大阪では、八月二十八日に大阪電気クラブで開催。京都・神戸の者も参集し、総勢四十余名だった。

故人の兄、長谷川為治の養子、大阪汽車製造会社社長の工学博士長谷川正五が会食後に次のような挨拶をしている。

故人は井上勝子爵の薫陶を受け、すこぶるその風を受け継いでおりました。故人の母も「為治はよいが、謹介の乱暴者はどんな者になるのだろう」と心配したほどでした。生前はところかまわず雷を落として、ご迷惑をおかけしたこととおもいます。しかし、あれほどに出世するだけあって、没後十年を経た今日、このようにみなさまにしていただくのを見れば、母親の心配は杞憂であったと同時に、故人も泉下で喜んで、瞑することであろうと思います。

台湾においては、白勢黎吉交通局総長が有志を集い、八月二十七日、午後一時三十分から、台北市内建功神社において十年祭の遥拝式がおこなわれた。祭壇には餅・菓子・果物の供物が並ぶなかに故人の大好物だった水蜜桃が目立ち、交遊の深さを物語っていた。

当日の参拝者は、百七十名にも及んだ。その後、台北駅前の銅像に鉄道協会・土木協会有志による花輪が供えられ、散会となった。

銅像建立とその後

じつは謹介の生前に、その銅像が建立されている。

明治四十四年（一九一一）四月二十日、午後二時三十分、台北駅前広場には、大テントが二張り、紅白の幕と提灯で装飾されていた。そのなかには着飾った夫人同伴の賓客。テントに入れぬ者は、その後ろに整列していた。

午後三時、合図の花火が五発打ち上げられると、吹奏楽隊が勇壮なマーチを演奏し、「長谷川謹介鉄道部長の像」除幕式が開始された。

木下新三郎委員長（台湾日日新報社長）に先導され可憐な少女があらわれた。

小豆縮緬の紋付単衣に、腰に白綿のある海老茶袴の美少女が、紅白の綱を引くと、蔽われていた幕が下ろされ、二メートルの花崗岩の台座の上に、等身大のブロンズ像があらわれた。じつは皆の注目を集めた少女は、新元技師の令嬢だった。

爆竹が鳴り響き、拍手の音、吹奏楽の演奏と続き、序幕式はテンポよく進行していった。

銅像建立資金は有志による浄財で、総額一万三千余円が集まった。

ブロンズ像は、岩手県一関生まれの著名な洋風彫刻の長沼守啓に依頼、三年の歳月をかけた力作だった。執務中の長谷川技師長の姿をイメージしての創作ということで、フロックコートを椅子の背にかけ、足を左右に組んで座り、右手には設計図が握られている。

等身大ということは一メートル八〇センチメートルだが、写真を見ると二メートル五〇センチメートルほどはあるだろうと思われる。

花崗岩造りの台座の上に乗せられ、周囲の空間には芝生が敷かれ、台湾の気候である熱帯と温帯をあらわす椰子と霧島ツツジが植えられ、白石柵で囲み、正面には太い鉄鎖が施されていた。

木下委員長の式辞のあと、さらに来賓各位の祝辞が続き、最後に、いまは鉄道院西部管理局長の地位にある謹介本人からの電文が披露された。

「小生のために、本日、銅像除幕式挙行の由、感謝に堪えず各位にしかるべく御伝えを乞う」

周囲の好意を頑なに固辞するようなことはしなかった謹介だったが、やはり照れ臭かったのだろう。短いが、いかにも謹介らしい心の籠った電文だった。

銅像の位置は、台北駅玄関の左側に建立されたが、台湾の発展による交通量の増加にともない、のちに福大公司の少し手前に移設された。さらに、局営バスが運行されるのにともなって、鉄道ホテルの西北角に移設されたのだった。あくまでも、交通の便のためであるのも、まことに謹介像らしい移設理由ではなかろうか。

みずからが発案し、心血を注いだ鉄道ホテル脇は、じ

台湾鉄道ホテル前に移設された長谷川謹介銅像前で、日本と同時刻に行われた神式での追悼会（大正10年［1921］8月30日撮影）

つに居心地のよい場所だったにちがいない。ここから、混雑する朝夕の台北駅、三線道路と十字路を悠然と眺めていたことだろう。

太平洋戦争の末期、昭和二十年（一九四五）三月一〇日、東京の下町（現在の江東・墨田・台東区）は、米軍のB29の一三〇機もの大編隊による爆撃があり、続く数次の東京大空襲により首都東京は壊滅的な被害を受けた。死者の数が十万人を超える惨状を呈していたのである。

十二日には名古屋、十四日に大阪、十七日には神戸が空襲され、二十六日からは沖縄が艦砲射撃と空爆に晒されたのである。

そして、植民地の台湾へと戦火はおよび、五月三十一日の午前十時から、台北市中は三日連続で米軍機の無差別爆撃を受け、無辜《むこ》の市民が多数死傷した。死者三千人と記録されている。

市中の建造物は破壊され、焼きつくされた。もちろん、鉄道ホテルも謹介の銅像も吹っ飛ばされた。

「ボンクラどもめが、戦の潮目はとうに過ぎちょるのに、なぜ打ち方やめにせんのじゃ」

こんな愚かしい戦争を継続する者たちへの、謹介の怒りの声が聞こえるようだ。

「アジアを興す」を理念として生きた男だ。

罪なき台湾の人びとに、心から詫びていたことだろう。

謹介夫妻の子供たち

長男・敬三は東京帝国大学電気工学科を優秀な成績で「銀時計」を贈られ卒業したが、謹介からは

「工学士としての実力を実際に活かせ」と督励されている。満州国の水道・電気会社の監督官の後に鉄道院技師として働いた。

満州で発症した肺炎が悪化し、鉄道病院への入院が長びいていた。

一人娘に婿を迎えることになり、謹介・蝶子が仲人を務めた後藤新平伯爵の嗣子の一蔵氏夫妻（妻は杉浦宗三郎氏の長女）が、仲人役をかって出てくれた。

結婚式にはとても出席できそうもない敬三のために、病室で新郎・新婦の晴れ姿を披露させる配慮を見せている。

その後、敬三が肺の手術をおこなうことになり、輸血が必要となった。

この噂を聞き付けて、台湾から目時佐吉が駆けつけてきたのである。高雄の鉄道寮の賄を退職後、同地で日本料理店を開業し、大いに繁盛していた。

献血がしたいとの申し出だった。高齢のこともあり、医者はもとより家族そろって固く辞退したが、頑として受け付けない。

「鉄道の落第生だった私が今日あるのは、賄方として使ってくださった、お父上の温情、ご恩返しがしたいのです。固い決意で飛んでまいりましたので、是非もございません。血の一滴でもお役に立ちたいのです」

術後、両名ともに帰らぬ人となってしまった。

敬三、享年五十四歳の若さ、両名ともに惜しまれる逝去であった。

長女・千代は中濵慶三郎との間に四男二女を生《な》した。舞鶴・芦屋・鎌倉・荻窪と転居の多い生活だったが、明治海軍主計大監（大佐）の妻として、慎ましく生きた。

慶三郎は、攻玉社から海軍主計学校を経て、海軍主計少尉に任官し主計畑を歩む。日露戦争時には、舞鶴から旅順鎮守府へ転属し、連合艦隊への兵站業務の統括を担い、戦後は政府から「日露戦争戦利品整理委員」を拝命、防疫委員も兼務した。ロシア兵捕虜の早期帰還等人道的対応に尽力している。昭和となってから、春・秋、都合四回の園遊会にお招きに預かり、老夫婦の無常の喜びとしていた。以下に、長男の正男が叔母静子の短歌集「ひいらぎ」に寄せた一文を紹介したい。

「私が尋常六年弟の鶴男が三年だかの時、二人だけで当時神戸の鉄道管理局長をしていた祖父の許へ一夏遊びに行ったことがあった。当時少年のあこがれの「特別最大急行列車」と言うのに乗せられて大いに胸ふくれる思いであった。（中略）私たちは初めてこんな御殿の様な汽車に乗ったので気も転倒する思いであったに違いない。

殊に一等寝台車のコンパートメントはたいそう気に入って、私達は、それから暫くの間汽車ごっこと言っていつもこの車窓の様子を真似てやったものであった。

専用車掌が「坊ちゃん方のお祖父さんはね、今この汽車が何哩の速さで馳っているかってこと、時計の秒針と、ホレ汽車の車がカタカタっていっているでしょう、あのレールの継目を渡る音とでピタリとあてられるんですよ。それから坊ちゃん、お祖父さんの渾名知っている？「雷鳴」っていうですよ。恐かねえのなんのって」と教えて呉れた。（後略）

自分を背負い、庭を駆け巡ってくれた優しかった祖父謹介を偲んでいる。

二女・柳子は山川幸雄との間に四男五女を生す。

幸雄の父、山川幸喜は土佐で山内容堂公の御典医を務めた後、明治天皇の侍医局頭取を務めている。晩年に銀座ソニービルの場所で医院を開業していた。

長男だった幸雄も医師の道を目指している。長崎で蘭医について解剖学を学んだ後に、ドイツへ留学した。ゲッチング大学で学び、法律ドクトル試験に合格し帰国する。

旧制京都第三高等学校、東京第一高等学校（現在の東大）では夏目漱石の同僚として、その後は中央大学教授として、ドイツ語・法律の教鞭をとる傍ら坪内清助、芥川龍之介等にドイツ語を教えている。

柳子は御茶の水高女時代から師事した歌人、佐佐木信綱のもとで研鑽を重ね、その後「短歌人」を創刊、短歌の会「山玲会《さんれい》」を主宰するなど、エネルギッシュな人生を歩んでいる。

三女・静子は台湾銀行勤務の江崎真澄と結婚した。

江崎は福岡の柳川藩士の出で東京帝国大学法科大学を卒業後、台湾銀行に就職している。広東・上海・シンガポール・ニューヨーク支店長を歴任後、理事・営業部長として活躍している。

その後、名古屋地方の金融業界に特殊事情問題が発生し（明治七年三月）明治銀行が休業になった。時の高橋蔵相・黒田次官・大久保銀行局長の要請で、名古屋の明治銀行の顧問となり、再生後に同行の頭取に就任している。

大変な美男子で、彼が歩くと道行く女子が思わず振り返ったと言われている。

静子は江崎との海外生活が長く、服装など垢抜けしたモダンな女性だったが、子宝には恵まれなかった。そこで、養女の隆子と慶三郎・千代の四男の龍男とが養子縁組し、江崎家の名跡を今日につなげている。

（この書には家系図を添付することを予定していたが、謹介翁からすでに五、六代目の時代を迎えており紙幅を要すること。運よく長谷川謹介夫妻と四組の子ども夫妻が一堂に会した写真が見つかったこと。その写真を掲載し、それぞれの紹介をすることで家系図は割愛することにした。）


亡夫の一年祭を無事にすませた九月末、蝶子は娘の千代、柳子、静子を誘い、信州の追分の別荘を訪れた。

十六人の孫たちと過ごす夏休みのために、大改装すると楽しみにしていたいたところだ。ここの遺品整理が最後になった。

樹木はすでに色付きはじめ、吹き寄せられた病葉《わくらば》が庭隅にこんもりと小山を築いていた。

ここから眺められた夫婦のような二本の大きな樅の樹が一本になっていた。
昨夏、雷に打たれて枯れたのだという。
蝶子は夫を亡くした寂しさを、改めて鋭く実感したのだった。

長谷川謹介夫婦と子供たち夫妻　右より山川幸雄・柳子夫妻、長谷川敬三・雅子夫妻、長谷川謹介・蝶子夫妻、中濱慶三郎・千代夫妻、江崎真澄・静子夫妻（撮影年不明）

中濱慶三郎一家と万次郎の長女　右より中濱慶三郎、次男・鶴男、万次郎の長女・寿々、長男・正男、妻・千代、抱かれているのは長女・輝子（明治38年［1905］10月撮影）

あとがき

「かけた情は忘れても、受けた恩は忘れない」

「一口のご飯をいただいたら、米一斗をお返しする」

どちらも台湾に古くから伝わる諺であるが、これを聞くと、どなたでも同地を訪れた際に味わった台湾の人々の温かい心遣いを思い出すことだろう。

二度にわたる取材での同地訪問で、改めてその念を一層強くしている。

私が本書のプロットを起したのは、二〇一一年の初頭だった。

三月十一日、東日本各地は未曾有の災禍に陥り、とくに東北三県の方たちは、間断なく続く余震に眠れぬ夜を過ごしていたのだ。

被災地への救援は、停電や高速道路の崩壊等インフラのダメージが大きく、遅々として進まず、国民の焦燥感は頂点に達していた。

その最中に、世界中でもっとも早く、「加油、ニッポン」と最も多額の義捐金を送って下さったのが台湾の方々だった。（最終的には米国についで二番目の二百億円という大金）

すでに五年を経過し、いまだ復興の途上ではあるが、このニュースに接したときの感動を、私たち日本人はけっして忘れることはないだろう。

この明るいニュースは、日本国民に立ち上がる勇気と「絆」の大切さを改めて教えてくれたのである。相互信頼の輪は一層強固なものとなっていった。

友好関係の構築は、一朝一夕にできるものではない。世紀を跨いだ相互信頼が「礎」になっていたのだ。

そして、このような日・台の友好と信頼関係の構築こそが、長谷川謹介の願いでもあったのである。半世紀にわたる彼の鉄道人生で、もっとも輝いたのは「台湾縦貫鉄道の敷設」の時期だったように思われる。彼の持てる知識・技能のすべての力を、注ぎ込んでいるからだ。

言い換えれば集大成であり、彼の残した最大の「作品」と言ってもよかろう。

「台湾鉄道の母」と称えられたが、まさに母校のような「長谷川教室」からは、優秀な人材が巣立っているのだ。

彼が残したものは、東洋の各地に残した二筋の鉄路とその構築技術に併せ、普遍的な人間愛であった。それは〝まごころ〟のありようではなかろうか。

開拓への熱き心、不合理へ果敢に挑む心、差別なく人を愛する心など、彼の心からの叫びなのである。これらの伝言は、鉄道業界に限らず、すべての分野に共通して求められている精神文化ではなかろうか。

錯綜した現代社会に暮らす私たちに、心の琴線に触れる事例が数多く存在していたのだった。特に技術者としての心構えには、多くの示唆が含まれている。

この書から、一歩踏み出す勇気の大切さを汲みとっていただければ筆者として最大の喜びである。

台湾縦貫鉄道敷設当時の現地情報、データの多くを、国立台北大学教授である蔡龍保先生からいただき、ご指導を得ることができた。

また、中国語の翻訳では同級生の久保田節子さんに、台湾在住の同窓生、江藤淳君には現地でたいへんお世話になった。

二度目の台湾取材のとき　左から台湾国立台北大学通識教育中心主任・蔡龍保教授と著者（同大学歴史学研究室にて、2013年５月23日撮影）

取材にご協力いただいた方のご先祖のお名前は、可能なかぎり本書に収めることにした。

記憶も記録も少なくなってきており、事実、取材途中で亡くなられた方も数名おられるなど、本書はその端境期、ギリギリの状況との認識を強く感じながらの執筆となった。

日本の黎明期に鉄道敷設に取り組んだ若い技師たちの純粋な情熱に感動し、後世に伝えるべきメッセージがあるとの確信を抱くようになっていった。

よき伝統が日本の鉄道界に継承されることを願いつつ、本書に取り組んだ。

筆者の祖母の父親の伝記ということで親戚・縁者のみなさんからは、多くの資料・写真・逸話などの提供を受けた。

ここに、慎んで御礼を申し述べさせていただく。

また、参考にさせて頂いた書籍類については、一覧表にすることで感謝の意を表したい。

掲載した写真については、親族各位から多大なご協力をいただいた。

同様のものが寄せられたが、保存状態が比較的に良好な、長谷川昌也氏保管のものを中心に使用し、逐一の提供者氏名は割愛させていただいた。

出版にあたっては、冨山房インターナショナルの坂本喜杏社長、新井正光編集主幹はじめ、同社スタッフの皆さん方に大変にお世話になった。厚く御礼を申し述べたい。

同社は今年「創立一三〇周年」を迎えるという伝統ある出版社である。

高知県宿毛市の「宿毛市観光ガイドブック」では「宿毛の歴史文化―古き良き伝統に培われた偉人―」として二〇名を取り上げている。

宿毛の海が育てた偉人たちばかりだ。

竹内綱、林有造、吉田茂等とともに、小野梓を「改進党の結成、早稲田大学の前身東京専門学校の創立、東洋館書店の設立」、坂本嘉治馬を「冨山房を創業、大日本地名辞書、大日本国語辞典、大言海、国民百科大辞典などの名著を出版」、と紹介している。

両名ともに冨山房一三〇年の歴史ルーツそのものなのである。

中濱家では万次郎の長男・東一郎はじめ明・博・京が万次郎関連の著書を「富山房」との縁によって出版を重ね万次郎の貴重な研究書となっている。

この度、主題こそ異なるが拙著が加えられたことは筆者の無常の喜びとするところである。

おわりに、鉄道には夢があり、華がある。

その国の文化の香りを運びつづけているからに違いない。

今、日本の鉄道技術は世界へと羽ばたいていこうとしている。

戦後七〇年を超えた今日、鉄道関連技術者をはじめ、すべての関係者が先達の魂に触れることによって、明治の男たちの「血と汗」により築き上げられた「無形文化遺産」に思いを致し、近代技術にさらに創意工夫と研究を重ね新技術・新工法を開発・発展させ、安全で快適な世界のインフラ構築に大きく飛躍されることを願ってやまない。

二〇一六年十月吉日　大磯の自宅にて

中濱武彦

主な参考文献

・日本の鉄道創生期　中西　隆紀　著　河出書房新社
・日本の鉄道をつくった人たち　小池滋・青木栄一・和久田康雄「編」　悠書館
・明治鉄道物語　原田　勝正　著　講談社
・日本鉄道旅行地図張　歴史編成　今尾恵介・原武史「監修」　新潮社
・全国鉄道旅行　昭文社
・台湾鉄路と日本人　片倉　佳史　著　交通新聞社新書
・台湾に残る日本鉄道遺産　片倉　佳史　著　交通新聞社新書
・台湾鉄道の旅　片倉　佳史　著　JTBパブリッシング
・面白すぎる鉄道雑学の旅　慶応義塾大学鉄道研究会
・鉄道楽しすぎる大雑学　慶応義塾大学鉄道研究会　河出書房新社
・日本の一世紀　世相と事件史（明治百年出版）　編纂　全日本新聞連盟
・明治・大正・昭和　世相史　加藤秀俊・加太こうじ・岩崎爾郎・後藤総一郎　著　社会思想社
・台湾紀行　街道をゆく40　司馬　遼太郎　著　朝日新聞社
・台湾論と日本論　謝　雅梅　著　総合法令出版

・発明立国ニッポンの肖像　上田昭博著　文芸春秋
・史論　児玉源太郎　中村謙司著　光文社
・後藤新平―外交とヴィジョン―　北岡伸一著　中公新書
・歴史街道　日本人が広野に賭けた夢　PHP研究所
・鉄道ファン　公友社
・鉄道ピクトリアル　鉄道図書刊行会
・地球の歩き方　台湾　ダイヤモンド社
・台湾　自遊自在　JTB出版
・個人旅行　台湾　昭文社
・日本統治時代　台湾の経済と社会　松田吉郎編著　晃洋書房
・日本統治時代後期における台湾技術協会の設立とその事業
蔡龍保著　晃洋書房
・近代台湾経済とインフラストラクチュア　李昌玉文・湊照宏編著
近代台湾における台東鉄道の敷設と花蓮港庁の発展
蔡龍保著（都留俊太郎訳）　東大社会科学研究所
・日治時期台湾総督府鉄道部的南進支援
―以潮汕鉄路的興築為例
蔡龍保著　輔仁大学歴史学系印行
・論文　長谷川謹介と日本統治時代台湾の鉄道発展
蔡龍保著　現代台湾研究第55号

・論文　大阪産業大学アジア共同研究センター論文集
植民地における技術移転―台湾総督府鉄道部員の育成を事例として―
蔡　龍保　著　芹澤良子　訳　　国立台北大学歴史学系理教授
・「会報」旅と運輸　昭和13年11月1日　第25号
「銅像を秋晴れにめぐる」　愛銅居士　著
・工学博士　長谷川謹介伝　　長谷川博士伝編纂会
・現代防長人物史　井関九郎「編」　発展社
・現代人名辞典　古村亀治郎「編」　中央通信社
・中京現代人物評伝　　早川文書
・目を覚ませ日本　21世紀の龍馬よ　　坂本龍馬財団
・中濱萬次郎傳　中濱東一郎　著　冨山房
・中浜東一郎日記（一～五）　中浜　明　編　冨山房
・中濱万次郎　中濱　博　著　冨山房インターナショナル
・薔薇は生きている　山川弥千枝　著　創樹社
・母と子　山川　柳子　著　南窓社
・反古双紙（未完）　山川　柳子　著
・ひいらぎ　江崎　静子　著　中濱勧一郎・江崎龍男「編」
・海峡　中濱　勧一郎　山玲会
・国立公文書館　アジア歴史資料センター　長谷川謹介関連資料

・台湾日日新報　明治41年10月24・25日・号外
・台湾日日新報　明治42年6月12日
・台湾日日新報　明治44年4月21日

			台湾縦貫鉄道全通式を挙行する(10.24.)。
			(内閣鉄道院発足(12.5.))。
			鉄道院東部鉄道管理局長に転任する。
42	1909	54	正四位に叙せられる。
43	1910	55	東亜鉄道研究会理事に選任される。
			8月中旬、東管局管内は未曽有の大水害にて汽車は随所で不通となり、この復旧のために奮闘する。
44	1911	56	西部鉄道管理局長に転任する。
45	1912	57	帝国鉄道協会理事に選任される。
大正 4	1915	60	中部鉄道管理局長に転任する。
			従三位に叙せられる。
			勲一等に叙せられ瑞宝章を授けられる。
5	1916	61	鉄道院技監に任ぜられる。
			(熱海線の工事を開始する)
6	1917	62	帝国鉄道協会副会長に選任される。
7	1918	63	松野トンネルを視察し、これを廃棄して新線路の採択を決定する。
			鉄道院副総裁に任ぜられる(4.26.)。内閣更迭により退官(9.18.)。
			丹那トンネルを起工する。
			特旨をもって正三位に叙せられる。
8	1919	64	工学博士の学位を授けられる。
9	1920	65	東亜鉄道協会理事に再選される。
			(鉄道院廃せられ鉄道省設置)
10	1921		8.27.午前3時35分、逝去、享年65歳。
			鉄道50年祝典挙行され表彰される。
12	1923		母筆子逝去、享年97歳。
昭和 2	1927		妻蝶子逝去、享年70歳。

			(鉄道庁を鉄道局と改める)
			兄為治、大阪造幣局長に任ぜられる。
27	1894	39	水戸建築課長を命ぜられる。土浦線を起工する。
28	1895	40	磐城線を起工する。
29	1896	41	土浦線開通する。
30	1897	42	岩越鉄道会社技師長を嘱託され、若松～郡山間の鉄道建築を管理する。
			(政府は鉄道局の外に鉄道作業局を創設し工務と政務を明確に区別する。作業局長に松本荘一郎就任、鉄道局長を兼任。後、逓信次官鈴木大亮が鉄道局長を兼務する)
31	1898	43	磐城線開通する。常磐線すでに全通し、水戸建築課を廃する。そこで日本鉄道会社は休職となり、岩越鉄道会社技師長専任となる。
32	1899	44	岩越線は郡山より山潟まで約67kmを開通する。
			台湾総督府の臨時台湾鉄道敷設部技師長に就任し(4.1.)、正五位に叙せられる。
			台湾縦貫鉄道着工(春)。
34	1901	46	勲四等に叙せられ瑞宝章を授けられる。
37	1904	49	従四位に叙せられる。
38	1905	50	勲三等に叙せられ瑞宝章を授けられる。
39	1906	51	台湾総督府鉄道部部長に補任される。
40	1907	52	明治37,8年事変(日露戦争)の功により、勲二等に叙せられ旭日重光章および金1500円下賜される。
41	1908	53	欧米諸国およびアフリカ南部へ派遣を命ぜられ、日本丸にて横浜を出帆する(3.4.～9.8.)。
			台湾縦貫鉄道全通する(4.20.)。
			欧米および南アフリカ視察より帰着する(9.8.)。
			南支の潮汕鉄路竣工(37年6月着手)。

15	1882	27	二等技手に昇進。
16	1883	28	一等技手に昇進。
			第三子次女柳子、後の山川夫人生まれる。
			(日本鉄道会社線上野〜熊谷間開通)
17	1884	29	柳ヶ瀬トンネル竣工。
			野田権大書記官に随行。欧州派遣を命ぜられる(4月から1年8ヵ月間)。
18	1885	30	英国土木協会準会員となる。
			揖斐川および長良川橋梁工事を命ぜられる。
19	1886	31	鉄道四等技師に任ぜられる。
			正七位に叙せられる。
			天竜川橋梁工事を命ぜられる。
20	1887	32	揖斐川および長良川橋梁工事竣工。
			天竜川橋梁工事着工。
21	1888	33	第四子三女静子、後の江崎夫人生まれる。
22	1889	34	鉄道局盛岡出張所長に任ぜられ、日本鉄道会社線の日詰〜小繋間の工事を命ぜられる。
			天竜川橋梁工事竣工する。
23	1890	35	鉄道三等技師に任ぜられる。
			(鉄道局を鉄道庁と改める)
24	1891	36	父為伸逝去、享年67歳。
			日本鉄道会社線の東京〜青森間全通、盛大なる開業式を挙行する。
25	1892	37	従六位に叙せられる。
			官を辞し、日本鉄道会社に入り幹事に任ぜられる。
			盛岡建築課長を命ぜられる。
26	1893	38	常磐線すなわち土浦線および磐城線の建築を命ぜられる
			(鉄道庁長官井上勝退官、後任に松本荘一郎)

長谷川謹介関係年表

年号	西暦	年齢	主な出来事（参考となる事柄）
安政 2	1855	0	8.10(新暦9.20)、山口県厚狭郡千崎村(現・山口県山陽小野田市千崎)に生まれる。
3	1856	1	曽祖父為敬逝去、享年89歳。
5	1858	3	後の妻、蝶子生まれる。
慶応 3	1867	12	祖父為直逝去、享年71歳。
明治 4	1871	16	大阪に出て大阪英語学校に入る。
5	1872	17	(東京～横浜間の鉄道開通式に明治天皇臨御、勅語を賜う)
6	1873	18	はじめて外人経営の神戸ガス事業に雇用される。
7	1874	19	(大坂～神戸間の鉄道開通する) はじめて鉄道寮雇用となる。
10	1877	22	(鉄道寮を鉄道局と改称) (京都～大阪間開通し、京都・大阪・神戸の三停車場の開通式に明治天皇臨御、勅語を賜う) 工務省九等技手に任ぜられる。 鉄道工技生養成所創設され、第一回生として入所。 9.10、武田蝶子(20歳)と結婚。
11	1878	23	長男敬三生まれる。 大津線工事開始。深草～逢坂山間の工区を担任。
12	1879	24	七等技手に昇進。 大津線担任工区の工事を竣成する。
13	1880	25	五等技手に昇進。 鶴賀線工事開始。 柳ヶ瀬トンネル工事を担任、起工する。 四等技手に昇進。
14	1881	26	第二子長女千代、後の中濱夫人生まれる。

中濱武彦（なかはま　たけひこ）
1940年、兵庫県西宮市生まれ。中濱万次郎（ジョン万次郎）直系曾孫（四代目）［万次郎の三男・慶三郎の長男・正男の次男］。
神奈川県立鎌倉高校卒。東京ガス勤務後、執筆活動に入る。日本ペンクラブ・鎌倉ペンクラブ会員、日本海事史学会会員。
著書—『ファースト・ジャパニーズ　ジョン万次郎』（講談社）、『ジョン万次郎に学ぶ　日本人の強さ』（KKロングセラーズ）ほか。

開拓鉄道に乗せたメッセージ
——鉄道院副総裁　長谷川謹介の生涯

二〇一六年十一月二十二日　第一刷発行

中濱武彦　著

発行者——坂本喜杏
発行所——㈱冨山房インターナショナル
東京都千代田区神田神保町一-三　〒一〇一-〇〇五一
電話〇三（三二九一）二五七八
印　刷——㈱冨山房インターナショナル
製　本——加藤製本株式会社

ISBN 978-4-86600-021-3 C0023